谨以此书纪念赵超构诞辰110周年

承载·传递·讲述
一抹记忆·一份情感·一段故事

赵超构书信往事

富晓春 ◎ 著

文汇出版社

赵超构（1910—1992），学名景熹，常用笔名有沙、林放等，浙江省文成县人，我国杰出的新闻工作者、著名杂文家和社会活动家。

幼年家乡读私塾，温州上中学。1929年偕友人赴日本游学。1930年考入中国公学大学部政经系，毕业后受聘于南京《朝报》，并开始撰写新闻评论。1938年参加重庆《新民报》工作，任主笔兼国际新闻编辑。1944年参加中外记者团访问延安，撰有《延安一月》，客观公正地报道了陕甘宁边区革命根据地的真相，周恩来誉之为"中国记者写的《西行漫记》"，毛泽东说"在重庆这个地方发表这样的文章，作者的胆识是可贵的"。1946年主持上海《新民报》晚刊工作，任总主笔。1949年9月，出席中国人民政治协商会议第一届全体会议，参加中华人民共和国开国大典。一至五届全国人大代表，六至七届全国政协常委，民盟上海六至七届副主委、民盟中央第五届常委等。历任上海新民晚报社社长兼总编辑，上海市政协副主席，全国新闻工作者协会副主席、全国晚报工作者协会会长等。

赵超构一生从事新闻工作，勇于新闻改革，为人民说话，笔耕不辍，奋斗不息。率先提出"短广软"的办报要求，为复刊后的《新民晚报》制定了"宣传政策，传播知识，移风易俗，丰富生活"的十六字编辑方针和"飞入寻常百姓家"的办报宗旨。曾先后七次受到毛泽东接见，引为布衣之交。著有《延安一月》《未晚谈》（一编、二编、三编）《世象杂谈》《林放杂文选》《中国杂文·林放集》等，结集为《赵超构文集》（六卷）。

赵超构 （1910—1992）

赵超构在上海外滩 （1953年）

赵超构漫像　郑辛遥作

赵超构书信手迹

以后来信请写明邮政编号是多少日忘了多时不见，甚念。承寄照片早上收到。我今65身体还可以，但体力实跟，却是没有办法的。来信说到邮信他先生，因为40年代久远，一时回忆不起了。人生聚了又散，至我年老时，有些记不得人记不得了是不怪。他说我代他考进会计以桂时曾走过记错了。因为我想，没有必要替代人冒考的，而且，也没什么课。他大概记错了人，也许不是进行私校。他不坚持回他信了，你中请代致意。我不想他会寄上海，可我家那里来。

绍裕 5.廿9。

序：走近赵超构的另一扇窗

□丁法章

今年是我国杰出的新闻工作者、著名杂文家和社会活动家赵超构先生诞辰110周年，富晓春所著的《赵超构书信往事》一书，在这样一个特别值得纪念的重要节点隆重推出，无疑具有深远的历史和现实意义。

为此书作序，我义不容辞，并视其为一种荣光！

赵超老是我国新闻界泰斗式的人物，是中国晚报界的一面旗帜。他对如何办好社会主义晚报作出了一系列重要论述，既是社会主义晚报学说的积极倡导者，也是卓有成效的践行者。1988年2月，我从《青年报》调任《新民晚报》，有幸在他的有生之年，追随他左右，成为他倡导的"飞入寻常百姓家""短广软"等办报理念的实践者和见证者，并亲聆他的谆谆教导和循循善诱。我真心诚意地拜他为师，曾取他姓氏的一部分作过笔名，并尝试学习林放笔法，每天凌晨三四点起床写作，一年写下112篇时评短文。

我永远不会忘记，在华东医院的重症病房，我紧紧握住赵超老削瘦如柴曾经写出《江东子弟今犹在》等不朽之作的如椽之手，感受着一位伟大的报人在生命的最后时刻留下的微弱而又强烈的气息与情感，他的音容笑貌在那一刻定格在我的生命历程中，像一座矗立的丰碑，一直激励着我前行、奋进！

当拿到这部书稿时，我一下子就被吸引住了，怀着对赵超老的无限崇敬，一口气读完。透过字里行间，我仿佛看到了一代报人、杂文大家赵超老正从历史长河的天际走来，他手捧一张《新民晚报》，用他惯有的慈善的目光凝视着我们！凝视着这个纷繁且多变的世界！

　　这本书的作者富晓春，是我一直关注并看好的后学。他是赵超老的老乡，还是亲戚。我与晓春认识较早，当年他还在报社干新闻，一度出任过副总编。清瘦的脸庞，镜片后闪耀着炯炯的目光；他习惯挎一架相机，领着一班小年轻，干得风生水起。我与赵超老的女儿刘芭，还有《新民晚报》一行人到文成追寻赵超老的足迹，他是陪同我们的"接待方"。他热情豪放的性格，精明能干的作风，给我留下了深刻的印象。

　　出于对乡贤的崇拜，后来晓春将主要的精力放在研究赵超老身上，而且硕果累累。2017年，他撰写的人物传记《报人赵超构》出版发行，我抱病专程赶赴温州出席首发式，还专门写书评予以推介。次年荷花盛开时，文汇出版社在上海书展主会场举行《报人赵超构》推介会，晓春携夫人来沪现场签售，我与文汇出版社掌门人周伯军，还有资深编辑曹正文（米舒）、漫画家郑辛遥先生，以及赵超老的孙子赵丰等一起前往站台助阵。

　　时光流转，迄今三年还不到——曾经有一段时日，我看到晓春的文章频频见诸于《新民晚报》《南方都市报》等报端。但此后的一个时期，他突然沉寂了，一度从报刊上消失。现在终于明白，原来他正在潜心撰写另一本有关赵超老的著作——《赵超构书信往事》。他在追寻赵超老足迹的过程中，付出了常人难以想象的艰辛与努力，但同时也成就了自己。我作为看着他一路走来茁壮成长的老朋友，欣喜之情，难于言表。当然更多的还是发自内心的钦佩！

　　已故著名老报人、老作家徐开垒曾经说过："他（赵超构）以新闻工作者身份，经历了几个极为复杂的年代。他的事迹确实值得大写特写，这不仅因为他的人品不凡，更由于他所处的时代不平常。"晓春写的这本《赵超构书信往事》，不啻是为赵超老"大写特写"的最好范例。这是一本人物散记，又是一本书信集。全书共收集各类书信78封。共分五辑：阅尽沧海时；飞入百姓家；有朋远方来；舐犊情深处；月是故乡明。作者以书信为由头，讲述寻找书信的过程和隐藏在书信背后的故事。正如作者在跋中所说的，书信只是他的"一把鹤嘴镐"，主要还在于寻找、挖掘"藏在美丽沙漠中的那口井"。

　　大家都知道，散佚的信件收集起来并非易事。它不像文章，在报上发表或收入书籍，有案可查；大多数的人读信后，没有保存的习惯，往往一丢了事。更何况与赵超老同时代的人大都故去，只能从古纸堆中寻觅，或寻访他们的后人，尽最大的努力去收集。作者常年累月，四处甄采，集腋成裘；讨流溯源，史料钩沉，遂成此书。不用说，这完全靠的是脑力、脚力，还有耐力。

书信作为一种带有私密性的文体，在写作之时并无意于发表或让众人阅读。对于渴望了解赵超老人生及经历的人，这本书委实是探寻他内心世界的"金钥匙"。"造反派"盯上神秘的"苏州女人"，赵超构与她又有何情感瓜葛？"三张一赵"妇孺皆知，"大赵小赵"又有谁知？他的朋友圈中有巴金、张乐平、黄佐临、张友鸾、张西洛等名家大腕，他们之间又有过什么交集？舐犊之情乃人之常情，他对孙辈会有什么与众不同的期盼呢？……晓春的这本新著，讲述了许多《报人赵超构》之外不为人知的往事，它是零距离走近赵超构的另一扇窗。从这扇窗里看到的赵超构，那是一位生动鲜活、真实可爱，一位有血有肉、重情重义，带有几分人文温度的报人形象！

全书文笔质朴晓畅，内容翔实，可读性强，史料价值高，这是一部兼具历史和文化双重价值的书籍。作者以解读书信的方式，恰到好处地勾勒出赵超构一生在各个历史时期的人生轨迹、事业成就，以及人情冷暖……此书是作者继《报人赵超构》之后，又一部生动而翔实记述赵超构生平事迹的传记体著作，也是近年赵超构研究领域不可多得的学术成果。

时下出版的名人书信，名目繁多，可谓"汗牛充栋"。值得一提的是，此书不落窠臼，它以独特新颖的视角，为当前出版名人书信乃至撰写人物传记，提供了一种可借鉴的范本。还有书中提到的诸多新闻界的人与事，以及书后附录经过作者再次修订的赵超构年谱，对于完善地方或行业新闻史志，均具一定的补益或参考价值。

有鉴于此，我将这本书郑重推荐给诸位同道以及广大读者朋友，相信读后一定会有所裨益的。

是为序。

庚子年三月写于上海"踔厉斋"

目 录

序：走近赵超构的另一扇窗 / 丁法章

第一辑　阅尽沧海时

005　致许可成（往来）
　　　患难之交

015　致赵纯继（往来）
　　　"大赵小赵"

024　致蒋元明（二通）
　　　"我不敢为此作序"

029　致尹均生（一通）
　　　再版《延安一月》

034　致白雉山（二通）
　　　"坐定了冷板凳"

040　致赵贯东（一通）
　　　"林放不值得研究"

045　致顾一平（往来）
　　　三月下扬州

051　致朱家生、王潜芬（一通）
　　　小事之处见精神

054　致褚钰泉（三通）
　　　必读的"读书报"

060　致邹士方（二通）
　　　文人的尴尬

第二辑　飞入百姓家

073　致《贵阳晚报》编辑部（一通）
　　　学做报春的燕子

077　致顾行（一通）
　　　"社会新闻"显优势

084　致宋子伟（一通）
　　　林放给我写回信

087　余仙藻致赵超构（一通）
　　　"编通往来"见性情

090　致关国栋（一通）
　　　南粤之行"喔喔叫"

095　徐列致赵超构（一通）
　　　徐列的"约稿信"

097　致吴泰昌（一通）
　　　不曾谋面的朋友

100　致谢蔚明（一通）
　　　两篇檄文的诞生

103　致陈诏（一通）
　　　婉拒约稿

106　致周宪法（一通）
　　　最后一篇序

第三辑　有朋远方来

115　致王乐天（一通）
　　　不寻常的"证明函"

119　致郑逸梅（一通）
　　　一面之缘

123　致张乐平（一通）
　　　"双簧兄弟"

| | 132 | 致黄佐临（一通）
十八岁的祝辞 |

| | 135 | 致王镫令（一通）
"老兄长"陈虞孙 |

| | 138 | 致张西洛（片断）
延安归来 |

| | 143 | 曾彦修致孙式正（二通）
严秀的"最大遗憾" |

| | 149 | 致丰一吟（二通）
迟到的《源氏物语》 |

| | 156 | 张友鸾致赵超构（一通）
约稿"打炮戏" |

| | 163 | 致魏绍昌（一通）
瑞犬闹春 |

| | 169 | 致巴金（片断）
提倡"说真话" |

| | 175 | 袭柱常致赵超构（一通）
寻找殷梦萍 |

第四辑　舐犊情深处　　185　致赵东戡（一通）
"甩手老爸"

　　191　致赵丰、赵扬（四通）
隔代亲

　　201　致赵丰（三通）
逛上海书展

　　206　致赵丰（三通）
与小蚂蚁交朋友

| | 214 | 致赵丰、赵扬（各一通）
"写作没有窍门" |
| | 221 | 致赵丰（三通）
高考前后的寄语 |

第五辑　月是故乡明　　233　致应钧、许岳云（各一通）
　　　　　　　　　　　　　　　唯一的"回忆录"

　　　　　　　　　　　　240　致赵云图、朱礼（各一通）
　　　　　　　　　　　　　　　"家书"抵万金

　　　　　　　　　　　　245　致刘显佑（三通·往来）
　　　　　　　　　　　　　　　"谈谈乡情也好"

　　　　　　　　　　　　256　致赵云孙（三通）
　　　　　　　　　　　　　　　家事是本"难念的经"

　　　　　　　　　　　　265　赵超欧致赵超构并静男（三通）
　　　　　　　　　　　　　　　乡音未改亲情浓

　　　　　　　　　　　　274　致姑丈、姑母大人（一通）
　　　　　　　　　　　　　　　庆翔兄何许人？

　　　　　　　　　　　　279　致洪瑞钊（往来）
　　　　　　　　　　　　　　　最后的"绝笔信"

附录　赵超构年谱　　　285

跋　　　　　　　　　305

第一辑
阅尽沧海时

人生最大的乐趣与成功,
便是:
以不怨不惧的态度,
征服一件一件的痛苦,
愈想享受有生之乐的,
便愈应从事战斗的生活。

——赵超构《痛苦而不悲观》

阅尽沧海时 （1979年）

1944年6月,参加中外记者访问团到延安采访,与毛泽东(前排左二)会面,并合影留念。第二排右二(穿深色上衣者)为赵超构 (侯波摄)

致许可成（往来）
患难之交

赵老师：

　　好久未问候您老人家，近来好！

　　记得去年11月份我出差到北京，从电视里看到您正在京参加政协会，匆忙写封信给您，不知收到否？

　　我仍在筹建棉织厂，去年被任命为副厂长。按年龄我已经不适合担负此项工作，但领导说为了便于工作。同时答应我投产后即让我回机关工作。目前厂里已进入全面安装机器设备阶段，到七月份即可投入试生产，空调除尘设计和施工，要在试产前运行。县里财力有限，同时上马两大工厂（另一家是啤酒厂），投资加贷款一千多万元，相当吃力，要到两三年后才有效益。我厂已与丹阳县纺织厂联营，该厂为本省八大先进厂之一，技术、管理上都帮助我们，这样可以上得快一点。

　　我于今年初被通知增补为县政协委员，开过几次座谈会，学习有关文件。本月14日县人大、政协开会要参加几天。以前我对此是不大关心的，以后社会活动可能会多起来。

　　老师，时间过得真快，您已年过70岁了吧！我已54岁正步入老年人的行列。回想起40年代相处数年的经过和您循循教导，当时您将我的名字改成"可成"，寄于我多大的期望，但我没有成为有用之才，有负愿望。在工余之时，我想写一篇回忆重庆时期的小文，特征求您的意见，如能同意，将寄上请您修改，审稿。

　　此致

敬礼！

学生许可成上

四·十一

可成：信收到，知道到理想的信仰，担任副厂长，二十五岁担任如此的职务是很高兴，希望你好好工作，听党的话，努力学习，努力工作。

你说要写回忆，不知有什么目的。但是要写回忆最好还是写自己经历的事情，我七十多岁也经历不少事，就是不喜欢吹嘘捧场。我也不愿意写成自己其他方面了。你要写，写你自己其他地方可以写过一两回忆录。

你们全家人安好

超构 ○月十九日

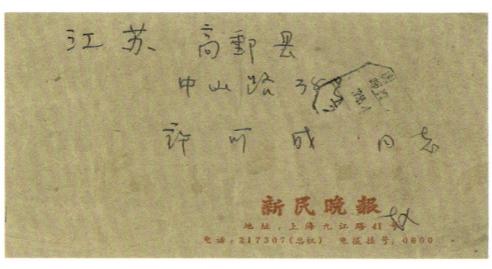

赵超构致许可成书信、信封手迹

可成：

　　信收到，知道你得到组织的信任担任副厂长，并且增补为政协委员，我当然很高兴。希望你好好工作，听党的话，为四化贡献力量。

　　你说要写回忆，不知有什么目的。写不写，当然由你自己决定，但是回忆录中不要写上我的名字，也不要写我的事情。我生平最不喜欢吹嘘捧场。我七十多岁了，还没有写过一篇回忆录。你要写，写你自己其他方面的事情好了。

　　专复，即问你们

全家安好

超构
四月十七日

　　这封信，写于 1982 年。

　　过了惊蛰，尤其是下了几场雨以后，空气格外湿润。大街小巷上，人行道旁的树都绿了；街心花圃里，还零星开出了一些五颜六色的花朵。这一年，《新民晚报》复刊，"未晚谈"复笔，赵超构虽然很忙，但心情舒畅。午后的时光，他坐到写字台前，提笔给当年在重庆的小学生许可成写回信。多年以后，我在处理赵超构藏书时，又意外地在书页中发现了许可成的信。他们曾多次通信，但保存下来的仅此一件。这是迄今为止，我所见到的赵超构书信中，往来齐全、保存较好的信件之一。

　　三十多年前的旧信，难掩时光的侵蚀，一片泛黄，留下了斑驳的岁月记忆。斜歪的字，不多；拿在手心，沉甸甸的。捧读之余，恍惚间仿佛走进了一段黑白的旧时光；穿过用文字筑成不算长的时空通道，发现字里行间隐藏着一个患难见真情的动人故事……

　　许可成是赵超构重庆《新民报》时期邻居家的孩子。赵超构当过他的家庭教师，两人以师生相称。

　　抗日战争期间，赵超构的父亲赵标生在国民政府军事委员会任职，与许可成的养父许铮是同事。机关内迁时，赵标生携继室裘德华与许铮一家搭乘一艘货轮赴内地。当时，赵超构所在的《朝报》遭敌机轰炸，被迫停刊撤往昆明，他便陪伴父亲一起前往。

许铮一家三口，年轻太太安丽云，还有上小学的儿子许福官。许铮是常州人，属文职人员，在办公厅总务处会计科当出纳。安丽云说一口地道的吴侬软语，白皙的鹅蛋脸上长着一双水汪汪的大眼睛。她是无锡人，上辈在苏州一带经商，后来便寄寓于苏州城。她读过几年书，会唱京戏，喜欢梅派的《醉酒》《宇宙锋》《霸王别姬》。她与许铮结婚多年无生育，后来便领了哥哥的孩子作养子。

自赵标生娶了继室裘德华后，赵超构与父亲就不太多话，加之继母排斥他，这种关系便更显得微妙。在驶往内地逃难的船上，赵超构除了读随身携带的几本外国小说外，最大的消遣就是与安丽云母子聊天。安丽云虽是南方人，却有着北方人豪爽的天性，天南地北，芝麻绿豆，什么都能聊。小学生许福官与赵超构打得火热，人前人后喊大哥哥，一有空就找他捉迷藏，还缠着他讲妖魔鬼怪的故事。他们还约定，到了内地争取住在一起，互相有个照应。

他们一路途经汉口——其间，赵超构在汉口逗留了数月，参加抗日救亡工作，还写了一本《战时各国宣传方策》的书。之后，他才辗转到达重庆。在好友张慧剑的介绍下，他加盟《新民报》，担任国际新闻编辑兼写时事评论。一开始，他住在莲花池报社职工集体宿舍。战时的陪都，敌机频繁来袭，新民报社的职员便陆续疏散于重庆南岸海棠溪、北碚和大田湾乡间。赵标生在位于西北郊的花垞湾山坡上的军委会本部机关家属区，为赵超构找到了一个栖身之所，恰好与许铮一家成了邻居。

许家受赵标生之托，由许太太负责照料赵超构的生活，帮他洗衣做饭。赵超构将每月的工资上交搭伙，自己只留一部分作生活零用。当时的许福官在三里路外的新开寺小学上学，放学后经常贪玩不回家，荒废了学业，且不安全。赵超构便主动当起了他的义务家庭教师。每天到放学路上等候他，接他一起回家；晚饭后，借着煤油灯昏暗的灯光，帮助他温习功课做作业。多年以后，许可成回忆说："要是我的学习成绩不好，先生还会惩罚我。有一次先生真的生气了，而且真的打了我。这事过去就过去了，我也早就忘记了，没有想到，先生却还记得，解放初期他还给我来信表示歉意。"

安丽云甘愿在家当官太太，除了料理家务之外，整天外出搓麻将、听京戏，从不看报读书，也不关心时局，日子过得有点浑浑噩噩。赵超构经常在茶余饭后，给她母子讲时事新闻，分析国内外战时形势。赵超构说：

左上　1934年，初涉报坛的赵超构
左下　少年许可成。1947年春，于南京
右　　安丽云女士在苏州老家（1963年）

上　20世纪50年代的赵超构（左）

中　许可成（左一）与养母安丽云、大哥许水泉于上海留影（1949年）

下　1944年，赵超构从延安带回的羊毛垫子

"你们的名字不太好，我给换一个吧。"他将许福官的名字改成"许可成"，将安丽云的名字改成"安再生"。他笑着解释说："国民党政府如此腐败，还是不做官的好。'可成'，就是要好好读书，将来可望有所成就。'再生'，就是要有新的生活，彻底解放自己。"

从此，小学生许福官有了一个响当当的名字许可成。这个名字，他一直沿用到老。安丽云的新名字，她嫌太男性化，一次都没有用过，但她的生活却因此而改观。麻将不搓了，也不整天听京戏了，喜欢上了读书看报，逐渐走出了官太太醉生梦死的生活。赵超构宿舍堆积如山的书报刊，成了她打发时光的最好消遣。赵超构从同事张恨水家借来的《啼笑因缘》《春明外史》，她读得津津有味。赵超构开玩笑说："张大哥的《啼笑因缘》出版后，迷倒了很多女学生，纷纷给张大哥写信，表示要嫁给他。你也要当心噢，千万不要像这些女学生一样，难以自拔。"

1942年前后，赵超构曾得过一场突如其来的肺痨。此病在战时的大后方流行，很多人为此死于非命。赵超构的母亲富氏夫人就死于此症。当年物资匮乏，缺医少药，治肺痨的特效药链霉素以黄金论价，一般人家根本用不起。安丽云鼓励他与病魔作斗争，按时给他熬制草药，每天好菜好饭伺候。她在屋前屋后开荒种菜，养鸡养鸭，生下的蛋全留给赵超构当补品。养病的这段日子，赵超构暂不写稿，在家帮助安丽云干些轻微的家务，还背上一架莱卡相机外出登山拍照……

不过数月，赵超构的肺痨竟奇迹般地自愈。赵超构的好友张林岚说："抗战八年，赵超构与安丽云为邻，共同生活了将近五年。他小安丽云六七岁，长许可成近二十岁，许铮是以子侄一辈视赵超构的，安丽云则待之如弟，为飘然羁旅在外的赵超构营造了一个可以遮风蔽雨的家。五年中，他的生活虽然清苦，但相对安定，读书不少，写作也不少，安大姐功不可没！"

"自古红颜多薄命"，安丽云的人生结局并不见好。张林岚在《赵超构传》中，有详实的记载：

抗战胜利之后，许铮已是军委会上校军衔的会计股长。复员转业前，发了接收财，回到南京，就买房子，讨小老婆，遗弃了抗战八年患难与共的糟糠之妻，与安丽云办了离婚手续。安丽云带着许可成回到苏州观前街后面乔司空巷旧宅，出租多余的住房，自己则做些手工艺品小买卖，艰难度日。50年代对私改造,"割资本主义尾巴",母子俩生活极度困难,许可成要上学,不得不丢下姑母兼养母的安丽云去南京依靠养父生活。

有一次许可成来上海,赵超构听说起此事,心里很难过。当时赶往苏州探望了安丽云。以后,隔一个月寄点钱去,接济她最低限度的生活。又为她订了《新民晚报》,让她能常常看到他的文章,直到"文革"靠边,才失去联系。此事除人事部门之外,报社的人都不知道。"文革"中造反派认为"这个苏州女人一定是赵超构的姘妇,否则,他为什么不断地寄钱去?为什么要长期秘密往来?"……他们当然不知道患难之交的情谊,更缺乏同情心。真正的友谊是高尚的、纯洁的、永不泯灭的。"老造反"们一旦发现赵超构也有"风流韵事",就当做新闻传播,想借此大做文章。只是他们赶往苏州调查时,迟了一步,安丽云贫病交加,已在"文革"第二年病故,年64岁。当时赵超构正在挨批挨斗,不知道安丽云已经不在世上;他还在向好奇的造反派舌敝唇焦地解释与"苏州女人"的关系。

再回过头,说赵超构与许可成的事。从延安采访归来,赵超构埋头撰写《延安一月》。当时他与许家已不住一起,上中学的许可成特地跑到新民报社,缠着大哥哥给他讲述《延安一月》之外的内幕新闻。赵超构领他到宿舍让他翻看从延安带回来的照片,包括他与毛泽东、朱德、周恩来等中共领袖的合影。许可成清楚地记得,其中有一张窄窄长长的像电影胶片似的照片,是反映延安的群众在广场上集会的情景,画面上人山人海,红旗招展,煞是壮观。那一天,赵超构讲了很多,有些新词,年少的许可成

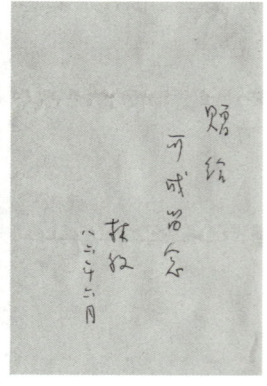

《战时各国宣传方策》书影　　　赵超构赠许可成《未晚谈·二编》题签本

1944年,赵超构在延安

听不懂,也不明白。而赵超构最后讲的一句话却牢牢记住了:"共产党比国民党好,毛泽东比蒋介石有办法。"

《延安一月》在重庆、成都两地《新民报》连载后,引起了极大的反响。应广大读者要求,即将要出版单行本。国民党当局审查机构,处处设置障碍,予以百般阻挠。许可成回忆说,当年,他每天挎着一个旧书包,在大街小巷的书摊前转悠。还是没有看到书,——其实是他心太急了,还没过去几天呢,他又跑到报社找老师。赵超构给他打保票,吃定心丸:"这次美国总统竞选,如果罗斯福连任的话,此书马上就会出版。"赵超构料事如神,后来罗斯福胜出,他的书果真很快顺利出版。

1946年前后,国内形势愈发严峻,赵超构被报社派往上海创办《新民报》晚刊。在离开重庆的前一天,他约许可成到嘉陵江边见面。他们沿着江岸用小石头磊成杂草丛生的小路,边走边谈,谈人生、谈理想。赵超构说:"可成,人都是有追求的,我们应该追求真的、善的、美的东西。你现在读的是中正学校,不妨多学点科技知识,在政治方面一定要心明眼亮。"

临别时,正是夕阳西下时,遥远的天边喷出一道灿烂的霞光,一叶扁舟正从嘉陵江的尽头驶来,刹那间水天一色构成一片波澜壮阔的红色海洋。赵超构从挎包中掏出一条珍藏多年的羊毛垫子,说:"可成,我没有什么可送你的。这是我从延安带回来的纪念物,送你好好收藏,作个纪念吧。"

这条墨绿底色、粗线条方格的羊毛垫子,生产于延安大生产时期,是毛泽东作为礼物馈赠给中外记者团记者的,有着重要的历史纪念意义。它成了许可成的贴身之物，从重庆带到南京，又从南京带到苏州。当年兵荒马乱，居无定所，每到一地，他就将它藏匿于家中最隐蔽之处。每当夜深人静时，他偷偷地翻找出来，用手轻轻地摩挲着，看了一遍又一遍，总还看不够。有一次搬家，因藏得太好，一时找不着，急得他坐立不安。他生怕丢失，便产生了将礼物还给老师的想法。赵超构在信中回复："你好好收着。此物已在你的心里，它永远也不会丢失！"

时间飘忽，人生易老。当他们再次相逢时，当年意气风发的老师已是满头银发，迈入迟暮之年。20世纪80年代，许可成经常出差上海，每次都要上新民晚报社看望老师。每次见面，赵超构都很兴奋，不管有多忙，总要拉着许可成外出，逛马路，吃西餐，有说不完的话。有一次，许可成带着一套《秦邮碑帖》到报社找他。听门卫说，那天恰好电梯坏了，没法运行，赵超构一大早就到报社等候，拄着拐杖从一楼到四楼，往返走了好几趟。

许可成遵循老师的教导，不负众望，最终成为一名出色的工程师，并担任地方棉纺厂的副厂长，还被推选为县政协委员。当他写信告知时，赵超构十分高兴，希望他"好好工作，听党的话，为四化贡献力量"。

当许可成在信中提出要写重庆时期的回忆录时，赵超构立即警觉起来，他对写回忆录向来视为"洪水猛兽"，自己不写，也不希望别人写。他在回信中说："你说要写回忆，不知有什么目的？写不写当然由你自己决定，但回忆录中不要写上我的名字，也不要写我的事情。我生平最不喜欢吹嘘捧场……"

由于赵超构的阻拦，许可成的回忆录最终没写成。一直到了1992年赵超构逝世后，他才写了一篇简短的回忆文章《老师为我改名字》，刊登在《新民晚报》"夜光杯"副刊上。他在文中说："老师，我今天写您，决非是吹嘘捧场，而是出于对您的崇敬，对您的爱戴，不把对您的爱戴和崇敬写出来，我心中不安。老师，原谅学生这一次，好吗？"

2010年春末夏初，迎来了赵超构诞辰100周年。我多方寻找，最后通过江苏高邮文史专家萧维琪先生，找到了已步入晚年的许可成先生。当他得知赵超构的故乡正以各种方式怀念这位新闻界大佬时，许先生激动不已，将手上珍藏的几件赵超构遗存无偿捐献。

现在，这封赵超构的亲笔信，还有那条赵超构从延安带回来的羊毛垫子，均收藏于浙南文成赵超构出生地——梧溪"赵超构纪念馆"内，供人们瞻仰与怀念。

致赵纯继（往来）
"大赵小赵"

纯继兄：

　　来信并回忆总理的材料收到。你的记忆力真好。我是一点也记不得了。不知那一次在铭公家里，我是否在座了，我也记不起是在重庆还是在南京，铭公请总理到家里晚餐的。总之就这件事证明你的身体比我好得多。我仍然每天上下班，迟到早退，自由一点。身体粗健，但老妻半身不遂，需人照料。辞海国庆节前出书，近日大忙，政协活动也不少。自思才疏力拙，尽力而为罢了。你也该忙一些了吧？你那里的政策落实情况如何？许多老相识先后都得"改正"，你大概都知道了，真是可喜可贺！琴先同志是否还在工作？便请代候，不知她还记得我否？

　　专此，致祝

大安！

超构
廿九日

超构兄：

　　最近常常读到您的佳作，知道您身体好，精神健旺，感到由衷的欣慰！

　　今天读报，才知道十六日是您八十大寿，特此致函祝贺！虽然是迟了，但我是真诚的。我们相交是三十年代开始的。几十年来，您一直在报界工作，一直走在时代的前沿，为《新民报》的发展，作出了极大的贡献，这是值得大书特书的。

　　谨此敬祝您

健康长寿！

弟　纯继上
1990 年 5 月 20 日

（烦代候法章、纫秋、英子、林岚诸同志安好）

1937年。南京。

新街口人来人往，小汽车、人力车川流不息，报童撕开嗓门的叫卖声不绝于耳，呈现一派繁华的都市景象。从朝报社与新民报社大门口各自走出一个年轻人，他们在两报相隔不远的新都大戏院前相遇，继而结伴而行，渐渐消失在步履匆忙的茫茫人海中……

这两个年轻人，一个叫赵超构，一个叫赵纯继。正是风华正茂时，两人均生于庚戌年，同庚兄弟。外形迥然不同，赵纯继人高马大，赵超构矮小瘦弱，人称"大赵小赵"，并称"二赵"。他们意气相投，脾气相近，生性孤僻，不善言辞，时人调侃"三棍子打不出一个'二赵'"。

赵超构名声在外，可能知道赵纯继的人不多。赵纯继（1910—1993），四川荣昌人，新民老报人。早在1930年，他就参加南京《新民报》工作。当时他还是外勤记者，与老板陈铭德有同乡之谊，经常替老板跑腿。赵超构1934年入职朝报社，任主笔兼编国际新闻，深受老板王公弢器重。

当时的南京城作为全国的政治、文化中心，大小报纸有十几家，但有一定影响力的主要有五家。两家官办报纸《中央日报》《中国日报》，三家私办的民间报，即陈铭德的《新民报》、王公弢的《朝报》和石信嘉的《新原日报》。五家报社按惯例，轮流作东，大约半月开一次聚餐会，互通信息，讨论交流办报经验。

"二赵"就是在这样的聚餐会上认识的，但他们在这种场合上交流得并不多。

据赵纯继多年后回忆，他们的"第一次交心"，是在"七七"事变以后。这一年的秋天，日本侵略军攻陷北平、天津两地，他们因等通讯社的新闻稿，编完报纸已东方破晓。但他们睡意全无，从报社出来后，在新街口一路蹓跶到赵纯继家里摆"龙门阵"，为平津沦陷"民族危亡日甚一日的情势"而愤慨不已。

"大赵"的媳妇叫陈琴仙，又名琴先，为人贤淑，还烧得一手好菜。赵超构独自一人在外，经常上"大赵"家蹭饭，或小酌。有时他还带在《朝报》编副刊的同事张慧剑一道去。共同的兴趣与爱好，使这班年轻人成为无话不谈的好朋友。

赵超构称陈琴仙是"大赵"从报上"捡"来的媳妇。事实确实如此：当年正值妙龄（19岁）的陈琴仙遇人不淑，刚结婚即遭丈夫抛弃。幸亏她念过书，便向《新民报》"法律问答"专栏写信求助。《新民报》老板陈

上　1937年9月，赵纯继与邓季惺（中）、夫人陈琴仙（左）参观在南京被击落的日机残骸

下　1974年4月，张友鸾、崔伯萍夫妇（左）与赵纯继、陈琴仙夫妇（右）在安庆　（钱昌祥提供）

上　赵纯继、陈琴仙结婚照。摄于上世纪40年代重庆（钱昌祥提供）

下　赵超构（中）与赵纯继夫妇晚年同游南京玄武湖（1989年）

铭德夫人邓季惺是名律师,在报社三楼开律师事务所,并主持《新民报》"法律问答"专栏。她了解陈琴仙的遭遇后,替她登报声明离婚,并把她留在律师事务所做总务秘书。获得新生的陈琴仙,后来与赵纯继相爱,并结为夫妻。

1938年南京沦陷,《新民报》迁至重庆复刊,赵纯继临危受命担任总编辑。随后"三张一赵"(张恨水、张友鸾、张慧剑、赵超构)相继加盟重庆《新民报》,"大赵小赵"成为同事。这里还有个插曲:张友鸾是老新民人,他是南京《新民报》首任总编辑,是赵纯继当年学写新闻报道的老师。赵纯继见老师重返归来,曾一度提请让老师担任总编辑,后因张友鸾执意不肯而作罢。在重庆《新民报》,赵纯继与"三张一赵"和睦相处,生死与共,并肩奋斗多年。

1943年夏天,赵纯继会同邓季惺、张友鸾、张慧剑等赴成都办报,并出任成都《新民报》总编辑。次年冬天,成都《新民报》增出日刊,赵纯继敦请好友赵超构,还有同事姚苏凤、方奈何、张十方等到成都助战,使日刊很快在成都站稳脚跟。赵超构的"未晚谈",就是在成都《新民报》副刊上最先开栏的。

成都是当时大后方的文化中心,名胜古迹众多,文化底蕴深厚。成都《新民报》,尤其是张友鸾编的社会新闻,赵超构主笔的言论,因反映民意,触及当局的痛处,发行屡屡受阻,最后以张友鸾调回重庆而了结。没过几年,成都《新民报》终被查封,国民党当局出动军警武力劫收,张纯继和张先畴、周绥章等人被捕入狱。

这班年轻的报人以报为家,以笔为枪,纵论天下大事,度过一生中最美好的时光。与赵超构相处的日子里,最使赵纯继敬佩的是他的好学精神。赵纯继在《沉痛哀悼超构兄》一文中回忆:"超构兄很长时间住在山洞(花丘湾)乡间,但每周必进城一次,将写好的文章交到编辑部,然后买点新书,并向朋辈借些旧书(带回去)。下一周来时又换一批。他真可以说'于书无所不读'。他读书面很广泛。政治、文史之类的书要读,就连科学技术的著作,他也涉猎。总之,他的知识面广,无怪他写起文章来,海阔天空任他遨游。"

中华人民共和国成立以后,赵超构继续留在上海办《新民报》晚刊,而赵纯继所在的重庆《新民报》停刊,他改行举家迁移北京到全国工商联上班。"大赵"虽然离开了新闻单位,但他与《新民报》一直保持着联系。

赵超构是全国人民代表和政协委员，每年都要到北京开会，他与赵纯继，还有张友鸾、张恨水、浦熙修等其他在京的新民老报人，经常在陈铭德、邓季惺夫妇家聚会。

进入1958年，随着大跃进和人民公社化的推进，干部下放形成高潮。这年夏天，赵纯继夫妇被下放到千里之外的安徽省安庆市任职。全家七口除了即将考大学的大闺女留在北京外，其余四个年幼的孩子，还有年迈的岳父均随他们到安庆。安庆是个小地方，与北京有着天壤之别；安庆不是他们的故乡，地生人不熟，一切都得从头开始。

从北京下放到安庆的百户人家，"文革"以后，国家落实下放干部政策，有的返回北京，有的举家南迁。而赵纯继自己也没想到，他一踏上这片土地，便注定要在安庆终老一生。有句老话，叫"小乱避城，大乱避乡"，赵纯继像一叶扁舟被命运抛到小城安庆，在无尽的寂寞与平淡中度过芳年华月，但也因此而躲过了政治运动所带来的惊涛骇浪。

赵纯继早年办报与左翼作家有过合作，田汉、阳翰笙等一批进步文化人都与他打过交道。当年经田汉推荐，他与老板陈铭德邀请阳翰笙主编《新民报》副刊"新园地"。他们都是四川老乡，双方一拍即合。阳翰笙主编的副刊发表了大量进步文化人士的文章，鼓舞了广大民众抗战的斗志。当时出于政治因素考虑，副刊实际由阳翰笙主编，但版面上的署名一律用赵纯继的名字替代。

据赵纯继女婿钱昌祥介绍，"文革"期间，北京某颇有来头的军代表专程到安庆找他岳父调查田汉、阳翰笙的历史问题。他们是当时"文革"文艺界重点批判的"四条汉子"中的两个。面对北京方面无中生有的调查，当时的赵纯继感到压力较大，惶恐不安多日。他弄不明白，田汉、阳翰笙这些进步人士会有什么历史问题？

赵纯继惦记着老朋友赵超构，并为他的处境而深深担忧。70年代"文革"后期，赵纯继赴东北探亲专程绕道上海看望赵超构。当时的赵超构还没彻底"解放"，还戴着"资产阶级学术权威"的帽子。他除了上干校参加超强度的劳动外，就是将自己关在家里，"闭门思过"。赵超构没想到"大赵"这时候会来看他，对他，有些人已唯恐避之不及了。

在那样一种特殊的政治情境之下，两位久别重逢的老友相聚在一起，他们的内心可谓百味杂陈。那一个夜晚，上海市区大雾锁天，天空黑压压的像一个锅盖倒扣着。他们在虹口一个旧式石库门老房里，一瓶二锅头，就着一碟花生米，一边小酌一边彻夜长谈。没有人会知道他们谈些什么。

凌晨时分，他们和衣靠在书房的书桌上小睡。此时长夜已尽，东方渐渐泛起鱼肚白……

多年以后，赵纯继在一份介绍赵超构与《新民报》的材料上，他谈到了那个晚上。但他没有多说什么，没有透露任何内容，也没有提起田汉与阳翰笙，他只是说赵超构的书房书很多，有专著，有线装书，满满的一屋子，称赞赵超构在那种情况下仍然不忘读书。

中共十一届三中全会以后，"二赵"联系更加频繁了。见面或通信谈得最多的还是《新民报》过去的人与事，这成了他们永远谈不完的话题。但他们知道，彼此都老了，再也回不到原来激情燃烧的岁月，只能静静地守候夕阳西下那最后一抹余晖……

1980年秋天，《新民晚报》已在筹备复刊，赵超构还在上海辞书出版社上班，担任副社长、副总编辑，政协的社会活动也多了起来。复刊筹备组整理《新民报》报史材料，其中周恩来到陈铭德寓所会晤采编人员的具体细节，他一下子想不起来，便向远在安庆的老朋友"大赵"求助。

赵纯继记忆力惊人，据他回忆，周恩来是应铭公之邀请，在郭沫若的陪同下，秘密到重庆七星岗附近的华一村陈寓所赴宴的。铭公即陈铭德（1897—1989），四川长寿人，知名报业发行人。1929年9月9日与吴竹似、刘正华在南京创立《新民报》。鼎盛时期，《新民报》拥有"五报八版（五社八刊）"，陈铭德历任社长、董事兼总经理，被誉为中国报业巨子。1949年后为上海《新民晚报》顾问。他与郭沫若是同乡。周恩来会晤《新民报》采编人员：一次是1942年秋，蒋介石掀起第二次反共高潮，

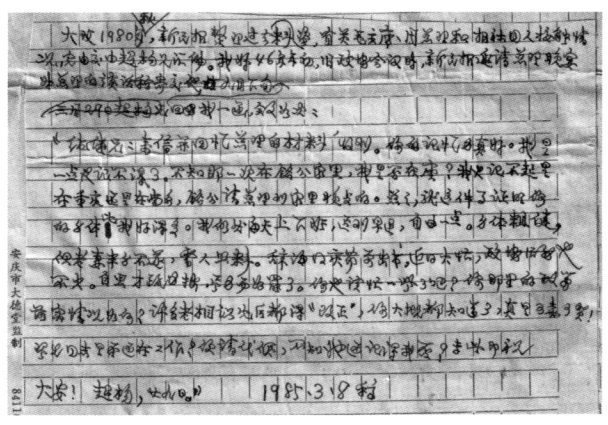

赵纯继晚年抄录赵超构书信手迹　（钱昌祥提供）

赵超构（左三）偕张林岚（左二）、赵继纯（左四）、李仲源（右三）、束纫秋（右一）等新民老报人南京留影 （1989年）

内战危机四伏之机；一次是在抗战胜利后的 1946 年初，国民政府被迫举行政治协商会议期间。就在《新民报》采编人员对前途感到迷茫之际，周恩来适时地来到他们中间，审时度势，指点迷津，进一步阐明共产党的统一战线政策，共同商讨寻求报纸舆论宣传和反蒋斗争策略，还就《新民报》的编辑方针作出指示，使报社同仁受到了深刻教育和极大鼓舞。

这两次会晤，"二赵"均在场。赵纯继专门写了一份经过情况及周恩来讲话要点的材料寄给赵超构。这就是赵超构照此史料撰写，后来收入《统战工作史料选辑》一书的《统一战线的雨露滋润了新民报》一文。

《新民晚报》筹备复刊那会，赵超构约请徐铸成、张友鸾写"打炮戏"，也向老友"大赵"约稿，还赠送《新民晚报》——当年报纸发行有限，都是凭票征订的。在赵超构的鼓动下，赵纯继作为《新民报》创业的亲历者，撰写了近两万字的回忆录《抗日战争前的南京〈新民报〉》，后来收入"新闻丛书"《〈新民报〉春秋》（重庆出版社，1987 年 12 月版）一书。1989 年，新民晚报社举行创刊 60 周年纪念活动，赵纯继作为新民老报人应邀携老伴出席。赵超构会同他们赴南京故地重游，先后游览了玄武湖、中山陵、南京长江大桥等景点。

当他们前往乌衣巷寻访《新民报》初创时期的报社旧址，经过夫子庙前时，"二赵"触景生情，忍不住热泪盈眶。一行人在此驻足，望着落日余辉弥漫的金粉楼台、画舫鳞波，久久不忍离开。曾几何时，这里承载着太多新民老报人的历史烟云与心绪情结……赵超构倡导的"飞入寻常百姓家"的办报口号，就发源于此。

晚年的赵纯继是"林放式杂文"最忠实的读者，几乎每篇必读。1990年赵超构八十大寿，他从报上获悉，便动笔写信道贺。他在信末提及的"法章、纫秋、英子、林岚"几位，均为当年新民晚报社的"决策层"。束纫秋是赵超构的黄金搭档："文革"前赵是束的领导；"文革"后期到了《辞海》，束是赵的领导；《新民晚报》复刊后，赵是社长，束是总编辑。他们的关系被称为"司令与政委的关系"，而成为上海新闻界的美谈。副总编辑冯英子、张林岚，既是赵超构的人生至交，又是工作上的左臂右膀。丁法章是新民晚报社后来的继任者，是当年上海新闻界几大报刊最年轻的掌门人之一。赵继纯和他们之间在情感上，有一种说不清道不明的"归依"感。

信中所言的"5月16日"，并非赵超构诞辰之日，其生日阳历5月4日，古历三月廿五。新民晚报社同仁在粤秀酒家为其庆祝八十大寿。上海市政协、中共上海市委统战部、民盟上海市委联合召开座谈会，为赵超构八十华诞祝寿。时任上海市委书记、市长的朱镕基打电话到会场，毛经权、谢希德和谈家桢分别致辞。赵继纯在信的字里行间，表露了对"一直走在时代前沿"的赵超构的钦慕之情，称赞他"为《新民报》的发展，作出了极大的贡献"。可见，在他的内心深处，一直放不下年少立下做一个职业报人的梦想。

2015年，著名老报人张林岚谈到"大赵"时说："赵纯继先生为人勤勉忠厚，担任重庆、成都《新民报》总编辑期间，忙于报业的发展与事务，倘若他当年留下有影响的新闻作品，那历史可能要改写，'三张一赵'有可能就是'三张二赵'了。"

岁月如歌，世事沧桑，每个人的生命个体总是带着某种缺憾展现于世人面前。新闻界的"大赵小赵"，虽然最终没有像"三张一赵"那样成为一种象征或符号，在中国新闻史上留下值得大书特书的篇章，但他们亲如兄弟的报人情谊，却也非同寻常而值得后人为之感叹与敬仰……

致蒋元明（二通）
"我不敢为此作序"

（一）

元明同志：

信早收到。生了两星期的病，稽答为歉。我在报上乱写了一些东西，多承党报一再予以鼓励，既感且愧。年老笔秃，不耐深思，替新民报写写，随感而发，还不勉强。给党报写稿，总觉得有点紧张，难以下笔，这种情况，相信您是能够理解的。严修同志的文章，实在是奖誉过当。党报发表，只能作为对我的鞭策吧。惭愧之至。

专复，即祝

撰安！

赵超构

十月五日

（二）

元明同志：

惠书读悉。您（你）们编的这本书是很有意义，又是很有勇气的。诚如来信所说，列、毛不仅是政治、理论的导师，也有很多杂文名篇，足供我们观摩学习。但至今还没有人接触研究他们的杂文问题，有之，当自您编的这本书开始。可喜可贺！

但是我只能表示高兴，不能妄自评论他们的文章，更不敢为此作"序"，我没有那个水平。这必须找一位精通马列而又懂文章的大手笔来写。这样的大手笔，北京城里是有的。希望您另请高明为幸。谨此奉复，语出至诚，有负雅意，请谅之。

即祝

撰安！

赵超构

五月廿三日

元明同志：

信早收到。告了两星期的病，握笔为艰。我主持的几项写了一些东西，承蒙赶一两天以赴，既完且惨。年老笔走，不耐深思，对此种写与随笔之劳，逐不逞强。给党友写稿，尤觉得有些紧张，难以下笔。此种情况如信笺上所说，谅能得到理解的。声称退是的之事，实在也懂头过多，竟致出乎过计不能作为我的报单吧，惭愧之至。

专复 即颂

撰安

赵超构 十月三日

上　赵超构致蒋元明书信手迹
下　赵超构题词首日封

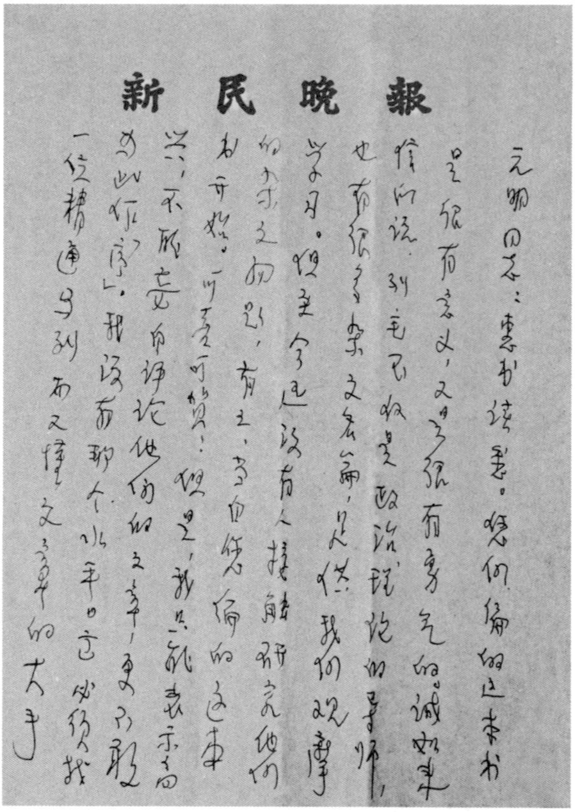

元明同志：惠书读悉。您们编辑这本书是很有意义，又是很有意思的。确如来信所说，З十毛巳发表过的泛论的草稿，也有很多杂文名篇，足供我们观摩学习。题主字已这段有人撰辑研究他的作品亦艾物还，有主字由您偏的这本书，不仅可贵。可是，我觉，就表示兴此，不敢妄自评论他的为此师您：我没有聊个水平曰专文必须我一位精通马列而又诸文字的大手

笔未写，这样的大手笔此系城是没有的。希望您另请高明，矛赐语此事勿勉，请恕至诚。布复顺颂

撰安

赵超构 五廿三日

赵超构致蒋元明书信手迹

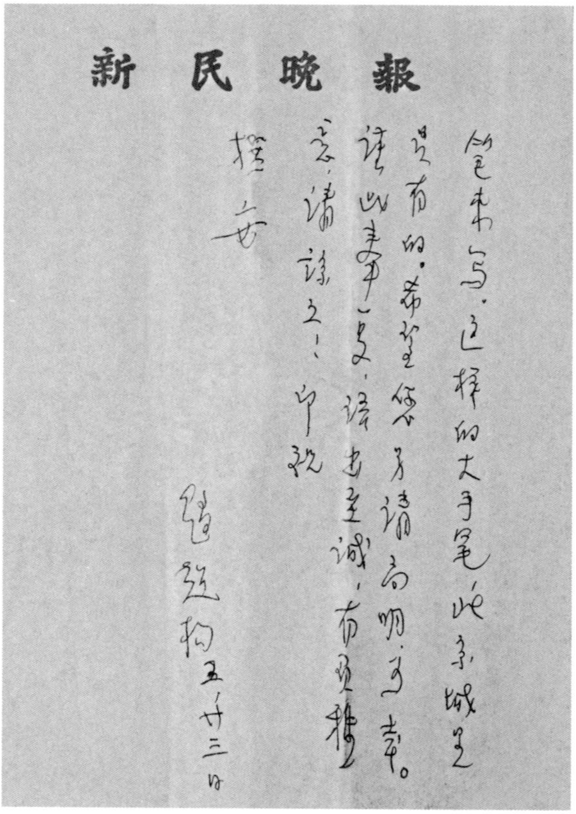

这两封信，是赵超构写给《人民日报》蒋元明的。前一封是向他约稿的回信，后一封是请他为《列宁毛泽东鲁迅杂文欣赏》一书写序的回复。

收信人蒋元明，籍贯重庆，共和国同龄人。高级编辑，作家。1975年毕业分配到人民日报社，历任编辑、副刊主编、文艺部副主任。北京市杂文学会常务副会长，中国写作学会杂文专业委员会会长。著有杂文、随笔散文集《嫩姜集》《人生小品》《人生有缘》等二十余部。

信中的"严修"系笔误，实际是"严秀"，即曾彦修，著名杂文家。1983年，严秀主编《中国新文学大系·杂文卷》（1976—1982）时，写了对林放杂文的评介文章《林放文章老更成》。时任《人民日报》杂文编辑的蒋元明，正好参加此书的编辑工作，便将严秀的文章发表在《人民日报》上，随后写信给赵超构，同时希望他能给《人民日报》副刊写写杂文。

晚年的赵超构，长期坚持自费订阅《人民日报》，坚持每天学习党报，而且他撰写的众多杂文名篇的由头和灵感就源于此。可他总认为，《人民日报》是大报，他"不敢给大报写稿"，正如他信中所说的："给党报写稿，总觉得有点紧张，难以下笔。"他曾说过一个很形象的比喻，即《人民日报》包括地方党报都是飞机大炮，是"重武器"，而《新民晚报》是步枪手榴弹，是"轻武器"。他一直在运用这个"重武器"，但却不敢轻易给"重武器"输送"弹药"。

蒋元明（左）拜访著名作家袁鹰

《列宁毛泽东鲁迅杂文欣赏》书影

可有意思的是,他在信中自谦为"在报上乱写"的"一些东西",却频频在《人民日报》上见报,如《"下不为例"之风不可长》《成堆有什么不好?》《"溢美"也能成灾》等,当然,这些文章都是编辑从《新民晚报》"未晚谈"栏目上转载的。对此,他认为是党报予以的鼓励,"既感且愧"。

1991年初,已是《人民日报》副刊主编的蒋元明,正在编选一部可作为杂文范本的书——《列宁毛泽东鲁迅杂文欣赏》(人民日报出版社,1992年5月初版,2010年4月再版)。此书的选定,与赵超构是"有一定关系"的。1957年,毛泽东曾对赵超构说:"假如让我选择职业的话,我想做个杂文家,为《人民日报》写点杂文。"而且,毛泽东"对列宁、鲁迅的杂文又十分推崇",因此蒋元明认为将三位思想家的杂文编在一起,将是一件很有意义的事。

当书稿大体编定后,蒋元明写信给赵超构,请他指导并作序。赵超构很快就回了信,并表示了肯定,"你们编的这本书是很有意义",研究列宁、毛泽东的杂文问题,"当自你编这本书开始"。但是他认为自己不够水平,"不能妄自评论他们的文章,更不敢为此作'序'",应当请北京城里既懂杂文又有马列水平的"大手笔"写为好。

蒋元明收到回函后,觉得赵超构说得在理,便干脆不再请人写序,而是自己在书的前面写了《编者的话》,他在前言中谈到了赵超构,也提到了这封信。

致尹均生（一通）
再版《延安一月》

均生同志：

寄来照片和信，都收到。我患冠心绞痛，住医院已一月。未能对来件多提意见为憾。前湖北人民出版社汇来稿费 480 元，也收到并寄去收据，勿念。此事多承斡旋，甚笃感。我冠心病已多年，此次较厉害。写作生活也只得暂停矣。

专复，顺祝

笔健

赵超构
十一月二日于病院

（寄来报告文学一书也收到了）

　　这封信写于 1983 年，是赵超构冠心病发作躺在医院的病床上写的。当我找到收信人尹均生教授时，他颇有遗憾地告诉我，赵超构共给他写过三封信，另两信交长江文艺出版社当时的责任编辑和穆熙，已无从查找。此为赵超构收到样书与稿费后写的第三通信。

　　尹均生（1936—），笔名楚均，湖北丹江口人。曾任华中师大中文系教授、华中师大出版社总编辑等职。长期从事报告文学理论研究和评论。著有《报告文学纵横谈》（与杨如鹏合著）《国际报告文学的源起与发展》《新闻体裁写作》《写作范文丛书·散文卷》《斯诺评传》（与安危合著）等。20 世纪 80 年代初，改革开放大潮涌起，学术界焕发勃勃生机。长江文艺出版社编辑出版《中国报告文学丛书》，聘请时任华中师大写作教研室副主任的尹均生为执行编委，并筹划全书的目录及作品征集工作。他在浩如烟海的图书馆里，发现了民国三十三年（1944）出版的《延安一月》草纸版本。捧读之后，欣喜至极，他认为这是"一部敢于突破国民党新闻封锁，均生兄：寄来照片和信均收到。（寄来拙作文之二一书也收到了）我患过心绞痛，住医院已一月，未见好来师多担心不见为念。前湖山人民出版社汇来稿费480元，也收到矣，再寄16本收据勿念。此事多私斡旋，甚心写感。我近心脏已好转，此次犯较历害，写作生活也只得暂停二天。专此，顺颂
笔健

赵超构十二月二日 83.

赵超构致尹均生书信手迹

并有艺术价值的报告文学力作"(尹均生:《赵超构先生与〈延安一月〉》),便毫不犹豫将此书列入《中国报告文学丛书》出版书目。

当尹均生满怀期待写信征求赵超构意见时,不想却遭到了他的拒绝。赵超构认为《延安一月》写的是一般的新闻报道,并非报告文学。他起草寄给老家刘显佑的小传中,称其为"通讯集";在给《文汇读书周报》主编褚钰泉的信中,又说"只能算是文史资料"。另外他还有一个观点,认为"过去的报道已完成了过去的任务,不必收入"了。不管赵超构的态度如何,但有一点不容置疑,此书是赵超构的成名作,从某种意义上说,它甚至影响着《新民报》的命运,以及赵超构后半辈子人生的走向。

当年,《延安一月》在重庆、成都两地《新民报》连载后,在读者中引起极大反响;随即结集出版单行本,成为读者争相竞购的畅销书。五个月内再版三次,发行数万册;抗战胜利后又在上海出了两版。其间,全国各地的书商还竞相盗版印刷,有些地方甚至出现了手抄本、油印本,大有

上左　赵超构提供用于《中国报告文学丛书》的标准照
上右　尹均生教授在写作（1983年）
下　　1992年,尹均生(左)在北京拜访报告文学作家魏巍

《延安一月》最初版、日文版,以及重版本书影

洛阳纸贵之势。重庆、成都两地的一些书店,沿街的橱窗里,都陈列着新出版的《延安一月》,《新民报》借助《延安一月》销量大增。后来,此书在刘尊棋、谢爽秋推介下,还在日本出版了日译版。

慧眼识珠的尹均生,当然不会就此罢休。他通过电话与信函,凭借三寸不烂之舌,力陈这本书的历史价值,畅述它独有的报告文学特性,最后终使赵超构回心转意,同意收入《中国报告文学丛书》。他向尹均生寄来了亲笔起草的简历,还有三张照片:一张标准照;一张1944年在延安,毛泽东、周恩来、朱德等与中外记者团成员的合影,他还在照片背面亲笔写了文字说明;还有一张是他在1987年重访延安时,伫立于宝塔山下,"手执烟斗,面带微笑"的留影。

此信中有几处需予以说明,以免造成误解或混淆:一是开头提到的"照片",据尹均生教授说,系供赵超构参阅用的当年在武汉召开的纪念美国记者埃德加·斯诺全国学术会议的现场照片;"来件"指尹均生所写的林放小传。后来赵超构另附了一份作者简历。二是函中提及"湖北人民出版社",此处并非笔误,当年出版《延安一月》的长江文艺出版社,尚未独立核算,还属于湖北人民出版社下属分社,稿费由湖北人民出版社统一核发。

1983年4月,由黄钢、华山、理由主编的《中国报告文学丛书》正式出版发行,《延安一月》收录在第二辑第六分册。同时收入的还有卞之琳《第七七二团在太行山一带——一年半战斗小史》、沙汀《记贺龙》、李公朴《华

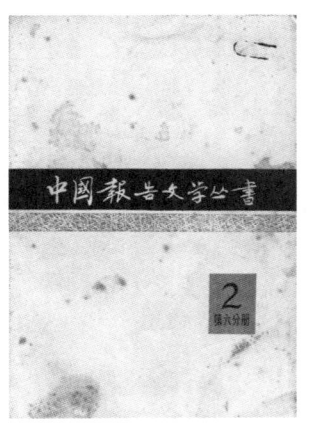  

收入《延安一月》的书籍及版本

北敌后——晋察冀》。函后附带提及的"报告文学一书",即指此书。《延安一月》这部 40 年前的旧作又重见天日。浅黄色的封面,书页纸张手感极佳。扉页上配发了两张照片,文后还附有一篇 500 字的小传。时隔七年后,长江文艺出版社推出中国报告文学丛书精选本《毛泽东访问记》,《延安一月》再次被作为头篇收录其中。

在纪念抗日战争和世界反法西斯胜利 50 周年之际,尹均生教授又将《延安一月》选入《中外名记者眼中的延安解放区》(华中师范大学出版社,1995 年 8 月第 1 版)一书。斯人已去,尹均生教授用另一种方式,表达了对赵超构的敬仰与怀念。

值得一提的是,除此之外,重版的《延安一月》还有其他版本。1992 年 8 月,为纪念赵超构逝世,柯灵、范泉主编的"文史探索书系"选入《延安一月》,由上海书店重版单行本。到了 2013 年,距《延安一月》初版 69 周年、赵超构逝世 21 周年,中国国际广播出版社又将它作为"书海钩沉·延安纪实"系列丛书之一予以再版。

长江文艺出版社是中华人民共和国成立以后,最早重版《延安一月》的出版社。尹均生教授是推介促成《延安一月》再版的第一人。也是第一个将《延安一月》,还有周恩来的《旅欧通信》、黄炎培的《延安归来》等力作认定为报告文学的人。正是有了尹均生等有识之士的荐选,以及众多出版社的慧眼识珠,才使《延安一月》这部中国新闻界的优秀作品得以深入人心,发扬光大。

致白雉山（二通）
"坐定了冷板凳"

（一）

白雉山同志：

　　五月间接到您的来信和《长江日报》上的尊作剪稿，奖誉过当，甚以为愧。我的《世象杂谈》一出版便无踪影，就连上海新华书店都买不到。一万多册在市面上看也看不到，真是怪事。另一册《未晚谈》大约明年初可以出版，届时一定奉上一册以请教。杂文在今天是热门又是冷门，我的宗旨是能写就老老实实地写一点，也不必大声叫喊为它争什么席位也。您的编务忙否，有空也写一点吗？

　　专复，顺致

敬礼

林放
十二月五日

（二）

白雉山同志：

　　承赠书，收到甚谢。

　　您寄夏公的书，请直接寄北京文化部转，不必由我转寄之。

　　专复，顺致

敬礼

赵超构
八六年元月四日

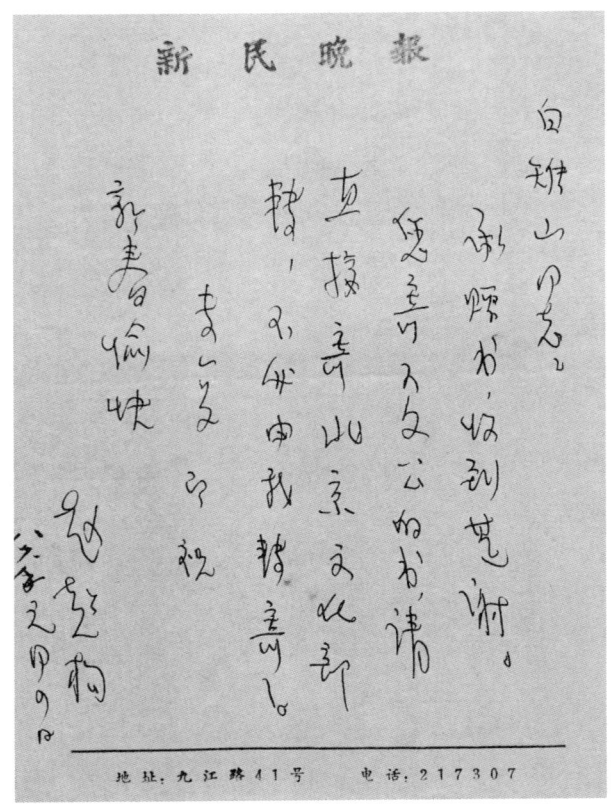

赵超构致白雉山书信手迹

赵超构杂文著作书影

当我得知白雉山先生曾与赵超构有过书信往来，便想方设法打听他的下落，最后在武汉大学王兆鹏教授的帮助下，终于找到了白先生。白先生与赵超构并无太多的交集，一生从未谋面，只因一次编往的翰墨因缘，使他们鸿雁传书，说文谈艺。文学前辈夏衍是赵超构的老朋友，这场翰墨因缘他也参与其中，使这段文苑佳话愈发生动而富有情趣……

白雉山（1934—），本名杨村，号白雉山人，湖北鄂州人。作家、词人。1949年6月参加革命工作，历任文工团创作员、文化教员、记者、总编助理兼编辑部主任、宣传部长等职务。湖北省诗词学会顾问、武汉黄鹤楼文化顾问、华中科技大学国学院诗词研究中心特聘研究员。著有《白雉山诗选》《烟雨阁诗钞》《名联三百副评注》《白雉山文钞》《秀才人情》等多部。

1985年暮春，满树的花儿正吐蕊飘香。当时的白雉山在"一家报社

白雉山在书房

《未晚谈》书影。《未晚谈·三编》为著者逝世以后出版

主持文艺副刊编务",他从报上获悉赵超构的"第一本杂文集《世象杂谈》,在垂暮之年才得以出版时,不禁感慨系之",便写了一篇题为《迟了,总算来了!》的杂文,发表在这一年5月14日的《长江日报》副刊上。《长江日报》创刊于1949年5月,毛泽东题写报名,原是中共中央华中局(后改为中南局)及武汉市军事管制委员会机关报,颇有一定的影响力。白雉山将剪报寄给了时任新民晚报社社长的赵超构,以"请赐教益"。(白雉山:《秀才人情》)

赵超构因事务繁杂,一直拖至年底才抽空写了这封热情洋溢的回信。作为杂文大家,他写杂文是"坐定了冷板凳"的,他说,"杂文本身就是坐冷板凳的文章","杂文坐冷板凳,是命该如此,是它的传统,是坐定的了"(林放:《坐定了冷板凳》)。对此他在信中作进一步的阐述:"我的《世象杂谈》一出版便无踪影,就连上海新华书店都买不到。一万多册在市面上看也看不到……杂文在今天是热门又是冷门,我的宗旨是能写就老老实实地写一点,也不必大声叫喊为它争什么席位也。"

《世象杂谈》(上海文化出版社1984年11月第1版),是赵超构出版的第一本杂文集。全书辑录作者1954年至1965年,在《新民报》晚刊(1958年改为《新民晚报》)上发表的100篇杂文。因此书一经出版即脱销,他手头又无此书,只得答应等新书《未晚谈》出版,"届时奉上一册以求教"。

白雉山除了写杂文外,还喜欢赋诗作对,号称"首义诗翁"。师从唐圭璋研治词学的王兆鹏教授,与白雉山有同乡之谊,专门撰文推介,称赞白雉山"诗词俱佳,联语尤绝"。白雉山收到赵超构的回信后,奉赠主编的《古今楹联选集》(湖北教育出版社1985年5月版)一书,还回赠一首

赵超构（右二）向获奖的杂文作者发奖

五律小诗。曰：

> 私淑缘何久，知公忆少年。
> 华章传宇宙，名姓震云天。
> 岂独才如海，全凭笔似椽。
> 笑侬今幸甚，文字亦因缘！

赵超构有着过硬的古文功底，也喜欢诗词创作，经常即兴口占一首。这样说来，他们也算是同好了。赵超构收到小诗后又立即作复，并称赞白雉山："你不仅杂文写得好，古典文学也很有功底，实属难得！"

信中出现的"夏公"，即夏衍(1900—1995)，原名沈乃熙，字端先，浙江杭州人。中国左翼电影运动的开拓者、组织者和领导者之一。时任文化部副部长。此前，夏衍在上海担任过市委常委、宣传部长，是赵超构的老领导、老朋友。就在赵白两人鸿雁传书之际，夏衍无意间看到了白雉山写的文章，十分欣赏。当时，他正在构思撰写一篇评介林放杂文的文章，便随手拿来作了由头。这就是后来发表在《人民日报》（1985年12月3日）

上,被赵超构用作第二本杂文集《未晚谈》的代序。夏衍在这篇序言中一开始便说:

不久前在《长江日报》看到一篇白雉山同志的文章……他从资、从德、从才三个方面来看林放的杂文,认为他的杂文集早该出版,而且不该只出一本。他说写杂文常常会触怒某些人,又不可能成为"畅销书",所以"杂文之欲出版者难矣"。对这种看法我也有同感。

《未晚谈》(上海人民出版社1986年1月版),是赵超构第二本杂文集。全书辑录1978年到1984年底发表的杂文,大部分发表在《新民晚报》"未晚谈"栏目。过不多久,赵超构便将这本收有夏衍代序的《未晚谈》题赠白雉山,此后还"多次来信勉励",使白雉山"深受感动"。此后多年,因赵超构报务繁忙,他们再无联系。白雉山是个"林放杂文迷",打开《新民晚报》,必找"未晚谈"拜读,他称之为"幽会未晚"。1992年2月,赵超构"遽归道山",白雉山"闻之怆然"!特撰一联以挽之:

杂文巨擘,晚报先驱,八十年案牍劳形,紧握笔如椽,累公竟致"三衰竭";
惠札犹存,贻书尚在,千百里鱼鸿诲教,乍惊仙化鹤,痛我谁招"未晚谈"?

致赵贯东（一通）
"林放不值得研究"

贯东：

你毕竟是我的族亲兄弟行。弟弟来吹捧哥哥，即使动机十分纯正，也免不了被人耻笑。我自己就觉得难受。总之，我的结论是：林放不值得研究，而赵贯东更不是研究林放的适当人选。你关心我，搜集一些资料，是可以的。但也不必浪费精力了。还是另外选些题目作科研课题吧。

我不是假清高，我也有名利思想，但是努力要求自己做到名副其实。一个人过着名副其实的生活，摆着名过其实的架子是很痛苦的。这些话只能跟自己的亲弟兄讲讲，不足为外人道也。

超构
十二月廿七

这封信写于1984年，原信已找不到，这是从赵贯东女儿撰写的《报界宗师：赵超构评传》（浙江大学出版社2009年8月版）中摘录的。"林放式杂文"，是时任《解放日报》总编辑的陈念云在编辑部的一次编务会议上率先提出来的，而国内第一个研究"林放式杂文"的人则是赵超构的堂弟赵贯东。陈念云的提法，给赵贯东的研究以醍醐灌顶般的启发，但遗憾的是他的研究始终没能得到堂哥的认可。"林放不值得研究"，"赵贯东更不是研究林放的适当人选"，从这封信，我们可以看出赵超构对此抱持的坚决态度。

赵贯东（1929—2007），原名超欧，笔名晁鸥。1948年参加革命，先后参加过浙南游击队、抗美援朝等。1958年，北京大学中文系新闻专业毕业，后长期在大专院校从事教学工作。著有《赵超构》（与人合著）、《新闻评论概况》等。

在赵超构众多堂兄弟中，赵贯东与他走得最近，关系也最密切。赵贯

赵超构小女刘芭（左一）与堂叔赵贯东（右一）在婚宴现场与新人合影（1992年）

东打小就崇拜这位堂哥，堂哥的新闻人生对他影响极大。《延安一月》出版，赵超构寄了一本给文成老家的五叔赵钦严。后来这本书被赵贯东所收藏，他带到就读的温州师范学校传阅，成为他投奔革命最直接的一个动因。

"学我者死"，这是赵超构常挂在嘴边的一句话。他说："不要学新闻，这口饭不好吃。"他的四个子女没有一个学新闻，而且大都是理工生。他一直反对堂弟学新闻，但最终赵贯东还是不听劝告，步他后尘。1954年，赵贯东从北京空军司令部转业，以优异的成绩考入北京大学中文系。当时有文学、语言、新闻三个专业供他选择，但他毫不犹豫选择了新闻，成为赵氏家族自赵超构之后唯一的一位科班出身吃新闻饭的人。

正如赵超构所说的，新闻这碗饭不好吃，注定充满坎坷与艰辛。北大毕业后，赵贯东被分配到杭州大学新闻系任教。正当他甩开膀子准备大干一场时，恰好遭遇高校新闻系调整合并，紧接着又经历"文革"十年浩劫，专业荒废，加之中年丧妻，家庭、事业遭遇重创。一直到中共十一届三中全会以后，他才重操旧业，作为专业人才被武汉大学引进，帮助重建新闻系。至此，他总算找回了自己的人生坐标，可以继续研究林放杂文了。

1984年，赵贯东写出了万余言的学术论文《试论林放杂文》，这篇发表于同年第四期《浙江师范学院学报》上的论文，奠定了他作为林放杂文研究权威的地位。紧接着，他又萌生要"写一部反映赵超构生平事迹和新

上　1983年，赵超构（中）与陈念云（右）在宴会上相遇

下　赵超构笔耕50周年，王揖代表全国新闻工作者协会前来祝贺。图为座谈会现场，左为王元化，右为石西民

1999年4月版《赵超构》书影

闻人生评传"的念头。有一次,他无意间在堂哥面前流露写传的意愿,不想赵超构的脸一下子拉直,铁青,没好气地说:"你是我的堂弟,你写我,这算什么事。你还是趁早死了这条心吧!"

在大学从事新闻教学的赵贯东,最终还是选择"林放式杂文"作为学术研究方向。堂哥不支持,他就背着他干,盘算着到时生米煮成熟饭,堂哥也奈何不了。但他又一次想错了,当他将年谱与写作提纲交给赵超构过目时,赵超构毫不留情地将它"压"了下来,还写了以上这封措辞严厉的信。

不管赵超构本人有多么的不情愿,但赵贯东的研究成果就摆在那里。1984年11月,在上海新闻界召开的庆贺赵超构笔耕50周年座谈会上,陈念云专门提到了赵贯东的研究,称赞他的研究是"有意义、有价值、有见地的"。后来陈念云上门拜访赵超构,又多次谈到赵贯东的研究,还与赵超构展开激烈的讨论。他在《关于林放杂文的一点回忆》(1992年2月20日《解放日报》)一文中这样写道:

应该说,晁鸥同志对林放杂文的研究是花了很大功夫的。他把林放杂文分成抗日战争和解放战争、解放初至1956年、1956年至1966年、1976年以后计四个时期,研究了它的发展形成过程。他认为林放的杂文开始以韬奋式的小言论为主,后来又接受了"鲁迅风"的影响,逐步发展形成了自己杂文的独特风格。林放的杂文是新闻性很强的随笔式杂文,既有韬奋那种直言快语、抨击时政的特色,又有那种幽默、讽刺、尖锐、泼辣的风格。

总的看来，林放的杂文在思想内容上多论时事，也可说是属于新闻性杂文。在艺术上是信手拈来，随物赋形，挥洒自如，涉笔成趣。在语言上则明快浅显，通俗易懂，平易近人。由于林放杂文内容广阔博杂，又接触实际，形式璀璨多姿，又接近群众，就拥有众多读者，而且百读不厌。晁鸥同志的论文还用一定篇幅对林放杂文的艺术特色作了评析。

值得欣慰的是，赵贯东的学术研究没有白费，学术界给予充分的肯定。据陈念云透露，事实上关于林放杂文的风格、文风，赵超构还是"基本同意晁鸥同志的看法"的。尽管如此，但在立传的问题上，赵超构始终不松口。赵贯东真没想到，在经历过风风雨雨，他的学术之路一直不顺畅，现好不容易赶上末班车，他正估摸着如何抓住人生的最后一截大干一场，不想迎面遇到的拦路虎竟然是自己最崇敬的堂哥。

堂哥反对自己的研究，让他心里很是难受，但他对堂哥的想法，还是能理解的。他知道，堂哥一生以平民百姓自居，不愿张扬自己，正如他信中所说的，一个人"摆着名过其实的架子是很痛苦的"。他不是针对赵贯东一个人，老同事张林岚跟他谈身后事，赵超构从来也没给过好脸色；与他相交数十年的老朋友欧阳文彬编辑出版《编辑记者一百人》，赵超构同样不合作，甚至就此欧阳文彬还与他抠过气。

从此以后，在赵超构有生之年里，赵贯东一直缄口不提写传的事，哥儿俩还像往常一样见面、写信，彼此之间似乎什么都没发生过。一直到了1999年的春天，赵超构逝世七周年后，赵贯东撰写的压箱底多年的人物评传《赵超构》终于重见天日。当赵贯东摩挲着新出版的新书，不禁老泪纵横，他在心底里说："堂哥，我做了您不情愿的事，您能愿谅我吗？"

致顾一平（往来）
三月下扬州

超构老：

寄上《瓜洲古今诗选》两册，内有您的诗作，无以酬报，聊表谢意。

常拜读您的杂文，也常和朋友谈到您的杂文。今年五月初在扬州见到您，并且陪同您参观了扬州博物馆，真是三生有幸。后来在《上海政协报》上读到您写扬州的几首诗，甚喜。

七月出差上海、无锡、南京，购置您的杂文集《世象杂谈》，都销售一空，可见读者喜欢您的杂文。将来再版，我终能获得的。

九月二十五日，《新民晚报》载您的《为旧体诗争一席》，这本《瓜洲古今诗选》的印刷，可算是邗江县的一个小实践。

下面，我正搜集资料，着手编写《历代文人与扬州》或叫《古今文人与扬州》一书，其中有文人，如李白、杜甫、陆游、郁达夫、田汉、丰子恺、易君左等人，已写成文字见报。超构老上次来扬州，并且写下了诗作，亦在编写之内。为此，想烦请赵老拨冗提供两件资料：

一、写扬州的诗的手迹（任选一首，钢笔、毛笔均可）。

二、我记得有一篇文章，写到毛泽东同志接见您的情形。我读过，一时记不起了，请提供时间、报刊名，以便我查找。

赵老，我喜欢杂文，也发表过一些杂文，曾引起一些麻烦。后来我转为地方的掌故搜集编写，因此调来政协搞文史，也是我喜欢的。

祝健康长寿！

敬礼！

邗江县政协文史科　顾一平
85.10.14

一平同志：

惠赠诗词集一册，收到至谢。读竟正嘱事复，但因来信署名难于辨认，只得将下来贴到信封上去，甚足不苯，故请原谅！

敬礼

赵超构
九·一日

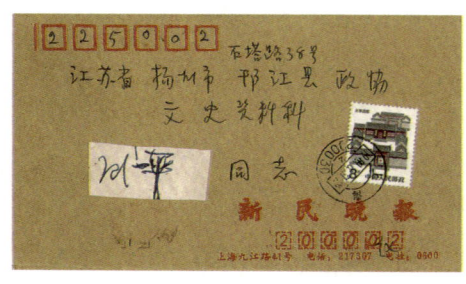

赵超构致顾一平书信、信封手迹

一平同志：

　　惠赠诗词集一册，收到至谢。谨遵嘱奉复，但因来信署名难于辨认，只得剪下来贴到信封上去。甚是不恭，敬请原谅！

敬礼

赵超构
九·一日

　　这两封信，来历有点特别。

　　2014年的初夏，我到上海看望病中的刘芭姐。她从书柜上拿出几本事先准备好的留有他父亲手迹的书，塞到我的双肩包。她有点伤感地说："晓春，我可能看不到你写的书了。我挑选了几本父亲的书，留给你作个念想吧。"顾一平先生致赵超构的信，就是在其中的一本藏书的书页中发现的。三十多年前的旧信，被当作书笺而保存下来，也算是一件幸事。

　　我顺藤摸瓜找到了远在扬州千里之外的顾先生。赵超构有信必复，我想找到他的回信，以便知晓更多书信背后的故事。一开始，顾先生说回信找不到了。我颇有一些失落，悻悻然数天。忽一日，接到顾先生来电，说信找到了，我内心一阵狂喜，猜想老人一定是费了一番周折。

　　顾先生生于1937年，原名顾汉忠，江苏兴化人。自幼酷爱读书，但上学很迟，15岁还在读小学三年级。因受人讥笑而辍学在家，跟舅舅学农活。顾母见卫生部门正在招人，便背地里托人报了名。对方只知后生姓顾，便随手写了"顾一平"。从此，顾汉忠成了顾一平，在卫生部门干了大半辈子，后因痴迷地方文史，半道改行，成为扬州知名的文化学者、文史专家。著有《邗上杂记》及《邗上杂记续编》共四册，由广陵书社出版。

　　顾先生与赵超构通信，缘起于1985年赵超构的扬州之行。用现今的话说，顾先生是个"林粉"，如他信中所言，经常拜读林放的杂文，他也"发表过一些杂文"，还曾"引起一些麻烦"。聊起三十多年前与偶像赵超构见面的情景，如今已迈入晚年的顾先生仍然激动不已。在电话的那一头，他操着一口浓重的苏北口音，向我徐徐道来：

　　"当年，赵超构是结束镇江的参观访问以后，于当日下午经瓜洲古渡来到扬州的。记得那天是4月30日。下榻的是当时的邗江招待所甘泉山庄。

上　扬州之行，赵超构与范征夫（左）合影（1985年）

中　赵超构（前排中）考察镇江时，与寿进文（前排左三）、范征夫（前排左四）等在江天禅寺留影

下　顾一平（右）与著名作家、翻译家梅汝恺在一起

同行中我认识的还有扬州老乡范征夫、知名经济学家寿进文等,大都是上海各界知名人士。县政协主席郑正、秘书长熊适等领导作陪,当时我在邗江县政协文史科供职,有幸作为随行人员一同前往。上海市政协赴江苏参观访问团听取了邗江县经济工作的介绍,先后参观游览了瘦西湖、大明寺、何园、个园、史公祠、瓜洲闸等名胜古迹。"

扬州,古称广陵、江都、维扬,有"淮左名都,竹西佳处"之称,历代骚人墨客写下大量诗篇。赵超构踏上扬州的土地,触景生情,诗兴大发,拿顾先生的话说是"几乎每到一处都留下了诗篇"。5月1日,游览平山堂、大明寺,他驻足平远楼前,观赏盛开的琼花——据说,此花绝迹已近八百年,现有一种与古代琼花神似无异的聚八仙取而代之,写下了《五一游大明寺纪事》:

远山来此平起座,一瓣心香拜鉴真。
最喜琼花迎客放,老僧絮絮话前尘。

古渡瓜洲,山川形胜,历尽沧桑。唐代高僧鉴真从这里起航东渡日本,康熙、乾隆二帝和历代诗人墨客途经此地,曾留下无数脍炙人口的诗篇。5月2日,赵超构伫立于渡口岸边,面对汹涌澎湃的长江水,想起杜十娘怒沉百宝箱的千古传说,不禁口占一绝——《瓜洲渡》:

曾于诗史记瓜洲,野树残阳古渡头。
今日甘泉喷万顷,十娘过此不须愁。

5月3日,赵超构参观史公祠。史可法督师扬州,英勇抗敌,不屈就义,年仅44岁。赵超构有感而发,用写杂文的笔调、反复强调的语境,写下了《过史公祠有感》。全诗抒发了对民族英雄的无限景仰,还对"群儿但知霍元甲,不识古有史可法"的现象提出了批评,发人深省。诗曰:

督师祠堂春寂寂,督师遗文鸣锵锵;
督师墓旁梅花岭,督师勋名万古香。
吁嗟乎,群儿但知霍元甲,不识古有史可法!

此三首诗，首发于《上海政协报》（《联合时报》前身）1985年5月17日、31日，后编入《扬州现代诗钞》（黄经伟编注，中国旅游出版社1986年12月版）等多种选本。其中《瓜洲渡》，由同行的经济学家寿进文书赠瓜洲闸。同年9月，顾一平先生又将此诗编入《瓜洲古今诗选》一书。这是一本内部印行的诗选，共收集了古今名人215人319篇吟咏瓜洲的诗词。

顾先生回忆说，赵超构离开扬州前，谈了他对扬州的美好印象。他说："过去我只是从诗词、史书中知道了扬州，从来没有来过。这次能来扬州，我感到很幸福，扬州确实是一座非常美好的城市，上海没有这样好的环境。"

当我读到这两封信时，时光已经倏然过去了三十多个年头。据我考证，此二信的时间相隔有点远，顾先生的信写于1985年10月14日，而赵超构的回信日期未标明年份，只写"九·一日"，可信封邮戳为"1989.8.31"。还有"九·一日"也有误，不可能写信在后投递在前。或许是赵超构笔误所致，写信时间应为8月31日。赵超构接信后，不可能四年以后才回信，其间定另有原因。二信中所指诗词集，顾先生说是"《瓜洲古今诗选》二册"；赵超构则称"诗词集一册"，并未道明书名。

最要紧的是，顾先生在信中谈杂文与诗词写作，提到了《世象杂谈》的脱销、对杂文《为旧体诗争一席》的看法等，还向对方提出在《扬州三首》中任选一首，用钢笔或毛笔书写一幅。这些事，除了题词之外——赵超构向来不愿意题词，他自嘲字写得"狗扒田一样"，其他应该都是愿意谈的，但他在回信中只字未提。还有，因顾先生的"顾"字写得潦草，竟使赵超构辨认不得；回信时，他只好将信上的姓名剪下来贴到信封上邮寄。因此，我认为最大的可能是，赵超构收到顾先生的信后，因手头忙而未及时回信。至四年后的1989年，顾先生又寄来信与诗集——他以为对方未收到，赵超构这才遵嘱回了信。

我就此请教顾先生，因年代久远，他也记不起来了。事过境迁，这些细枝末节已不再重要。现我将此两信放在一起，表面上看，似乎有点"南辕北辙"的意思，但不管怎么说，毕竟这是两通往来的信，其中有着内在的联系，从字里行间，我们还是隐约可以看到当年赵超构"烟花三月下扬州"的足迹与身影……

致朱家生、王潜芬（一通）
小事之处见精神

朱家生、王潜芬同志：

　　昨天下午三时抵京，住香山饭店 4203 号房间，稍感疲劳，睡了一夜，好多了，请勿念。并请转告社内同志。也请潜芬同志打一电话给我女儿，告诉地址，不另外写信了。

赵超构

　　这是 1991 年 3 月，赵超构赴京出席全国政协七届四次会议前夕，写给新民晚报社总编办工作人员的短笺。

　　收信人朱家生与王潜芬是总编办的正副主任，他们跟随赵超构多年。1960 年，朱家生从复旦大学新闻系毕业，就到《新民晚报》当记者。"文革"期间晚报停刊，他回到母校复旦大学当老师。1982 年《新民晚报》复刊，在赵超构的感召下，他放下教鞭又归队了。

　　每当出差或赴京开会，赵超构总不太喜欢打长途电话，习惯写信到报社，再让报社的同志对家人说一声。像这种"寥寥数语的信"，报社总编

朱家生、王潜芬等报社
同仁致赵超构的贺卡

上　1961年,《新民晚报》同事在上海外滩黄浦公园赏雪。
　　左起:欧冠云、鲁正华、张循、武璀、毛绿嘉、王潜芬、赵超构、张林岚
下　《新民晚报》复刊十周年,赵超构与同事出席座谈会。
　　左一束纫秋,左二王玲,右一周珂　(1991年)

办的同志经常收到。可让他们纳闷的是，信上谈的事，按"有些人的做法"，坐在宾馆舒适的沙发上，拎起电话筒，拨两个长途电话即可解决。可年老体衰的赵超构，偏偏不，非要"亲自伏案写信"不可。

在新民晚报社，很少有人叫赵超构社长，大家都习惯尊称他为"老将"。每次外出回来，第一天到报社上班，赵超构往往"过办公室而不入"，总是先到报社总编室报到，再到其他处室转转，先打个照面。大家劝他先在家休息休息，他总是昂头挺胸，用拐杖比划着说："没事，身体还可以。"

按赵超构的级别与工作需要，他早就该安装一部住宅电话，但他就是不要。他说，不能搞特殊化。1958年，毛泽东派飞机接赵超构、周谷城、谈家桢到杭州叙旧，上海市委统战部的同志心急火燎上门，好不容易才找到他。此后他怕耽误事，这才松口同意装上了电话。他一直住在瑞康里92号一间老式石库门房子，那还是1946年他到上海创办《新民报》晚刊时老板邓季惺租下的。20世纪50年代后期，市政府曾给他安排建国西路一座花园洋楼，但他婉言谢绝了。最后，这份待遇让给了同事张林岚。他是副部级领导干部，可以有专车供他使用，但却很少动用。他喜欢独来独往，拎着一只装满书报的公文包，一个人挤电车。他说，这样挺好的，可以多了解一些市井风情。他的夫人刘化丁生病多年，经常要往医院送，司机小崔提议交上油费让他去接送，赵超构坚决不让这么干，硬是让儿女们用人力车推老太太上医院。

多年以后，当朱家生与王潜芬重读这封信时，仍深情地赞叹说："他（赵超构）平时谆谆告诫同仁，在报社发展的好形势面前，应注意戒骄戒奢，不该用的钱尽量不用，能节省的地方要尽量节省。他宁可自己累些，不愿意随便花费两个长途电话的钱。事情虽小，反映了老社长为报社节约每一笔费用的实际行动，这正是老社长言行一致，表里一致的高贵品质。"

赵超构的身教言传，在潜移默化中影响着他身边的人。就拿朱家生来说吧，他是赵超构虔诚的追随者。他处处以赵超构等老报人为榜样，像一颗螺丝钉牢牢地扎在基层的岗位上。翻开他数十年如一日的工作履历，简直是一个奇迹：在晚报工作整整39个年头，计9750个工作日，他只请过一天半的病假！

致褚钰泉（三通）
必读的"读书报"

（一）

钰泉同志：

久不见，想您也很忙。《读书周报》我是每期必看的。毫无疑问，这份以书为主的周报已是国内权威的书评了。书评是很大的学问，许多大学者，鲁迅、胡适、以至启明老人，实际上都是杰出的书评家，他们谈书确是给人留下大量的知识。《读书周报》现在办得有益有味，是不容易的。现在报上同类副刊也不少，也聊可解渴，却难以过瘾。阅《读书周报》不止解渴，兼可过瘾。这是我个人的感受。近年因为体弱，行走不便，已无法再享受淘书、逛书店之乐了。只好在贵刊上浏览书海信息，过过书瘾。

至于读后意见，无非是做好书籍和读者的"红娘"，既要当好读者的导游，也要端正出书者的导向。介绍好书，批评坏书。特别是在读书界发什么"热"的时候，不要跟着起哄，而能作冷静的分析介绍。做到热中有冷，软中有硬，畅通文化交流的渠道。广告性的书评是难以完全避免的，但请掌握分寸，不要溢美。对于读者则希望做到"老少咸宜"。既要满足青年人对于西方文化的兴趣，也要照顾老年读者对于旧文史学术专著的关怀。雅、俗之间，有个平衡。长期阅读，拉拉扯扯说了这些话，是并没有经过认真思考过的。

专复，即颂

笔健

赵超构

(二)

钰泉同志：

来信和《周报》都已收到,谢谢！《旧书新摘》是个好栏目,的确有许多旧书,还在遗忘之列,应当通过新摘,让它"出土"一下,供人参考。不过,头一篇就采用了拙作,那就使我太感荣宠了。《延安一月》在出版当时是有点意思的。现在只能算是文史资料。长江文艺出版社居然出了这一套报告文学选集,听说赔了好多万元。可见这一类的书是很难有"出土"的可能了。能在《读书周报》上漏漏（露露）脸,也足以自慰了。来信说到写杂文事,我倒不是怕写,但为《读书周报》写,却很感为难。我以为《读书周报》所需要的,应是散文,而不是杂文。过去写读书笔记的不去题名了,现在我所爱读的,有孙犁、柯灵、钟叔河这几位先生的读书札记。他们的文章读来都有书卷气,有益有味,比枯燥的杂文好得多了。《读书周报》其有意乎！乱扯一通,扯远了,就此结束。

并祝

笔健！

赵超构
九月十四日

(三)

钰泉同志：

多时未见,想您也很忙吧。承赠《读书周报》,每期必读,获益良多。明年的《周报》,我这里已直接向邮局订好了,尊处所赠的一份,请即通知发行科停赠,以免重复。专此奉告,并致热忱。

祝

笔健！

赵超构
十二月六日

这三封信均写于 1991 年，都是给《文汇读书周报》主编褚钰泉的。第一封信以《赵超构的一封信》为题发表于 1991 年 6 月 29 日《文汇读书周报》头版头条位置，未注明写信日期。另外两封信，在赵超构逝世后的第十天，加黑框刊登在《文汇读书周报》（1992 年 2 月 22 日）一版上。编辑部在编前语中说："中国新闻界少了一根柱梁；我们《文汇读书周报》也缺了一位导师和知音。"

褚钰泉（1945—2015），著名报刊编辑家。1985 年参与创办《文汇读书周报》，主持该报工作 17 年，曾担任《书城》杂志执行编委。退休后主编《悦读 MOOK》，十年间编辑 44 卷，计 1300 余万字。有"天下最好主编"之誉。他与巴金私交甚好，与赵超构关系也不错。他们属两代人，同为嗜书如命的读书人，整日以书为伴，手不释卷，是现当代不多见的学问家。因为一份读书小报而来往，成为忘年之交。

《文汇读书周报》是我国首家由主流媒体创办的读书类专业报纸。以书评、书讯、书话、书摘、书榜的形式及时传递书业动向、学术动态、出版动作，集学术性、知识性、可读性于一体，与《读书》《随笔》一起被誉为中国文化界最具影响力的"一报两刊"。赵超构对《文汇读书周报》情有独钟。他曾说过类似于这样的话，什么报刊都可不订，唯独《文汇读书周报》少不了。多年来，他一直关注着这份报纸的成长，"每期必读，获益良多"。从这几封信可以看出，他对《文汇读书周报》评价极高。他称"这份以书为主的周报已是国内权威的书评了"，"不止解渴，兼可过瘾"。

第一封信在报上刊出时，编辑部还加了一个编者按：

新闻界老前辈赵超构同志日前致函本报负责人，对如何搞好书评工作提出了精辟的见解。我们认为，这些见解不仅对本报的发展具有相当的指导性，而且对进一步端正我国的书评方向，提高我国的书评质量，具有一定的指导意义。为此，经征得赵超构同志同意，本报今特刊发此信的全文。

到旧书店翻书和淘书，是赵超构办报之余最大的爱好与乐趣。20 世纪五六十年代，他经常光顾福州路、淮海路、四川路等旧书店，他藏书中好多图书都是从旧书店淘来的。如他信中所言，到了晚年，他体弱多病，行走不便，"无法再享受淘书、逛书店之乐"，只好在《文汇读书周报》上"浏览书海"，过过瘾。

名编辑褚钰泉

在这封信上,他对《文汇读书周报》今后的发展,提出了独到的见解:"无非是做好书籍和读者的'红娘',既要当好读者的导游,也要端正出书者的导向。介绍好书,批评坏书。特别是在读书界发什么'热'的时候,不要跟着起哄,而能作冷静的分析介绍。做到热中有冷,软中有硬,畅通文化交流的渠道。广告性的书评是难以完全避免的,但请掌握分寸,不要溢美。对于读者则希望做到'老少咸宜'。既要满足青年人对于西方文化的兴趣,也要照顾老年读者对于旧文史学术专著的关怀。雅、俗之间,有个平衡。"

赵超构认为读书应分三档:第一档是经典著作和工作业务上的书;第二档是扩大知识面的书;第三档是满足个人兴趣、爱好的书。第一档和第二档中的名著佳作是"根",然后再涉猎扩展到"面"。这就是有所专攻而又能博览。很显然,《文汇读书周报》被划归到第三档,是他的兴趣与爱好所在。

1991年8月,《文汇读书周报》推出"旧书新摘"专栏,专题介绍至今仍有一定影响力的旧作。褚钰泉在长江文艺出版社出版的"中国报告文学丛书精选本"中看到了《延安一月》,觉得有必要向读者推荐与介绍,便摘选了《毛泽东访问记》,将此作为"旧书新摘"专栏的第一篇隆重推出。《延安一月》是赵超构的成名作,它整整影响了一代人。此前,该报"夜

《文汇报》总编辑张启承(中)前往赵超构家中拜访

读小品"栏目，专门刊发过鲁迅研究专家倪墨炎的推介文章《赵超构的〈延安一月〉》。

赵超构称《旧书新摘》是个"好栏目"，认为"有许多旧书"，还在"遗忘之列"，应当让它"出土"，"供人参考"。对头篇就采用自己的旧作，"荣宠"之余，有点不以为然。他说："《延安一月》在出版当时是有点意思的。现在只能算是文史资料。长江文艺出版社居然出了这一套报告文学选集，听说赔了好多万元。可见这一类的书是很难有'出土'的可能了。"

褚钰泉在写信告知赵超构这件事时，同时向他约稿。这虽然颇让赵超构为难，但毕竟杂文也是散文的一种，最终他是否为《文汇读书周报》写稿，不得而知。赵超构在信中说喜欢读孙犁、柯灵、钟叔河的读书札记，称赞鲁迅、胡适、启明老人等"大学者"为"杰出的书评家"。启明是周作人的法号，此处赵超构称其为"启明老人"，颇为意外。赵超构对周作人一直没好脸色，从青年时开骂一直骂到老，骂他"一边说谎，一边做包子"，是个"说谎到底的厨师"。

事实上，赵超构自己就是一位很有见地的书评家。早在重庆《新民报》时期，他与"三张"（张恨水、张友鸾、张慧剑），以及程大千、方奈何、姚苏凤等七位报人，轮流坐庄副刊"七人座谈"，他开设的专栏就叫"书与人"。《读书如交友》《跑书店》《文人的流亡》《记罗曼·罗兰》，等等，一看篇目，就觉书香四溢。赵超构后来写的有关读书的杂文，如《花好月圆书长寿！》《有书就得赶快读》《怎样把书读活？》等，仍然不减当年之文采，书卷气十足，读之如品橄榄，清新淡雅，回味无穷。

到了晚年，特别是"林放式杂文"声名鹊起，全国各地一些报刊慕名赠阅并约稿，这使他深感不安。到了年关，他便专门为此逐一写信婉言谢绝。对于他最喜欢读的《文汇读书周报》，也不例外。

致邹士方（二通）
文人的尴尬

（一）

邹士方同志：

您的来信是三月八日发的，十八日才收到，京沪之间竟走了十天，而我又忙于开会。按照来信的要求，要写散文，而我一向是写不来散文体的文章的。只得交白卷了。勉强写点感想，不是想发表，只是表明我没偷懒而已。能够废弃不用就好了。

专复，即祝

笔健

赵超构
二十日

（二）

邹士方同志：

信稿，都收阅了。在报纸上展开不同意见的争鸣，是正常的。何况我们自己都在强调"双百"方针。因此，对于此稿，只要编辑部认为可以发表，我决无异议。请勿必多所考虑。"叶公好龙"，传为笑话。我相信自己还不至于步叶公之后也。

专复即祝

撰安

赵超构
十二月五日

（我已迁居，以后来信请寄新民报）

邹士方同志：您的来信是三月八日的，十八日才收到。承邀之同意，走了十天，而我又忙于开会。按照来信的要求，要写散文，而我一向已写不来散文，读的文言书，只得宋白香词。勉强写点感想，只足表明我这方面懒而已，能够度亲不用就好。

即颂

笔健

赵超构 二十日

再见中航

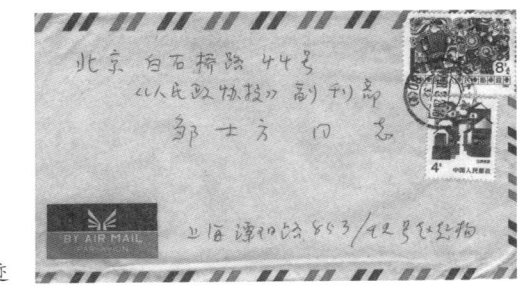

赵超构致邹士方书信、信封手迹

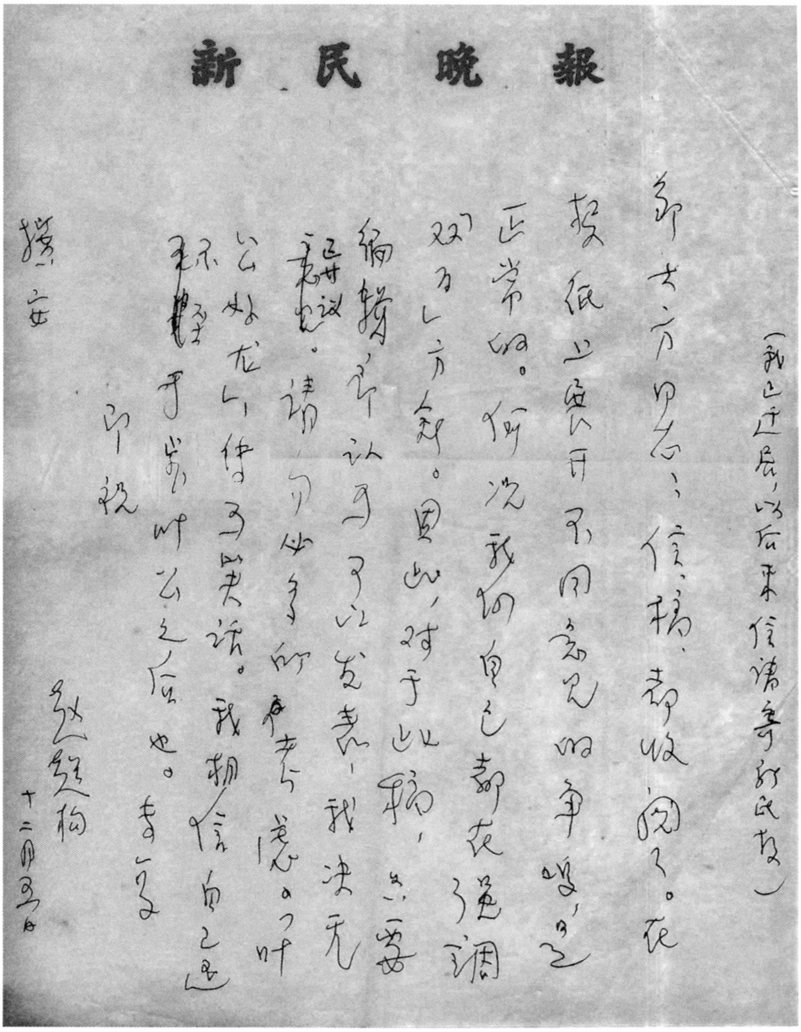

士方同志：

信、稿、书收到了。在较低工资日不同意见的事吧，这正常的。何况我们的自己都在强调双方让一方知。因此，对于此稿，建议不必另投，我决无此意。请勿必另寄他者港。叫公好龙叶体寻笑话。我相信你自己不经于某时公之信也。

编者不认为可以发表，我决无异议。

专此

顺致

撰安

（我已迁居，以后来信请寄新民晚报）

赵超构

十二月三日

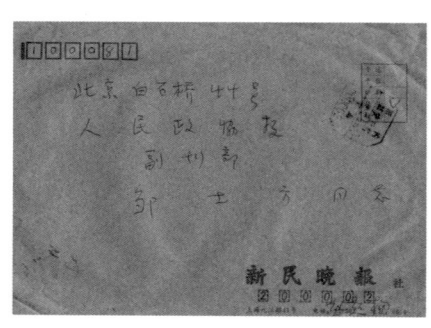

赵超构致邹士方书信、信封手迹

这两封信，是赵超构致北京作家邹士方的。乍一看似乎风轻云淡，没有什么实质性内容，无非是编辑与作者之间的编通往来。当我轻轻摊开信笺，细细品味信中平淡的文字，寻找纸上云烟流转的淡淡笔意，却发现一段隐藏在信件背后三十多年的陈年旧事……

记得那是一个静谧的月夜，我上网无意中从一本书的目录中发现了信件的线索，便当即与远在北京的原信收件人邹士方先生取得联系。邹先生已退休在家，在文学、书画、摄影等领域均有建树，代表作有《宗白华评传》《北大访师记》《春天的问候》《但求无愧我心》《国学大师文人情怀》等。他为人热情，行事爽快，当即将赵超构的信与有关的照片打包发我。他不用微信，我们便用伊妹儿聊了起来。

邹士方与赵超构结交于1988年3月。当时他在全国政协机关报《人民政协报》副刊当主编。他所在的《人民政协报》是周二报，四版设有综合性副刊"华夏"，专门刊登散文、杂文、游记及诗词书画。第一封信，便是他约稿时赵超构的回信。邹士方约写散文稿，赵超构表示"写不来散文体的文章"，"勉强写点感想"，表明自己"没偷懒"，还谦称"能够废弃不用就好"。信中所说的"感想"，即后来发表在《人民政协报》副刊上的杂文《奸商们给我们上课了》。

四月的北京，繁花似锦，春色正浓。赵超构前往出席全国七届政协会议，邹士方特地赶到驻地与赵超构见面。赵超构与陆诒住在一起。邹士方习惯随身带着相机，三人坐在沙发上聊天，还拍照。邹士方掏出笔记本请赵超构题词，赵超构一向不太喜欢题词，那天兴致特别好，竟应允写下了"笔扫千军"四个字。在这次政协会议上，赵超构当选为全国政协常委。

邹士方穷追不舍，又向两位新闻界老前辈约稿。赵超构说，自己年老多病，经营"未晚谈"栏目已够呛，实在分身乏术；但《人民政协报》是咱自家的报纸，他一定尽力而为。时间过得飞快，不觉已到了初秋时节，可还是不见赵超构的稿子。当时正好热播电视剧《末代皇帝》，"未晚谈"发过与之有关的文章。邹士方便先拿到"自由谈"栏目上转载。他在"编者按"上这样写道：

上海《新民晚报》"未晚谈"专栏作家"林放"，是全国政协

上　1988年4月，赵超构（左）在北京出席政协会议期间与陆诒在一起　（邹士方摄）

下　邹士方将相机架在桌子上，与赵超构、陆诒两位新闻界老前辈合影留念常委赵超构同志的笔名。8月16日和22日,他在"未晚谈"中发表了《末代皇帝还没有断种》和《再谈下跪》,寓意深刻。《新民晚报》在全国发行量很大,但我报读者未必都能读到这两篇文章。我们分两期转载,以飨读者。

《人民政协报》每期出刊,邹士方都及时将报纸寄到上海赵超构家里。赵超构认真阅读,见到转载"未晚谈"的文章,觉得实在推托不了,便于当月专门为《人民政协报》写了一篇杂文《深圳走的什么路?》,对"蛇口风波"发表自己的看法。

"蛇口风波"即蛇口举行的一场"青年教育专家(李燕杰、曲啸、彭清)与蛇口青年座谈会",双方就人生价值观等问题,展开了不同观点的激烈论战。事后在社会上引起巨大反响,最后成为全国性的一场触及意识形态改革的大讨论。《人民日报》发表7000字长文《"蛇口风波"答问录》,并就此开辟专栏讨论。赵超构就是看了《人民日报》的"答问录"后,有感而发的。

他在这篇文章里,虽然没有直接提出质疑,但却隐隐约约表现出迷茫与担忧,他提出了一个尖锐的问题:深圳这个经济特区,走的究竟是什么道路?赵超构借用两位蛇口青年的发言,从经营方式、价值观念、人际关系、对社会主义祖国的感情等方面进行分析,他说:"深圳特区走的是什

赵超构在深圳 (1984年)

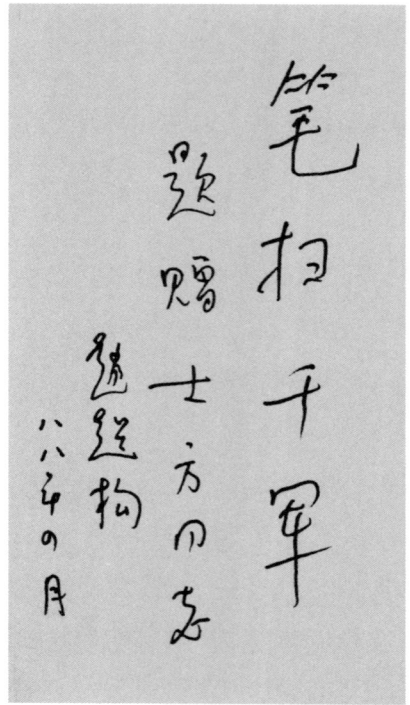 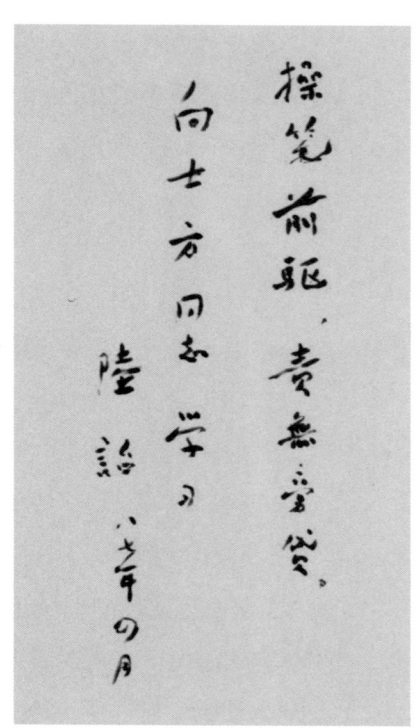

赵超构、陆诒为邹士方题词

么道路？紧跟香港老板去淘金，就是这两位青年所作的答案。真是简单明了之极。"

20世纪80年代中后期，经济改革的浪潮席卷中华大地，但人们的认识离社会先进生产力的发展要求还有很大差距，新出现的经济现象，尤其是私营经济的出现，引发了全国性的"姓社姓资"的讨论。"蛇口风波"也算是"姓社姓资"讨论的另一个爆破口。

此文于1988年9月27日在《人民政协报》"华夏"副刊"自由谈"栏目刊出后，引起了读者的强烈反响。报社收到对此稿的一些不同意见，其中一位叫胡喆华的作者的来稿《读〈深圳走的什么路〉之后》，言辞比较尖锐，透着一股浓浓的火药味。他不同意"赵超构君"的观点，认为赵文"有失偏颇"，"见着树木便当森林"；"大谬之处"，在于将特区当成是"香港老板的特区"。

致邹士方的第二封信，是报社准备刊发胡喆华的批评文章，向原作者征求意见时赵超构的复信。赵超构态度很明确，"报纸上展开不同意见的争鸣，是正常的"，"只要编辑部认为可以发表，我决无异议"。事实上报社也是有一定压力的。1988年，邓小平南巡讲话还未发表，中国的改革开放走向正处于十字路口，向东还是向西？谁也说不清楚，大家都在摸着石头过河。

赵超构写杂文有一法宝，那就是阅读《人民日报》。他长期自费订阅《人民日报》，他写的杂文由头大都来自《人民日报》。他在接受记者采访时曾说过："在写专栏文章时，最要紧的是密切注意党的政策。我的方法是每天的《人民日报》一定要细心阅读。在议论社会事象时，就能把党报宣传的观念同地方具体问题结合起来。"

赵超构是杂文百花园中的长青树。"因为他多年积累的经验、他的深刻、他的细致、他的周密，所以即使有那么多棍子都打不到他的身上去"（吴祖光语）。但也有马失前蹄的时候，杂文《深圳走的什么路》算作一例。后来，赵超构亲自编选的《未晚谈》一编、二编，此文均未予收入；赵超构逝世七年后，文汇出版社出版《赵超构文集》（六卷本），也未予收入。此文成了一篇佚文，一如"流浪在外迷失方向的孩子"。但它所经历的时代痕迹与历史烙印，永远不会被忘记、被抹杀。

这种尴尬事，赵超构也不是第一次碰到。这种时代变革大背景之下的历史误会，与其说是赵超构晚年个人遭遇的尴尬，还不如说是中国文人的尴尬，或者说是中国知识分子阶层的尴尬！

多少年来，经历过历次政治运动的那一代人，在"极左"思潮的影响下，他们的头脑早已固定模式化，"政治统帅一切"，什么该说，什么不该说，都要与上级领导或党报"对上口型"，一旦发生重大的政策性改变，便陷入尴尬境地。不管是谁，不管官有多大，学问有多深，都逃脱不了这种政治魔咒，更何况像赵超构这样有着特殊政治身份的人呢？

第二辑
飞入百姓家

它栖息于寻常百姓之家，
报告春天来临的消息，
衔泥筑巢，
呢喃细语，
为百姓分忧，
与百姓同乐，
跟千家万户同结善缘……

——赵超构《复刊的话》

飞入百姓家 （1981年）

《新民晚报》四任总编辑。
左起：丁法章、赵超构、张友鸾、束纫秋　（1989年）

致《贵阳晚报》编辑部（一通）
学做报春的燕子

贵阳晚报编辑部同志：

今年的红五月，是贵报创刊十周年的日子，请允许我以兄弟般的情谊，向你们表示衷心的祝贺。

十年前，贵报的创刊，是富有开拓性的尝试。当时，我们虽有在大城市办晚报的一些经验，但对于万水千山的内地城市是否需要晚报，能否办出有特色的晚报，尚缺乏事实的论证。就在这时候，贵阳晚报创刊了，是一次有胆有识的尝试，而且成功了，从而带动了一批兄弟报纸的涌现，壮大了晚报的队伍。所以，贵报的创刊，不仅是一家晚报的喜事，也是晚报同行的共庆。在这里，谨祝你们更好的创造经验，发扬特点，为贵阳人民的新闻事业作出新的贡献！

赵超构
四月三十日

1990年。贵阳红五月，繁花似锦。

《贵阳晚报》创刊十周年，赵超构以中国晚报工作者协会会长的名义写贺信，对《贵阳晚报》"在艰苦条件下创业的实践给予了肯定"，认为是"一次有胆有识的尝试"，并"寄予极大的期望"。他在信中说，《贵阳晚报》的创刊，"不仅是一家晚报的喜事，也是晚报同行的共庆"。

中共十一届三中全会以后，全国复刊和新创办的晚报还不多，《贵阳晚报》作为内地城市的晚报，将《新民晚报》当作学习的样板，赵超构给予了很大的支持与帮助。《贵阳晚报》创刊于1980年，原是一家融机关报权威性、指导性和晚报贴近性、可读性为一体的地方报纸。2000年该报更名为《贵阳日报》，另外1999年创刊的《贵阳晚报（彩色版）》正式命名为《贵阳晚报》。现在的《贵阳晚报》隶属于贵阳日报传媒集团，是目前贵州省发行量最大的都市类报纸。

创办之初，当时晚报副刊组组长朱曦，会同另一位副组长彭忠岷，专程到上海拜访了赵超构与束纫秋，请他们介绍过去办晚报的经验。当时的《新民晚报》还没复刊，赵超构与束纫秋作为此前《新民晚报》的老搭档，都还在上海辞书出版社任职。他们对即将创刊的《贵阳晚报》寄于厚望，毫无保留地向他们传道授业。据朱曦后来回忆，赵超构与束纫秋将办晚报概括为两条经验：一是要说党的话；二是要有个性。换言之，也就是"要用群众容易接受的方法说党的话"。他们说："如果没有第一条，领导就不会支持，报纸办不成，还会犯错误；但如果没有第二条，群众就不愿看，报纸也办不下去。"

在谈到报纸"既要生动活泼，又要实事求是"时，赵超构举了一个十分精辟的例子。他说："比如介绍炒菜知识，有个报纸介绍的是如何炒虾仁、炒海参，这就是脱离实际，因为广大群众买不起、买不到或不经常买这些东西，你介绍了只是为少数人服务。最好是介绍如何把一般的菜，甚至是把滞销的菜炒得好吃。这样既满足了广大群众的要求，又帮了商业部门的忙，对国家也有利。"（朱曦：《筹备晚报副刊的前后》）

让赵超构感到欣慰的是，新创刊的《贵阳晚报》，一改"千报一个面孔"，在"晚"字上大做文章，深受读者欢迎。七八十个栏目，常读常新，吸引全国各地作者供稿；开设的连载小说，一天一个悬念，吊足读者胃口。曾经有一个时期，仅上海一地，固定订户就达两千多，日零售量最高达到六千份以上。阅读《贵阳晚报》，赵超构似乎看到了当年《新民晚报》的影子。

《新民晚报》复刊后，两家兄弟晚报合作密切。1982年8月，《贵阳晚报》副总编辑颜平之，率领章澎、张学武、胡廉夫、刘瑜庆、管运祚等业务骨干，再次到《新民晚报》考察。赵超构、束纫秋热情地接待了他们，为他们把脉解惑，传经送宝。后来的总编辑张学武，就是在这次考察中与赵超构结交的。

进入初秋季节，整个西域已是一幅黄绿交衬的多彩画面。1984年全国晚报协会还没成立，全国第二次晚报经验交流会在乌鲁木齐召开，赵超构特地捎信请《贵阳晚报》派员参加。时任副总编辑的张学武，捎上记者部主任李成森一起前往学习，聆听了赵超构题为《晚报要在"晚"字上做文章》的答《新闻战线》记者问，获益匪浅。有一点张学武记得特别深刻，赵超构在谈到"软中有硬"时，特别强调，这个"软"字是有"流线型"的，即毛泽东所说的"软中有硬"。他操着一口浓重的温州口音说："汽车要

赵超构与全国晚报老总齐聚贵州遵义。左起：关国栋（羊城晚报）、杨家文（羊城晚报）、凯兵（成都晚报）、束纫秋（新民晚报）、李夫（今晚报）、顾行（北京晚报）、马汉卿（西安晚报）、陈桂琛（新晚报）　（1989年）

1989年,张颂东(左一)陪同赵超构(右二)参观遵义会议陈列馆

有流线型嘛,飞机也有流线型嘛!"

  1989年5月,全国晚报社会新闻大赛评选活动在遵义举行。作为评委的赵超构途经贵阳时,特地到贵阳晚报社做客。当时的他已抱病在身,但还是给张学武打电话,说要到《贵阳晚报》看望大家。此时的张学武已是总编辑,他正在对报纸进行大刀阔斧的改革,寻找一条适合西部地区的晚报发展之路。赵超构在下榻的侨谊酒店会见他和报社的其他同仁,与他们"谈报社的发展,谈中小城市办报的艰辛"。赵超构说:"晚报要学做报春的燕子,真正走进寻常百姓家,就必须知道老百姓在想什么、关注什么。《贵阳晚报》是新创办的晚报,思想要解放,一定会后来居上。"

  《贵阳晚报》是改革开放以后,赵超构看着它跌跌撞撞一路走来,并逐渐发展壮大的第一批晚报。迎来创刊十周年的大喜日子,赵超构不顾年老体弱,欣然命笔写来了热情洋溢的祝贺信。总编辑张学武将信一字不漏"抄"到讲话稿,在报社召开的庆祝座谈会上一字一顿地宣读,使晚报同仁倍受鼓舞。当年负责社庆组织工作的张颂东,多年以后回忆起当时的场景,仍激动不已。他说:"从这封信的字里行间,我们看见了赵老倾心于晚报事业的拳拳之心;感受到了一个老新闻工作者对于《贵阳晚报》这个晚报家族年轻成员的长期关爱!"

致顾行（一通）
"社会新闻"显优势

顾行同志：

贵阳握别，又两个月了。回沪闭门休养，身体大好，但是还有早搏，不敢出远门。哈尔滨盛会，只得告假。这是十分遗憾的事情，请向哈尔滨晚报的同志们表示歉意。有关开会的一切事情，也只好偏劳您多费心了。李普同志是否参加？假若他也来了，那就请他多出点主意，可以万无一失。

这次晚报会议召开于四中全会之后，根据加强思想政治工作的要求，晚报也有一个如何进一步发挥优势，为精神文明建设服务的课题。社会新闻正是晚报的潜在优势，我相信通过这一次的交流和讨论，一定能使晚报的社会新闻在精神文明建设和端正社会风气方面作出更大的贡献。在这里，请让我衷心地祝贺晚报会议的圆满成功，祝贺参加会议的同行弟兄们传经取宝双丰收。

匆此，顺致

敬礼

赵超构
八月四日

1989年5月，赵超构出席贵州遵义全国晚报社会新闻大赛评委会，途中冠心病猝发，由长子东戡接回上海住院治疗。8月份在哈尔滨新晚报社召开的全国晚报第七次经验交流会，他因身体需要静养，"不敢出远门"，"只得告假"。交流会前夕，他给时任全国晚报工作者协会常务副会长的顾行写了这封信。

顾行(1928—1997)，笔名戈陈、戈行，浙江海宁人。高级记者、专栏作家。历任《北京日报》文艺部主任、《北京晚报》总编辑、全国晚报工作者协会会长等职务。著有《邓拓传》（与成美合著）《学艺札记》《灯下拾零》等。

20世纪八九十年代，我国的晚报业如沐春风，得到了前所未有的蓬勃发展。上海《新民晚报》理所当然成为这支庞大队伍中的领头羊,赵超构则成为中国晚报界公认的一面旗帜。1985年10月,在四川成都召开的第三次全国晚报工作经验交流会上,赵超构当选为首届晚协会长。时任《北京晚报》总编辑的顾行当选为副会长,协助赵超构开展日常工作。次年在福建泉州召开的年会上,赵超构自知精力不济,便提请顾行担任常务副会长,主持协会工作。

这封信最早刊登在《全国晚报第七次经验交流会特辑》上。信中所称"哈尔滨晚报",即《新晚报》。该报创刊于1985年1月,隶属于哈尔滨日报集团,全国晚报协会副会长单位。当时,中共十三届四中全会召开不久,因此这次晚报会议开得十分及时。正如赵超构在信中所说的,"晚报也有一个如何进一步发挥优势,为精神文明建设服务的课题"。

信中还提到了李普。李普(1918—2010),原名李前管,湖南湘乡(今属涟源)人。杰出的新闻工作者,著名记者。历任《观察日报》《新华日报》特派记者、新华社鄂豫皖野战分社社长、新华通讯社副社长、中国新闻工作者协会书记处书记等职。著有《光荣归于民主》《开国前后的信息》《记者甘苦谈》《记刘帅》《洋女婿土老帽》等。他与赵超构结识于抗战期间的重庆,是彼此信赖多年的老朋友。到了晚年,赵超构当选为全国记协副主席,李普是记协书记处书记,两人经常在各种会议或活动上见面。李普见证了全国晚协的发展与壮大,他连续三年主持全国晚报会议,直至成立组织机构,并一直担任顾问。从信中谈到的"请他(李普)多出点主意,

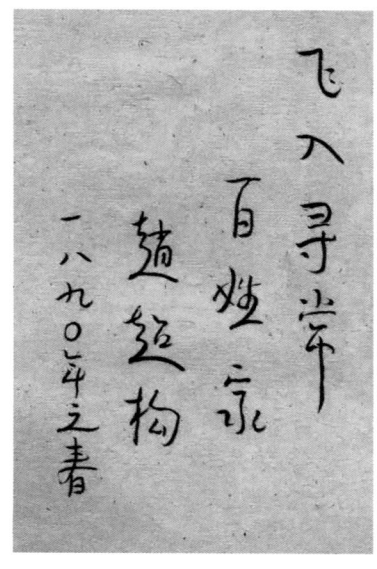

赵超构题词

1984年，赵超构（中）在全国晚报经验交流会上讲话。右为李普

上　赵超构（右二）出席新疆全国晚报经验交流会合影　（1984年）

下　全国晚协西安年会留影。左起：顾行、赵超构、束纫秋　（1988年）

赵超构（前排左四）偕晚报同仁游广州六榕寺。前排左二《今晚报》总编辑李夫，后排左五《新民晚报》总编辑丁法章　（1991年）

可以万无一失"，可见赵超构对李普的信任。

除了将这次会务交托顾行和李普外，赵超构在信中还特别谈到社会新闻。早在《朝报》时期，他就说过："报纸是最可反映民间意见的一种东西，报纸如果能尽了它的言责，对'检举贪污，铲除横暴'工作上的贡献，比什么都强。"（《人民监政与报纸的责任》）社会新闻一直是全国同类晚报的强项，有着悠久的历史传统。20世纪40年代，《新民报》就将社会新闻作为有别于"主题严肃的政治、经济、科技等等的软性新闻"的重要新闻来报道。据《新民报》报史介绍："重庆《新民报》共四版，第三版上部七栏到九栏为社会新闻版，占整个报纸的五分之一左右。"

赵超构对社会新闻情有独钟，他的好多杂文、评论由头均来自社会新闻。1953年以后，他将社会新闻这一课题，上升到新闻理论层面，并付诸办报实践，取得不少成效。在一次报社大会上他专门谈到社会新闻，他说："社会新闻今后还要繁荣起来，'百花齐放'，这朵花不能没有。

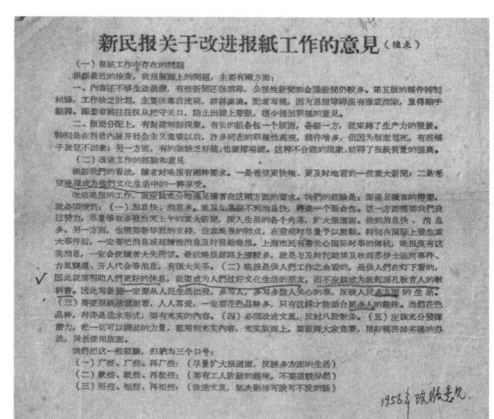

1956年,赵超构首次提出了"短些、广些、软些"的办报口号

尽管现在还有一些报纸反对社会新闻,但他们将来也会跟上来搞社会新闻的,政治经济文化各种新闻都有了,'道德新闻'不能没有,我们的社会新闻就是要从道德的观念出发来惩恶劝善,移风易俗。"(《新民晚报1953年以来的工作总结》)

在1957年第五期《新闻业务》上,赵超构发表《关于社会新闻的一些意见》一文,提出了社会新闻的概念、范围以及目的思想等一系列意见。这是1949年后,"第一篇探讨社会新闻的专论"。他下的社会新闻定义,是"以个人的品德行为为重点而具有社会教育意义的新闻",范围包括新人新事新气象,有关婚姻、家庭等道德风纪方面的世态和事象,还有犯罪

福建泉州晚报协会年会留影。左起:周珂、顾行、赵超构、杨家文、马汉卿、凯兵、吴承惠 (1986年)

新闻等。他认为，决定一篇社会新闻成败的关键，往往是作者能不能以先进的思想观察事物，分析问题，并且用先进的思想感情来感染群众为准绳。

《新民晚报》复刊前夕，赵超构在谈到编辑方针的一次讲话中，特别强调"要加强社会新闻"。他说："一种姑名之为道德新闻，一种是法制新闻（有别于旧报刊的所谓犯罪新闻）。资产阶级报纸在社会新闻上搞黄色新闻，我们为什么不可以在社会新闻上搞红色新闻呢？"

赵超构认为，"《新民晚报》是一张以社会新闻为主的报纸，社会新闻是晚报的报道轴心，各个行业的报道都应该围绕这个轴心运转"。（瞿鹭：《搭过社长一次车》）在赵超构的倡导下，《新民晚报》强势推出"上海佳话""社会故事""蔷薇花下""法庭内外"等一大批社会新闻栏目，成为鞭挞丑恶现象、弘扬正气的窗口。

社会新闻在全国晚报界，表现得尤为活跃；它在晚报的百花园中开放，闪烁着奇异的光彩。正如赵超构在这封信中所说的，社会新闻是"晚报的潜在优势"，通过不断的努力与提高，"一定能使晚报的社会新闻在精神文明建设和端正社会风气方面作出更大的贡献"。

致宋子伟（一通）
林放给我写回信

宋子伟同志：

　　六月十八日的信和来稿都收到。稿子所谈的内容，牵涉《文汇报》，因此，已将尊稿转给该报总编辑。由他们直接与您联系。

　　专复，即致

敬礼！

赵超构
七月三日

　　晚年的赵超构，经常收到一些读者来信，有针对某一话题，随便聊聊的，也有请教杂文写作秘诀的，处理读者来信成了他晚年写作生涯的一部分。对这些读者来信，他大多亲笔予以回复，这是他长期办报养成的习惯，也是《新民晚报》留下来的优良传统。

　　这是他回复众多读者来信中极其普通的一封。写于1991年，离他逝世只有半年有余。6月18日的信和来稿，他7月3日回复，前后刚好半个月，对于报社而言，这个处理速度不算慢了。

　　先讲一桩与此无关的事。一位家住上海静安区泰兴路的林放杂文铁杆粉丝，在赵超构八十大寿那年，特地选了"5.20"（谐音"我爱你"）这一天，给赵超构写去一封"贺柬"。"贺柬"两字小心地用红笔描绘，开头写道："读先生之文，心仪久矣！欣闻先生八秩华诞，爰成俚句，以申敬贺之意！"署名"《新民晚报》老读者胡荼蕃（时年七十有五）"。七言贺诗曰：

> 凌云健笔意纵横，激浊扬清岂偶然。
> 世象杂谈钦谠论，诤言未晚著新篇。
> 与民共命尝忘我，矢志匡时永向前。
> 深颂南山松柏茂，高年硕望轶群贤。

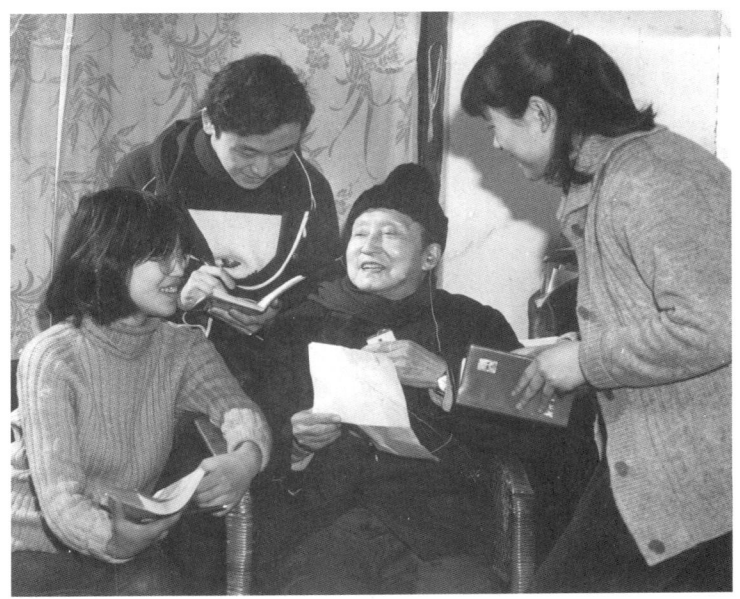

上　赵超构与青年读者在一起
中　赵超构与青年新闻工作者合影
下　赵超构为读者签名（1991年）

这封贺信，我是在整理赵超构藏书时发现的。根据他晚年的习惯，当年肯定是回过信的。寻找赵超构书信的过程中，我也寻找过这位胡茶蕃先生。如果他还健在的话，已经是94岁的鲐背老人了。可惜"人生若尘露"，如今除了这首贺词仍在，其他似乎都已荡然无存了。

言归正传，再说这位收信人宋子伟。

宋子伟是江苏无锡玉祁高级中学教师。他爱好文学创作，喜欢舞文弄墨，偶尔也给《新民晚报》副刊投稿。他与上面提到的胡茶蕃一样，也是林放杂文迷，每次翻阅《新民晚报》，总要首先看有没有林放杂文，看到"未晚谈"的题花，便有"一种异常的兴奋"。1987年《未晚谈》续集出版，他特地购买了一册，"常置于案头，时时翻阅"。

收到赵超构的亲笔信函，宋子伟喜出望外。《新民晚报》老信封，地址还是"上海九江路"，赵超构将其改成了"延安中路"新址。富阳宣纸的信笺也是旧物利用，台头印着"上海市老年人体育综合服务中心赠"字样。信封上还有"赵超构"三个字的签名。全信写的是钢笔字，竖的格式，透着一股传统文人特有的那种文化味。宋子伟将信小心地夹在笔记本里，视如拱璧，经常翻出来欣赏。

收到赵超构的信不久，宋子伟就收到了《文汇报》文艺部写来的信。当我找到他时，因时间久远，当年稿子所谈"牵涉《文汇报》"事，到底是一件什么事，他自己也记不起来了。他深有感触地说："重读林放先生当年的来信，深深感到先生作为一名杂文大家和晚报的社长，而且又是七八十高龄的长者，在工作和创作之际，仍一丝不苟，负责认真地给我这样一位极普通的投稿者写回信，确实使我十分感动。"

余仙藻致赵超构（一通）

“编通往来”见性情

赵老：

收到新闻研究所寄来新闻资料二本，现送上一本，请笑收。

谈杂文的一篇，现正在翻阅材料。您62年在《新闻战线》上发表的那篇讲话，我至今没有找到。还有解放后到反右这段怎么写，也颇费斟酌。将来写成后，一定要送请您阅改。

有空盼为笔会写篇杂文。谢谢。

并祝

康乐

余仙藻

2.8

文汇报便笺

赵老：

新春好：

收到新闻研究所寄来新闻资料二本，现送上一本，请笑收。

谈杂文的一篇，现正在翻阅材料，您62年在新闻战线上发表的那篇讲话，我至今没有找到。还有解放后到反右这段怎么写，也颇费斟酌。将来写成后，一定要送请您阅改。

有空盼为笔会写篇杂文。谢谢。

并祝

康乐

余仙藻 2.8

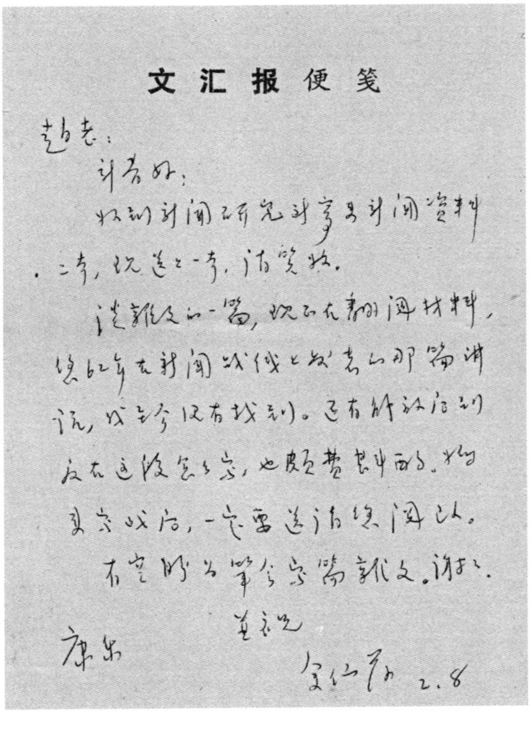

余仙藻致赵超构书信手迹

余仙藻是《文汇报》"笔会"副刊的主编,与赵超构有过书信往来。她在《林放与他的杂谈》中写道:"晚报复刊不久,我就收到林放的来信,说他'写得颇吃力,恐难长期支持'。这也难怪啊!都七十多岁的人了,还天天等米下锅似的赶写文章。"

余仙藻喜欢读林放杂文,"每天拿到《新民晚报》,第一眼就是看林放在'未晚谈'写的杂文"。她常向赵超构约稿,称对方"总是热情支持,有求必应",还专题采访过赵超构。他们结识于上海解放初期,当时两家报社都在狭窄的圆明园路上,上下班时经常相遇,或颔首,或寒暄。

余仙藻与上海杂文界关系密切。经她之手编发的一篇千字文《杂家》,曾引起姚文元、张春桥等人的发难,即上海有名的"杂家事件"。作者罗竹风因此蒙冤20年,还株连不少人。编者余仙藻"被赶出文艺部,没收记者证",一直熬到"四人帮"垮台,才重返"笔会"副刊编辑岗位。

我曾经托人寻找过余仙藻女士,可一直没有讯息。在处理赵超构藏书时,我意外地发现了这封余仙藻写给赵超构的信件。信写于1982年,信中谈到三件事:一是赠送1981年第五期《新闻研究资料》杂志。二是商谈她手头正在撰写的另一篇有关赵超构的文章,即刊发于次年第一期《新闻记者》杂志"新闻界人物"栏目上的《林放和他的杂谈》一文。三是副刊"笔会"向赵超构约稿。

信中提及的《新闻研究资料》,创刊于1979年,由中国社会科学院新闻研究所编辑,是一份以刊载新闻史料及其研究成果为主要内容的刊物。这期刊物刊有余仙藻写的《赵超构与〈延安一月〉》,送上的是样刊。余仙藻询问的"那篇讲话",指赵超构1962年10月25日,在上海举行的全国第三次晚报会议上的发言后半部分,后来根据记录整理,以《关于小言论》为题,发表于1962年《新闻战线》杂志上。

余仙藻在《林放和他的杂谈》中提到,1979年冬天,赵超构写了一篇题为《诤友》的杂文,文章寄给她的第二天早晨,赵超构又亲自送去一封急件,说是文中有处笔误,特地要求改正。这件事使余仙藻深受感动。

仔细阅读《林放和他的杂谈》一文,发现涉及"解放后",却并未见"反右这段"内容,是因为"颇费斟酌",还是被赵超构"阅改"时删除,不得而知。文中倒是提到了她曾经领教过林放的"挥笔立就,倚马可待"。

1980年秋天,赵超构刚从北京出席全国人代会回来,余仙藻乘中午特地前去拜访。临别,她请赵超构根据人代会精神,为"笔会"写篇稿。那

1991年赵超构出席上海各界元旦座谈会时,与《联合时报》编委、总编办主任张兆伟(左)、副刊部副主任王建平(右)在一起

天,赵超构兴致很高,满口答应。当余仙藻离开,再转到另一单位办完事,下午四时回到报社时,发现赵超构的文稿早已静静地躺在她的办公桌上了。余仙藻在心里暗暗叹服:"哇,出手真快啊!"

事后,余仙藻请教出手快的秘诀,赵超构只顾微笑,不作正面回答,他说:"要说写文章之快,都快不过夏公。"他称赞夏衍的思想,"就像剃头刀一样锋利"。他说当年夏衍为《新民报》晚刊写稿,都是匆匆赶写的。每天早晨,报社派人去取稿,只见夏衍一边啃大饼油条,一边写文章,不一会就写好了。

这更吊起了余仙藻的胃口,她非打破砂锅问到底不可。被逼无奈,赵超构终于道出了秘籍:"要使文章写得快,除了平时多写,熟练地驾驭文字以外,更重要的是靠思想敏锐。要对所写的题材多作分析,从前后左右、四面八方去想,如游庐山,横看成岭侧成峰,找到了一个好的角度,方始动笔。我写东西往往要费不少时间构思,写就不过个把小时的事。"

"莫愁前路无知己,天下谁人不识君"。就在书稿即将发排时,上海友人给我发来微信,称我打听的余仙藻女士有下落了。当我满怀期待,不想最终等到的是"余编辑已于去年去世"的讯息。人生本来就是一场冒险的经历,生老病死人之常情,但终究还是"迟了一步"。谨以此文,权作深切的怀念。

致关国栋（一通）
南粤之行"喔喔叫"

国栋同志：

　　十日返沪，一路顺风，请释念。

　　此次南游多承照拂，得以从容观花。所到之处，一片繁忙，民丰物阜，意气风发，足见改革开放之硕果。老年目睹，倍感欢畅。振奋之余，谨此道谢。

　　即祝

撰安

赵超构
十月十三日

（家文、司徒、德民诸公和蔡璧、张琳、宋珍等同志并此致意）

　　这是赵超构南粤之行归来，写给会务接待方羊城晚报社关国栋的致谢信。关先生与赵超构有过交情，我是早就知道的。就因此，我与他便也有了结交，断断续续鸿雁传书多年，成了彼此聊得来的忘年交。

　　关国栋（1932—），笔名戈东、戈冬、亦稚。祖籍广东南海，生于河北山海关。高级编辑。曾担任《羊城晚报》总编辑、中国晚报工作者协会副会长等职务。获中国晚报新闻摄影学会"总编辑慧眼奖"、全国晚协"杰出贡献奖"、广东省首届新闻终身荣誉奖。我家里藏有他题赠的著作《杂拌集》和《缺一不可》。

　　赵超构与南粤有着深厚的感情，多次提到60年代初的"广州会议"，还引用田汉诗"将军侃侃发惊雷"为题写杂文。《羊城晚报》复刊五周年，他应邀撰文祝贺。他在文章中说："翻开报纸，扑面而来的温煦气息，令人感到正是田汉同志诗中所说的'一时春满越王台，水暖山温聚俊才'的国栋同志：

十日远讯，一路甚感请释念。此次南游多承照拂，得以畅叙花，所到之处，一览繁忙，民丰物阜意气风发，忽见改革开放之效果，老年日睹，信思舒畅。拉杂之余，谨此致谢，即祝

撰安

赵超构 十月廿三日

宗文词长、钱良民语公知秦懿、杨琳、宗明等同志乞此致意。

上　赵超构致关国栋书信手迹
下　赵超构题词明信片

上　　在《羊城晚报》总编辑关国栋（前右一）陪同下，赵超构（前右二）
　　　参观广东顺德科龙电器集团　（1991年）
下　　赵超构兴致勃勃地唱起民歌《大红公鸡喔喔叫》。身旁给他助阵的
　　　是中国人民大学新闻学院成美教授　（1991年）

境界和气氛。"

1991年10月,全国晚报工作者协会在广州举行短新闻大赛总评会,赵超构虽然年老体弱,但他还是欣然前往。对于这块中国改革开放最前沿的热土,他神往久矣!

他曾经为此"吃过亏"。1988年,海南省将洋浦30平方公里土地使用权一次性出让给外商,期限70年,由此引发社会舆论哗然。赵超构在《新民晚报》"未晚谈"上撰文,将"此事与旧上海丧权辱国的租界相提并论",不想后来中央力挺该"改革开放试验区"做法,使赵超构陷入尴尬境地。因此,赵超构此行还带有"眼见为实"的意味。

此行,全国31家晚报特派记者参加当地承办的"珠江三角洲走马"采访活动,对广州、佛山、珠海、深圳等地进行全方位采访,见报稿多达130篇。"老年目睹,倍感欢畅",正如赵超构在信中所写的:"所到之处,一片繁忙,民丰物阜,意气风发,足见改革开放之硕果。"

对于赵超构这次南粤之行的具体情况,关国栋在《短暂,却又长久》(1992年2月26日《羊城晚报》)一文中有详实的记载:

赵老这次南行,逗留了一个星期。除了开会,我还陪同他及与会诸同行到一些地方参观访问,有了较多的接触机会。赵老尽管年事已高,但兴致勃勃,情绪颇好。尤其是在珠江三角洲,那里改革开放以来出现的巨大变化和繁荣景象,使他欣慰,令他感奋。在一些地方或企业负责人介绍情况时,他凝神端坐,听得认真;到生产现场参观时,他扶杖而行,看得仔细,几乎大家走到哪里,他也来到哪里……

更令人难忘的,是赵老在参观访问过程中的一次"演出"。那是在一家工厂职工俱乐部举行的卡拉OK晚会上,赵老欣然登台,手持麦克风,高歌一曲《大红公鸡》。这个出人意表的精彩节目,打动了所有在场的人,掌声越鼓越响。一位生平极少登台演唱的八旬老人,在珠江三角洲一家乡镇企业的晚会上,手舞足蹈地唱起自己近半个世纪前访问延安时学会的、歌颂"大生产运动"的陕北民歌。此事本身,不就给人们以无穷的回味么!

在这次活动中,赵老应同行们之请,就晚报在移风易俗、建设社会主义精神文明方面的作用,晚报新闻报道如何形成特色等问题,谈了自己的见解,要言不繁,切中肯綮,体现了感情上的鲜明爱憎与理智上的缜密思考,不愧是在晚报园地耕耘了半个世纪的老前辈。

拙著《报人赵超构》未涉及南粤之行，仅收入关国栋陪同赵超构在广州参观考察的照片。当关先生拿到书时，十分兴奋。他在信中说，很荣幸在书中看到自己，称"内容丰富，印刷装帧精良"，"不少内容是我不了解的，涵盖面也广"。他还说，家里珍藏着《赵超构文集》（六卷本）、《赵超构传》，以及赵超构逝世后新民晚报社编印的纪念集等。他表示将与《报人赵超构》一书参照着阅读。

这里还有一个小插曲：当年与会者到当地一家企业参观，企业主好客，同时也有打广告的意思，馈赠每位客人一块电子表。陪同前往照料赵超构的东戡也拿到了。现在电子表很常见，但在当时可非同一般，相当于一件"电器"。赵超构知道后，当即要送回组委会。东戡陪他到组委会，坐等到半夜，才获知组委会的人回家了。当晚赵超构辗转反侧，彻夜难眠。次日天刚蒙蒙亮，就将表送给束纫秋，他说："留着这个表，睡不好觉。你给我退了！"

信末提到的几位，简略介绍如下：家文，即杨家文（1923—2004），湖北浠水人。历任《南方日报》编辑部主任、《广州日报》副总编辑、《羊城晚报》副总编辑等职，时任中国晚报工作者协会副会长。著有《思想杂谈》、散文集《花期》、诗集《过客》等。司徒名炯昌，德民姓骆，均为广东本地人，时任报社副总编辑、编委。蔡璧、张琳、宋珍则是报社工作人员。关国栋回忆说，赵超构不忘问候广州的老朋友、同行，连陪同他的几个初识，也逐一列名致意，从中看出他待人的一片热忱。

赵超构南粤之行拍了不少照片，当关国栋将这些照片寄往上海，信还在路上走，赵超构已病重住院、溘然长逝。他生前没能看到这些照片，没能看到自己踏上这片热土的形象神采……为什么没有抓紧冲印照片？为什么没能早一点投递寄出？这种"沉痛中掺杂着歉疚"，像"一块大石头"压在关国栋心上。

岁月缓缓如流水，在时光的尽头静静流淌……如今的关先生亦已垂垂老矣，面对纷繁而喧嚣的世界，一切都如过眼云烟；内心唯有不变的是对一代报人赵超构深深的敬仰与无限的怀念！

徐列致赵超构（一通）
徐列的"约稿信"

林先生：

　　您好！

　　我是《南方周末》编辑部编辑，现主办随笔版"芳草地"。久闻先生大名，故冒昧地去信讨教，还望不吝赐稿。

　　"周末"为全国最大一家周报，连续两年被评为"全国十佳报纸"，现呈上稿约及样报，还望以后多多支持我们。

　　祝

秋琪！

徐列上
18/1

　　这信写于1989年，是《南方周末》编辑徐列写给赵超构的约稿信。当时的徐列还只是编辑部里的一个小编辑。赵超构收悉后，便将信折叠成形，随手夹到了一本经常翻阅的《中国历史年代简表》中，权作了一纸书笺，这才使这封信得以保留。

　　徐列（1963—），广东中山人，资深传媒人。历任《南方周末》新闻部主任、副刊部主任、副主编。《南方周末》是一家隶属于南方报业传媒

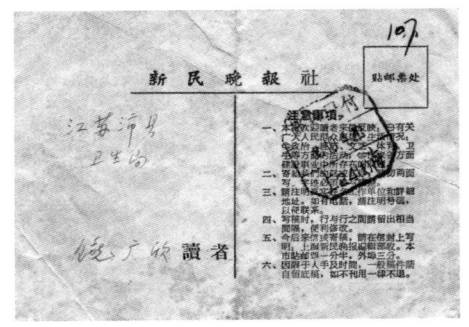 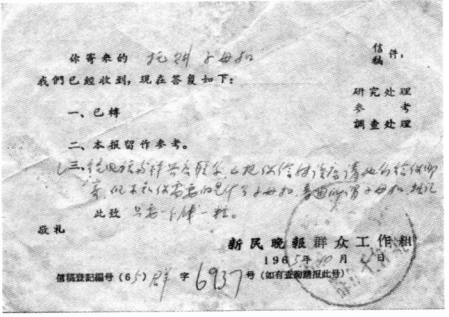

作者收藏的1965年《新民晚报》读者来信处理单

1981年《新民晚报》复刊筹备期间,赵超构(右三)召集部分编委商讨工作

集团的周报,创办于1984年。总部设于广州,在北京、上海和成都设有记者站,面向大陆地区发行。核心读者群为知识型读者,拥有全国甚至世界的影响力。

2004年,徐列领衔创办《南方人物周刊》,开始了一个从报人到杂志人的转型之旅。2015年辞去《南方人物周刊》主编一职,前往美国普渡大学做访问学者。著有《美国律师在中国》《在追问中逼近真实》等。

当年,刚从河南大学中文系硕士毕业的徐列,进入南方周末报社当编辑,具体负责随笔副刊"芳草地",因初来乍到,手头好稿不多见,便冒昧向上海的林放写了这封热切的约稿信。他称呼赵超构为"林先生",可见他与当年诸多追捧"林放式杂文"的读者一样,大都不明由来,以为林放非笔名,乃"林先生"也。此时的赵超构可谓分身乏术,除了繁忙的社会活动外,还要给《新民晚报》"未晚谈"写稿,几乎每天一篇,他自然没有心思给《南方周末》供稿。

对于专门的约稿,赵超构一般都会亲自回信说明。这次他是否回函?世事更替,人去楼空,已不得而知。从徐列信中"呈上稿约及样报"来看,可见《南方周末》约稿之诚恳。罗网天下才俊,主动向作者约稿,这也是新民报人的传统。从这一点来看,这两家在中国颇具影响力的报纸可谓一脉相承。

致吴泰昌（一通）
不曾谋面的朋友

泰昌同志：

　　承赠尊著《艺文轶话》，谨已收到。这是一本行文潇洒，有益有趣的作品。初步读了几篇，不胜钦佩，专此道谢。

　　并祝

笔健

赵超构
十二月六日

　　此信写于1991年，是赵超构收到吴泰昌《艺文轶话》题签本后，写给作者的致谢信。赵超构在信中称赞为"行文潇洒，有益有趣"的《艺文轶话》，是吴泰昌出版的第一本著作。

　　吴泰昌（1938—），当代作家，安徽当涂人。长期从事文艺报刊编辑工作，曾担任《文艺报》副主编，五、六届中国作家协会全国委员会委员、七届名誉委员。出版有散文、文学评论集二十余部。《艺文轶话》收入作者发表于北京、上海、天津和香港等地报刊，还有为《解放日报》专栏"艺文轶话"所写的文章。此书初版于1981年5月，叶圣陶书名题签，孙犁作序，安徽人民出版社出版，曾获新时期(1976—1988年)全国优秀散文奖。书出版后即告罄，于1984年加印一次，但仍供不应求。1991年7月，中国工人出版社重新出版修订版。

　　吴泰昌跟赵超构不熟悉，也不曾谋面，但他对赵超构心存敬仰久矣。1985年夏天，他去看望夏衍，夏衍刚好写完一篇推介"林放式杂文"的文章，便兴致勃勃地与吴泰昌谈起了赵超构。因此，吴泰昌对赵超构"从资、从德、从才"方面的了解，与夏衍有很大的关系。夏衍的这篇文章，就是赵超构后来出版的《未晚谈》之代序。

　　曾经有一个时期，赵超构读了吴泰昌"艺文轶话"的专栏文章后，发

吴泰昌（左一）和钱钟书、杨绛夫妇的合影

现也很适合晚报读者，便多次托人带话给北京的吴泰昌，希望他也为《新民晚报》提供这方面的稿件。后来，吴泰昌应邀写来了长文《秋天里的钱钟书》。此文发表后，很受晚报读者欢迎。不想也引起上海文艺出版社总编辑江曾培的注意，约请吴泰昌在此文的基础上，撰写《我认识的钱钟书》一书，此为后话。总之，吴泰昌与赵超构互相传话，偶有书信往来，从此成了"不曾谋面的朋友"。

2017年春，我在阅读散文集《沉醉的遗韵》时，发现书中附有赵超构致作者信函的手迹图片，便有了收藏这封信札的想法。我与吴泰昌先生不认识，如何联系到他？

也许是赵超构的缘故吧，后来的吴泰昌成了《新民晚报》"夜光杯"副刊的老朋友，曾先后开设过"旧札新谈"与"辛亥文谈"两个栏目，我一直是他的忠实读者，此信好像还在"旧札新谈"发表过。我为该报副刊资深编辑贺小钢女士写过稿，便先与她商量，终联系上了吴先生。

岁月不饶人，当年奔走于巴金、钱钟书等文坛老前辈鞍前马后的小青年，现在已是年届八旬的老人了。我与他加了微信，吴先生的头像从手机屏幕上跳跃出来，只见他留着一头飘逸的银色长发，正端坐在一把古色古香的太师椅上挥手讲话。他说打不了字，但可以用微信语音与我对话。我发现他有点耳背外，思维敏捷，浑身洋溢着文人独有的浪漫气质。

提起一代报人赵超构，他的话匣子一下子打开，完全沉浸在对往事的回忆中。他说，本来与赵超构是可以见一面的。大约是1991年的秋天，他去上海办事，决意到新民晚报社去拜访。事先，他从友人处了解到赵超构一般中午来报社，便早早吃了午饭在报社等候。可能是临时有事吧，一直等到下午一点钟，赵超构还未现身，而他下午要急飞北京有事，只得悻悻然离开上海。

不想这一次，却成了他们没能见面的"永别"。吴先生说："超构老给我的信，要找了，家里信件太多，而且很乱，当时写完文章不知搁哪，等我找到再发电子版给你。"数月后，贺小钢发来一张相片，称是吴先生发她的，但图片不清晰不能用。后来，我又直接与吴先生联系，他又发来一张，还是不太理想。不是原件扫描，是书本上的复印件，可能是原信找不到了。他在微信中说："我自己不会弄，特地赶到新华社摄影部，找技术人员弄。可效果还是不太好。"

赵超构的这封信，让我与吴泰昌先生也成了"不曾谋面的朋友"。每到年头岁尾，我们互相问候。吴先生之前来过温州，他说温州是个好地方，温州人很精明。我将拙著《报人赵超构》相赠，因我的疏忽，将姓名误写成"吴昌泰"。我就此向他表达歉意，他用一种调侃的语气对我说："你改了我的大名，这很好嘛，可以增强我们彼此之间的印象。这本签名本更值得收藏了。就像有些产品，钞票啊什么的，印错了，反而更加珍贵。"

吴先生在《超构老的赠言："笔健"》一文中写道："超构老对后辈的关心和勉励，使我对他崇敬之外又增添了几分亲近。"我觉得，这句发自内心赞叹赵超构的话，同样可以适用于吴泰昌先生自己身上，文学前辈提携后学的风范，值得代代传承，且发扬光大。衷心祝愿吴泰昌先生晚年身笔两健！

致谢蔚明（一通）
两篇檄文的诞生

蔚明同志：

　　奉一稿，请审阅。倘不合用，尚请费神退回给我。小修小改，一听尊便，不必联系了。

　　匆此祝

编安！

赵超构
二十九日

　　这是赵超构向《文汇月刊》发稿时捎给编辑谢蔚明的短简，它让我们看到了一代报人谦逊的大家风范，同时也见证了他的两篇振聋发聩、声讨"文革"的檄文——《论犹大》《伽利略心有余悸》的诞生。

谢蔚明（左三）到黄永玉（左二）家吃家常宴。右二为陈鹏举

1984年11月，赵超构（左）接受蓝鸿文采访

收信人谢蔚明（1917—2008），原名谢未泯，安徽枞阳人，一位行伍出身的报人。著有《岁月的风铃》《杂七杂八集》《那些人，那些事》等多部。1949年后，他跟随赵超构当年在《新民报》的老同事浦熙修任《文汇报》驻京办事处记者。赵超构北上开会，经常与徐铸成、浦熙修等报人聚会，谢蔚明偶尔也参与。徐铸成1954年9月6日日记便有"乘电车赴全聚德吃烤鸭，熙修、吴闻、谢蔚明、际垌、梅朵做东，并请超构作陪"之记载。（见《徐铸成回忆录》）

1957年，"罗隆基——浦熙修——文汇报"右派联盟的案子出来以后，谢蔚明与同事杨重野、刘光华、梅朵等均被打成右派分子。他的境遇很惨，被发配到北大荒强制劳动改造。

中共十一届三中全会以后，谢蔚明平反返沪，与《文汇报》老同事梅朵一起创办《文汇月刊》。此刊是大型的文艺综合性杂志，谢蔚明担任副主编。刚创办时，他奔走于京沪两地组稿，巴金、茅盾、叶圣陶、丁玲、唐弢等大家，均在《文汇月刊》上发表过文章。

谢蔚明一向推崇"林放式杂文"，多次向他约稿。对于谢蔚明的约稿，赵超构几乎"有求必应"。1980年《文汇月刊》创刊后的第二期即发表赵

超构的杂文《论犹大》，年底又发表了《伽利略心有余悸》。这一时期，《新民晚报》还没正式复刊，赵超构还有时间与精力给《解放日报》《文汇报》等几家本地报刊写杂文。

赵超构投稿，习惯附一小纸张便笺，内容大致如此："奉一稿，请审阅"，这是必不可少的；"倘不合用，尚请费神退回给我"，短稿也会改成"倘不合用，不必退回"；"小修小改，一听尊便"，这似乎也是必不可少的。

一向提倡"短些、短些、再短些"的他，那些日子文章越写越长——可能是应版面编辑的要求吧。赵超构曾给记者编辑下过一条不成文的规定：报纸副刊短篇稿五百字，中篇稿一千字，长篇稿一千五百字。《伽利略心有余悸》二千余字，于他算是少有的"大长篇"了。

《论犹大》《伽利略心有余悸》都是赵超构声讨"文革"最重要的杂文，而且均发表在《文汇月刊》上。这两篇文章发表后，在读者中引起了强烈的反响。对于约稿者谢蔚明本身而言，或许对这两篇檄文更加"感同深受"：当年他被迫离开北京时，年幼的女儿寄养亲戚家艰难度日，他流放北大荒，困窘不可终日，整整呆了19个年头。与他同去的人大都客死他乡，而他却奇迹般地活了下来……

赵超构在《伽利略心有余悸》中这样写道："一场浩劫，冤死是几十万人，株连是几十万户，冤案是几百万件，凌辱、拷打、处死的方式是无奇不有，连我们的国家主席被害死了，竟可以光身裸体地烧掉拉倒，'杀人如草不闻声'，这跟三五百年前的宗教裁判有什么两样？所谓'心有余悸'能说是杞人忧天或庸人自扰吗？如果伽利略活在今天，尽管他的沉冤得到昭雪，但能够没有一点'余悸'吗？"

致陈诏（一通）
婉拒约稿

陈诏同志：

昨承索稿，甚愧。……杂文，甚难着笔，实在无法应命。……（我是）写过不少杂文，但那时《新民晚报》还没复刊，我有充裕的时间和精力为你们写稿。现在《新民晚报》复刊了，我负担重，杂务又多，原定每天给"夜光杯"写一篇"未晚谈"，如今也应付不了，经常交白卷，哪里还有余力为贵报写稿？更何况杂文又不是可以随便写写的。我老了，又多病，越来越感到力不从心，请你们原谅吧！

赵超构

这是一封不完整的信件，内容来自陆其国写的《一个人的百家书简》（原载《上海档案》2003 年第 4 期）。我曾为此给陈诏先生写信，索要这封信完整的内容。陈老先生在电话里，不无遗憾地告诉我："家里信函实在是太多。这封信不在收藏的作家书信名单之列。翻箱倒箧找遍所有的旮旯，就是找不到这封信，可能是丢失了。"

陈诏（1928—），笔名虞兮、思藻。浙江镇海人。上海资深新闻工作者，曾在《新闻日报》《解放日报》担任副刊编辑二十余年。从事古典文学和饮食文化研究，曾担任中国红楼梦学会、中国金瓶梅学会理事。著有《红楼梦小考》《金瓶梅小考》《文史拾穗》《梦余痴话》《副刊编辑杂忆》等十余种。

陈诏自少年开始，就有收藏的癖好，喜欢收藏邮票、连环画、电影说明书等。后来考入报社担任副刊编辑后，有了与诸多名流联络的机会，先后收集了周作人、巴金、傅雷、夏衍、张恨水、钱钟书、周瘦鹃等名家信函。虽然在历次运动中有散失，但在他退休时，仍积存了近七百封名家信函。

1986 年春节，当时在《解放日报》担任"朝花"副刊编辑的陈诏，专

赵超构（右）与原《解放日报》编委、"朝花"副刊主编宋军一起交谈

程上门向赵超构约稿。临行前，他对能否约到林放杂文估计不足。赵超构有句口头禅，叫作"不敢给党报写稿"。此前，他就曾听说过"朝花"副刊编辑赵元三吃"闭门羹"的事。1961年，政治氛围稍有宽松，"朝花"编辑赵元三上门约稿，请赵超构带头写杂文，活跃版面的气氛。可赵超构断然谢绝，他说："党报杂文不好写，我难以应命。"后来，他又耐心地向赵元三解释："《新民晚报》是市民报，我提出'飞入寻常百姓家'，这种同市民日常生活有关的具体事的言论好写；党报言论则不同了，要站得高，看得远，题材选择要求严，立论、逻辑都要缜密，而不能片面。要想写得好，很难。"（赵元三：《我与赵超构的两次会面》）

但有一点，又使陈诏对约稿信心十足。他知道赵超构对《解放日报》的感情，非同一般。在《解放日报》创刊35周年纪念会上，赵超构深情地回忆起《解放日报》当年创刊的情景，他形象地打了一个比方："《解放日报》在新闻界这个大家庭里面，好象是一个长子，他担着长子的责任，提携着我们这些报界小弟兄。"（《办好具有新时期特点的党的机关报》）

另外，赵超构对"朝花"副刊情有独钟。还有一段渊源。1956年《解放日报》副刊创刊时，曾聘请一批作家担任特约作者、顾问，赵超构就是其中之一。"朝花"这个刊名，取自鲁迅名著《朝花夕拾》，就是赵超构建议选定的。他发在"朝花"上的一篇《"片面"无忧论》的杂文，还在

全国引起反响。

到了赵家，陈诏便急不可待地抛出了"杀手锏"，他说"朝花"创刊快要三千期了，我们想出一期特刊，请赵老写篇文章，"谈谈对'朝花'的意见"；还有"朝花"杂文专栏多年不见林放杂文，"希望您多多赐稿，支持这一专栏"。赵超构先是"推辞了一回"，最后又说："让我考虑考虑吧！"

"未晚谈"是赵超构开设在"夜光杯"副刊上的个人专栏。1943年成都《新民报》晚刊创刊时，即由他亲自拟定，并用笔名"沙"发表杂文。1960年12月，他停止"随笔"，重新起用"未晚谈"专栏，并一直沿用到他辞世。到了最后，赵超构愈发感到杂文难写，正如他在信中所写的，"杂文，甚难着笔"，杂文"不是可以随便写写的"。

隔了几天，陈诏就收到了这封拒稿信。赵超构之所以拒稿，除了"不敢给党报写稿"之外，《新民晚报》复刊报务缠身，他"负担重，杂务又多"，人老体弱多病，精力不济，也是一大因素。

陈诏事后在《赵超构办报心无旁骛》一文回忆说："当时读了赵老的回信，我顿时怦然心动，我意识到，这是以身作则的当家人的风范，是为民代言的杂文家发自内心的感慨。赵老一生不为名，不为利，更不想当官。他为了办好《新民晚报》，全力以赴，心无旁骛。从那一天起，我打消念头，再没有向赵老约稿。"

致周宪法（一通）
最后一篇序

宪法兄：

勉强写一序，是否可用，请与出版社共同审定。字迹潦草，请找一位同志抄录一遍，才可付排。

超构 10 日

这不是正式的信函，是赵超构随手写给同事周宪法的便笺。当我一路打听，找到现已退休在家专事写作的周先生时，他说："这张条子，现不在我这里。记得当时，也有可能是赵超老逝世以后，我将它交给他的女儿赵刘芭保管了。"刘芭姐生前从没跟我说起过此条子，看来已难觅其踪。

周宪法（1939—），江苏建湖人。毕业于复旦大学新闻学院。曾担任《新民晚报》副总编辑，兼任《新民体育报》《漫画世界》《围棋月刊》主编。著有《蓝白集》《黑白集》《红白集》《弯弯九溪路》《亭亭白桦林》等。

周宪法是赵超构手下的一个晚辈，可赵超构却与他"称兄道弟"；为其写序，但"是否可用"，还请他与出版社"共同审定"。此便笺平实朴素，虽寥寥数语却意趣横生，一位儒雅谦逊、和蔼可亲的文化老人的形象，跃然于字里行间……

《蓝白集》序在《文汇报》副刊"笔会"上发表时，标题改为《散文也从生活来》。这是赵超构写的最后一篇序，距他逝世仅半年还差两天。写杂文的赵超构在这篇序中第一次谈散文，他认为散文的门户要打开，不能局限于吟风弄月式的"风雅圈"。他称赞周宪法的《蓝白集》摆脱了"风花雪月、诗酒恋人的格调"，"来自生活，并且忠实于生活"，"有不少干预生活的篇章，很能勾摄读者的心魂"。

1991 年 9 月，周宪法的散文集要在上海三联书店出版，虽然他知道赵超构有言在先"不喜欢给人写序"，但他执拗地认定这本书的序非赵超构

上　《新民晚报》同事合影。左起：周宪法、吴承惠（秦绿枝）、赵超构、周珂　（1986年）

下　周宪法（后右）与赵超构（前右）、张乐平（前左）合影。后左为漫画家徐克仁　（1991年摄）

赵超构作序的部分图书书影

莫属。他在后来的《序言后语》中谈到当时的三点想法,他说:"一是我和老人同一个单位,关系比别人近,序言由他写显得亲切些;二是我集子里的文章虽浅薄,但大多写的是社会下层的芸芸众生、寻常小民,猜度他可能会喜欢;第三,我是他的晚辈,是在他的眼睛底下成长的,从他一贯的宽厚待人、提携后生的长者风范,估计他会接受我的请求。"

然而,让周宪法意外而又在意料之中的是,赵超构两次"婉却"。第一次,他托老报人张林岚先去作个试探。赵超构说,我"不是不肯写,而是对散文研究不多,写不出多少新话。"他甚至建议,"是不是请柯灵先生写,他是散文大家,比较对路。"第二次,周宪法又请赵超构身边的老领导束纫秋前去"试试看"。他们"长期合作,风雨与共,友谊深笃","力道可能会大点"。可赵超构还是"婉却"。

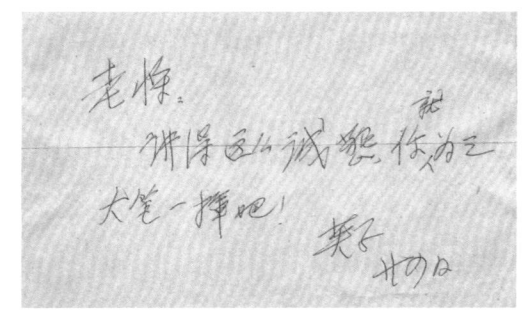

冯英子写给赵超构的条子

我在处理赵超构藏书时，无意中从书页间发现一张冯英子写的纸条。上面写道："老将：讲得这么诚恳，你就为之大笔一挥吧！英子 廿四日。"从字面内容推测，这张纸条可能是敦促赵超构写序的。我将纸条发周宪法先生一阅，可对方因事过境迁，也记不清当时有没有请冯先生出面了。

总之，当时的周宪法感到彻底"没戏"，很是沮丧。最后，还是老领导束纫秋给他打圆场："是否先将小样给他看看，他想写就写，不想写也不勉强。"赵超构"粗粗翻了一下"送到案头的稿样，最终还是答应给他写序了。他真的驳不下这个面子。不过，他还要"读一遍"，"一个星期左右可以写好"。他微笑着，对周宪法说："我怕写不好啊！"

那个时候，他已是82岁高龄，"开过两次白内障"，又装过心脏起博器。

捧着留有赵超构体香的序和写有"宪法兄"三字的便笺，周宪法半晌说不出话。最后，他向赵超构深深地鞠了一个躬。在后来的回忆文章中，周宪法这样写道："我很幸福，林放先生为我的《蓝白集》写了一篇序言，是他匆匆而走前留给我的一分弥足珍贵的纪念！"

第三辑
有朋远方来

爱（友）情掺入虚假便是罪恶。
……常念对方的优点，
便是为爱（友）情建筑花园，
常念其缺点，
便等于挖掘坟墓。

——赵超构《爱语》

有朋远方来 （1984年）

香山三老（赵超构、徐铸成、陆诒）

致王乐天（一通）
不寻常的"证明函"

乐天同志：

  1947年您在上海《新民晚报》发表许多反蒋反法西斯以及抨击社会黑暗的漫画，很能引起读者共鸣，这是有报可查的。但是当然也引起国民党反动派的痛恨，当时上海国民党市党部书记是CC派的方治，有一次就通过他手下的特务打手陈保泰（上海劝工大楼惨案的凶手），叫《新民晚报》让采访主任韩鸣转告我要查问漫画作者蓝本是何人，并要我告诉他你的姓名、住址，所以我颇紧张，通知你当心警惕，免遭暗算。我当然没有告诉他什么，只推说是读者投稿，勉强应付过去了，可能是给陈保泰写了个短条子，时间大概在1947年上半年。那时兵荒马乱，天天应付这种事情，上海接连发生摊贩事件、臧大二子事件、学生运动，您的漫画配合这种形势，深深刺痛了特务反动派，他们对报社和进步作者进行威胁是必然的。可惜我记不清更具体的细节了，只能如此答复您，也算是一个见证人吧。三月间全国政协在北京开会，很想见您一面，因您在香山我在京丰，相隔太远，只得作罢，十分遗憾，希望明年能见到谈谈。

赵超构

  这是赵超构应王乐天之请，专门为他个人写的一封"证明函"。信的内容选自王乐天的回忆文章《我与赵超构、陈翰伯的交往》（《纵横》杂志1996年第1期）。赵超构写这封信的具体时间不详，文中也未提及，从信后提到的"三月间全国政协在北京开会"及赵刘芭提供的其父亲与王乐天在全国政协会议间隙拍摄的合影推测，赵超构写此函的时间，应该是1985年前后的某一天。

  信中所指的《新民晚报》，当时叫《新民报》晚刊，1946年5月在上海创办，赵超构任总主笔。这是当年新民报系"五社八版"，1949年以后

1985年3月在北京出席全国政协会议期间，赵超构（右）与王乐天（左）合影

唯一保存下来的报纸。刊名一直沿用，至1958年正式改名为《新民晚报》。收信人王乐天（1917—1996），笔名蓝本、石城、石江、春蕾等，上海市人。著名漫画家。20世纪30年代在上海、重庆参加全国漫画作家协会、全国漫画作家抗敌协会，从事抗日和反美反蒋漫画宣传工作。1949年后，历任《漫画》杂志、《光明日报》编辑。中国民主促进会会员，中国新闻漫画研究会常务理事，第六届全国政协委员。著有《霸王自供——我就是民主少一点》《刀对鞘》《漫画创作及漫画选集》等。

赵超构与王乐天相识于重庆抗战时期，两人有着断断续续四十余年的编通关系。早在1938年，王乐天就为重庆《新民报》，还有赵超构主编的《时事新报》"青光"副刊拟稿和提供翻译文章。（王乐天：《归队之前》）到了上海以后，他们仍保持单线联系，赵超构的《新民报》晚刊几乎成了王乐天的交通联络站。当时正值黎明前最黑暗的时候，国共谈判破裂，内战爆发，上海笼罩在血雨腥风之中。赵超构及其所在的《新民报》晚刊，在这种险恶的政治环境下，仍紧紧团结社会进步力量，支持民族解放运动。

在周恩来的鼓励下，王乐天坚持留守上海，利用手中的笔开展地下斗争。当时他的漫画作品主要刊发两个报纸：一是赵超构的《新民报》晚刊，二是陈翰伯的《联合晚报》。王乐天隐姓埋名，创作的漫画一律用笔名发表。

他的作品有政治讽刺画，也有反映物价上涨民不聊生的社会漫画。

王乐天在《我与赵超构、陈翰伯的交往》一文中写道："我从不同外人谈论漫画，甚至当同事们拿着报纸品味我的作品或表示欣赏时，我也不置可否，亲友们也不了解我的业余活动，就连上海漫画界朋友我也极少和他们联系。有人约见均通过赵超构转告给我。他们看得见我的漫画，却不知我就在他们的行列之中，例如米谷和陶谋基为《华美晚报》的漫画专栏组稿，约我在酒家聚晤，请柬是由赵超构转交的；再如储安平约我为他即将创刊的《观察》杂志供稿，也是经过超构兄写条子转告我去八仙桥青年会与储安平相见的。"

1947年，王乐天的漫画终于引起国民党中统头目方治的注意。方治(1896—1989)，字希孔，安徽桐城人。国民党CC系把守宣传口的主将。曾担任国民党中央宣传部副部长、国民党第六届中央执行委员、国民党上海市党部主任委员等要职。他派遣特务陈保泰到《新民报》晚刊，通过采访主任韩鸣，向赵超构要人。陈保泰是上海劝工大楼惨案的凶手，心狠手辣，与赵超构有过多次交手。

迫于当年的危急形势与国民党当局对报社施加的压力，赵超构先给陈保泰写短条子，与敌人展开周旋，同时在第一时间通知王乐天，嘱咐他赶快做好隐蔽保护工作。王乐天接获通知后，便借口家里来了亲戚，到供职的上海招商局轮船公司金利源码头仓库借宿，三个月避过风头后，他又回到家里，改用其他笔名继续画漫画，直至迎来上海解放。

据王乐天回忆，著名报人陈翰伯也曾给王乐天供职的光明日报社，写

1983年王乐天题赠赵超构的《人物》杂志，内刊有回忆文章《归队之前》

1947年，程大千（左）、张林岚在圆明园路50号编辑部消防楼梯口观看学生示威游行队伍　（赵超构摄）

过一封类似的"证明函"。信中写道："这是我给贵报王乐天同志的证明。1946—1948年，我在上海主持《联合晚报》工作，担任总编辑之职。该报是中共中央代表团与上海进步的文化界和工商界办的一份进步报纸。当时王乐天同志投递很多漫画稿，该报采用很多，其作品内容都是打击国民党，揭露人民生活困苦和要求民主的。这些画颇受读者欢迎。他用了很多笔名，我记不住了，问王乐天同志本人便知。"

1947年5月，赵超构主编的《新民报》晚刊，还有陈翰伯主编的《联合晚报》和徐铸成主编的《文汇报》，终于被国民党当局以"破坏社会秩序、意图颠覆政府"的罪名查封，并被勒令永久停刊。后来，《新民报》晚刊老板陈铭德、邓季惺四处奔走说情，在拒绝"清除赵超构、浦熙修"的前提下，接受当局派遣的总编辑王健民和"两名带枪的记者"，才得以勉强复刊。

这段不同寻常的经历，成了王乐天人生旅途中最难忘的记忆。直到晚年，他还念念不忘，逢人便说："在黎明前最黑暗的时候，是林放保护了我！"

致郑逸梅（一通）
一面之缘

逸老：

　　短札收到，娓娓说来，亲切有味，足见老境欢愉，胸无渣滓，可喜可贺。说起来是很有意思的，我们过去彼此都已相知，却始终无一面之缘，想不到前些时候由一个毫不相干的人把我们撮合在一块儿。可惜当时为了任务，彼此之间未得畅谈，今后当另找机会图一快叙。本来接到信就想登门请教，因为我现在只有中午有空，恐怕侵占你的午睡时间。那张照片就请邮寄给我，地址是：陕西北路457号《辞海》编辑组。费心，至谢。

　　匆此，即致

敬礼！

赵超构
七月三日

　　一个报人、杂文大家，一个文史掌故作家、收藏家，他们都是沪上文坛赫赫有名的人物。寻找赵超构书信的过程中，我发现郑逸梅与赵超构有着非同一般的关系。正如赵超构在信中所说的，他们"无缘面见已相知"，虽然见面不多，交往不多，但却彼此心仪，彼此欣赏。

　　郑逸梅（1895—1992），原名鞠愿宗，父早殁，随外祖父为生，改姓郑。江苏苏州人。他五岁到私塾上学，接受国学教育。十七八岁时，还是一个乳臭未干的中学生，他就开始为报刊撰写文史小品。后来他到多家报社，还有中孚书局担任过编辑，撰写了数以万计的掌故小品，被人称誉为"报刊补白大王""旧闻记者"。

　　郑逸梅年长赵超构15岁，几乎差了一个辈份。赵超构总是以"逸老"相称，而郑逸梅往往直呼其名。郑逸梅喜欢读林放杂文，经常给《新民晚报》副刊投稿，他的文史小品《清人日记中的上海》《书画皆绝的珍品》等都

赵超构致郑逸梅书信手迹

发表于此。

  这封信的得来颇有"踏破铁鞋无觅处，得来全不费工夫"的意思。最先是从寻找那张全身合影开始的。大约是 2000 年的初夏，我在阅读郑逸梅旧文时，发现他在一篇《美国朋友林培瑞》的文章中，谈到他与赵超构在上海和平饭店的第一次见面，这位美国朋友林培瑞先生正好带着相机，便为他俩拍了一张全身合影。

  信中所指的"一个毫无相关的人"，即指美国汉学家林培瑞（PerryLink）。林培瑞是哈佛大学的文学博士，不但精通中文，兼能说得一口很流利的普通话。他是相声大师侯宝林第一位洋弟子，也是全世界第一位能用字正腔圆的京腔登台讲相声的洋人。

  从信中谈到的"陕西北路 457 号《辞海》编辑组"推测，赵超构这封回信应该写于改革开放之后，当时的《新民晚报》尚未复刊，他还在《辞海》留守。信中所谈的"任务"，便是接待美国客人林培瑞先生。从接待的规格来看，赵超构应该恢复一官半职——上海辞书出版社副社长、副总编辑，或者是以上海出版局顾问的身份。

赵超构（右）与郑逸梅合影　（林培瑞摄）

郑逸梅是作为林培瑞的朋友作陪的，他们也是第一次见面。当时他正在撰写一部《清末民初文坛佚事》，不想汉学家林培瑞捷足先登，先他出版了英文版的《清末民初文坛佚事》。书中收入了郑逸梅1923年所摄的半身影。此后林培瑞与郑逸梅成为至交，林培瑞多次到上海登门拜访。

当时我不知道赵超构与郑逸梅为此事还通过信，只是一味地想着要寻找那张林培瑞拍的合影，便多次去信郑逸梅后人——他的孙女、上海书画家郑有慧女士。郑女士热情地给我回复，并留了联系方式，但因她尚未对其祖父遗物予以清理，此事暂且束之高阁。

赵超构一向无保存信函之习惯，郑逸梅致赵超构短札已不知所终。而郑逸梅是个收藏家，更有收藏名家信札之偏好，将此信完好无损地保留下来。郑逸梅还在信后作了附记："赵超构号林放，著《延安归来》，主持新民晚报。"郑是掌故大家，但这个附记却犯了低级错误：林放非赵超构之号，笔名也；《延安归来》系黄培炎所著，显然为《延安一月》之误。此信最早见于郑有慧所编《郑逸梅友朋书札手迹》（中华书局，2015年9月第1版）。此书大32开本，米黄色丝绸面硬包，外加软封套，铜板纸精装彩印。周退密题签书名，陈子善作序。定价580元。为此一信，我从孔夫子旧书网上特地购得一册。

在这里，值得一提的还是那张合影。其实之前刘芭姐向我提供的赵超构照片中便有这张照片，只是我不知而已。说起来好笑，其间我曾将此照带给上海张林岚先生指认，老人家也没认出来，差点还将郑先生误认为作家周扬。

人啊，往往是这样，好多东西你无须寻找，它就一直在身边，而我们却熟视无睹，还四处苦苦寻觅。不过做人的乐趣，也便在于此，在于对未知世界或事物懵懵懂懂的感知与觉醒。因为孑然独行的执着与坚持，总会让你领略沿途不一样的风景！

致张乐平（一通）
"双簧兄弟"

乐平同志：

又是月余未见了。最近，才知道你在庐山生了一场不大不小的病，而且进了医院。这一方面是积劳成疾，同时也可见吾辈老头子抵抗力之弱，经不起气候变化的考验。现在，我猜想你一定已出院，在家休养了吧？古人说，"因病得闲殊不恶，安心是药无妙方"。希望你充分利用这时间好好养息，业务应该暂时挂起。上次咱俩的"双簧"，听说反应还过得去，当天报纸也很快就卖光了。这首先是"三毛"作者的号召力，无庸否认的。本应赴府问候，最近连开十天多的民盟工作会议，只能修函问好，改日再畅谈吧。

超构
十日

1992年2月，上海街头寒气逼人，人行道两旁的梧桐树金灿灿的叶子已落尽，只剩下毛刺刺的小果挂在枝头。赵超构和张乐平两位步入垂暮之年的老友病危，一同住进华东医院。病房相隔不远，可他们再也见不了面，只能在心里互相牵挂。张乐平问家人："赵超构怎么样？"在另一间病房里，赵超构浑身插满管子，呼吸困难，他也在询问："张……乐平，怎么样？"

张乐平（1910—1992），原名张升，浙江海盐人。著名漫画家。自幼酷爱画画，14岁就离家到上海谋生。长期在解放日报社、上海少年儿童出版社任专业画家。曾担任上海市美术家协会副主席、《漫画世界》主编、中国美术家协会顾问等。他以画《三毛流浪记》而闻名，所创作的三毛形象多次被搬上银幕，与卓别林《寻子遇仙记》相媲美，共出版十余部三毛形象的漫画集。

赵超构跟张乐平同庚，生辰早半年有余。两人见面，放言无惮，彼此

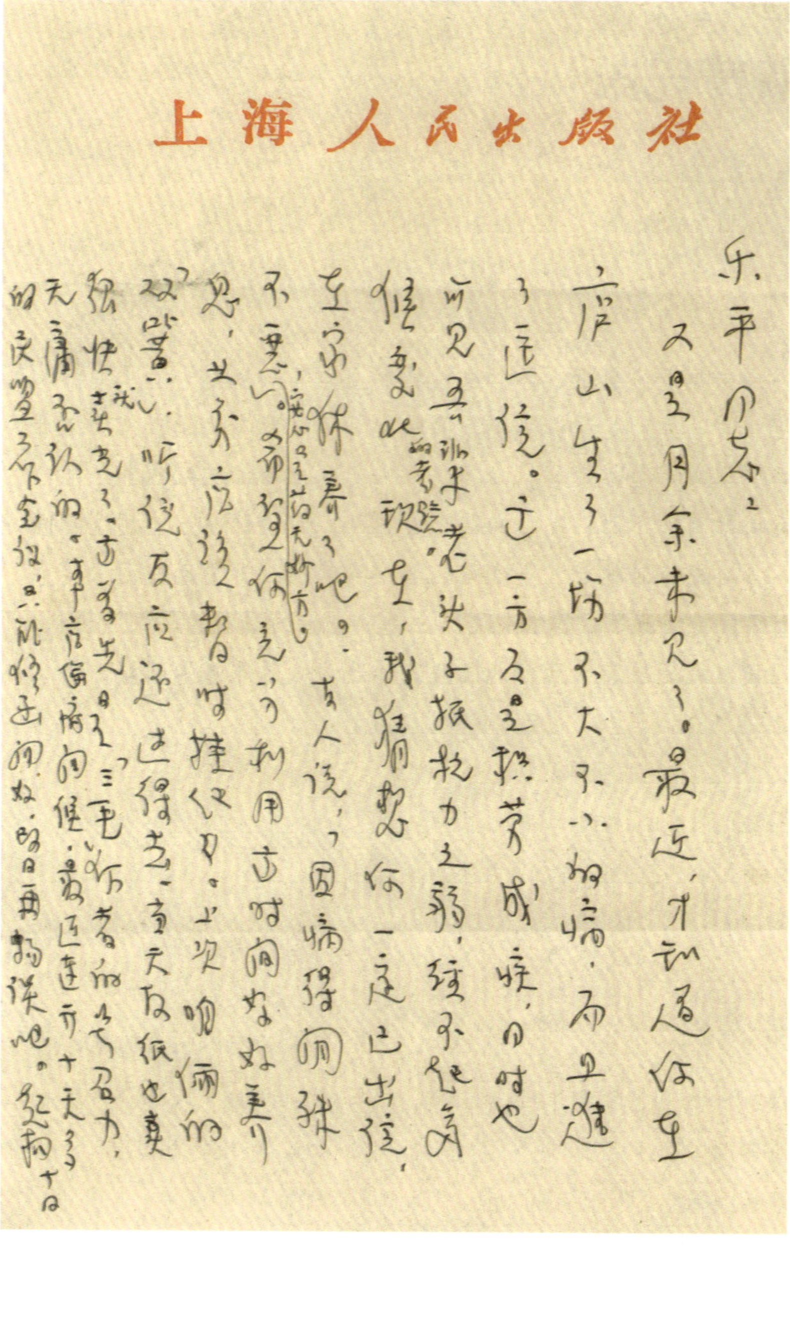

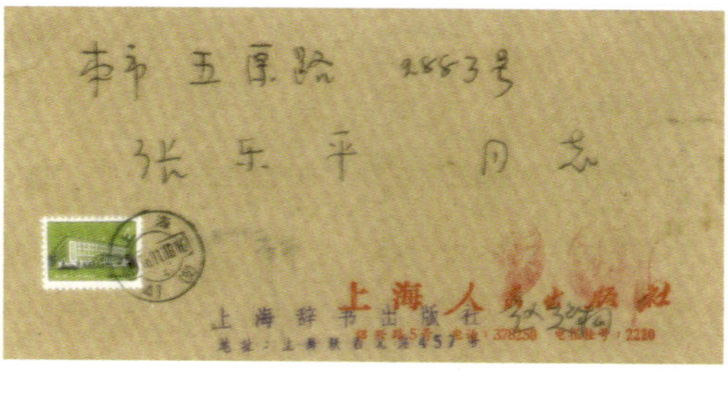

乐平同志：

又是三月余未见了。最近，才知道你在庐山生了一场不大不小的病，而且还了医院。近一方又是报载芳成嫂同时也听见患癌症，老头子抵抗力又弱，残不能言健康如何者现在。我猜想你一定已出院在家休养了吧。古人说，"因祸得福"，殊不恶，你能得到利用南时间好好美思，共为应该看时挂怀。此次响儿们的双挚心，听说友应还进得去，亩天友张也很快去克了，由若先生二三毛妨者都尽力，最近这一方十天多无病忍痛不止，事后偏痛同惟。的良望各存放，只能修西侧好的日再拗换吧。近病十日。

赵超构为上海幽默画展览剪彩。左为漫画家郑辛遥　（1991年）

争抢以老兄长自居。他们结识于20世纪40年代白色恐怖之下的旧上海。张乐平的三毛形象深入人心，赵超构的《延安一月》家喻户晓，两人虽未见面交往，却早已互为钦佩成为神交。张乐平一直是《新民报》主要的漫画作者。1946年，赵超构从重庆返沪创办《新民报》晚刊，张乐平、丁聪、张文元、沈同衡等漫画家积极配合报纸上的新闻作画，揭露旧社会的丑恶嘴脸。

"漫画无虚日"，一直是《新民报》的特色之一。1949年以后，《新民报》继续发挥传统优势，突出杂文与漫画的宣传，开设了《漫画选》以及类似于新闻漫画的《蔷薇花下》等栏目，一时成为上海漫画家的乐园。这与赵超构有着直接的关系。

这封信写于1978年11月，是张乐平登庐山"生了一场不大不小的病"出院后，赵超构写给他的问候信。信中提到的"双簧"，即指他们发表在同年10月15日《解放日报》第四版"朝花"副刊上的诗文配画——《延安——西安之旅》。是年秋天，他们随同上海市政协参观团访问延安、西安，游览兵马俑、黄帝陵墓、半坡村等名胜古迹，瞻仰毛泽东、周恩来、朱德的旧居，以及其他革命文物遗迹。1944年5月，赵超构曾以新闻记者的身份

赵超构与张乐平（右）在一起　（1986年）

访问西安与延安,写出了媲美爱德加·斯诺《西行漫记》的《延安一月》。故地重游的赵超构诗兴大发,共写下六首诗,还配了说明文。同行的张乐平亦兴致高涨,用那支画三毛的如椽之笔,共画了九幅速写。一诗一画,一文一题,相得益彰。赵超构写下《重返延安》一诗:

枣园灯火明天下,延水波流润万邦。
苦斗当年曾共睹,欢歌今日又观光。
惊看广厦春云展,弥觉洞窑日月长。
俯仰塔山增愧汗,鸿恩大德敢相忘?

与画家、漫画家诗文配画,可谓《新民报》的又一大特色,也是赵超构的保留节目。早在五六十年代,他与漫画家张乐平、乐小英,还有画牛出名的画家汪观清等,经常合作在报上发表诗配画,或文配画。1959年3月初,他与漫画家乐小英到上海、松江两县采访,发表散文《春郊行脚》一组12篇,图文并茂,意趣盎然。赵超构用"柳拂云"或"林囿"笔名,故而鲜有人知。

赵超构与张乐平的合作最为默契,可谓天衣无缝,哥俩私底下戏称"演

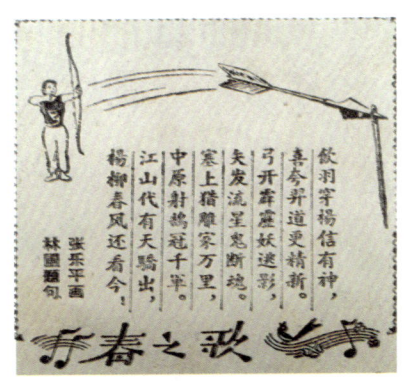

上　赵超构和张乐平诗配画作品剪报,刊于20世纪五六十年代《新民晚报》
下　赵超构作序的《三毛迎解放》(少年儿童出版社1979年版)

《延安——西安之旅》速写选　（张乐平画）

双簧"。两人文画对峙，一唱一和，有四两拨千斤之功效，使得原本平实的版面，平添几分意趣与新奇，简直如虎添翼。对于信中提及的这次"演双簧"，赵超构显然蛮满意，对老搭档张乐平赞赏有加。他在信中说："听说反应还过得去，当天报纸也很快就卖光了。这首先是'三毛'作者的号召力，无庸否认的。"

在中国漫画界，赵超构最推崇的漫画形象是三毛。看着三毛光溜溜的脑袋壳，那三棵粗壮的头发，就欢喜得不得了。赵家每个家庭成员都喜

《漫画世界》组委会及赞助人合影。前排左起：张林岚、特伟、赵超构、张乐平、束纫秋；后排左起：詹同、田遨、叶岗、王往、阿达、杜建国、徐克仁、郑辛遥

欢三毛，拿到一本三毛漫画，不分大人小孩竞相抢阅，先睹为快。1979年春，赵超构在《三毛迎解放》序中写道："一个艺术家创造的人物，能够得到这么广大群众的欢喜，而且又能经历这么长时间的考验，得到祖孙三代人的欢迎和同情，这就不仅仅是因为造型艺术的成功，而且毫无疑问，一定是因为作者在三毛身上，凝聚、倾注着那种经得起考验的真实性和人民性。"

哥俩这一生，"演"得最大、最成功的双簧还在后头呢。1985年《新民晚报》第一个子报《漫画世界》创刊。"三毛之父"张乐平出任主编。赵超构作为发起人，共同拟定办刊宗旨，为其摇旗呐喊。他在以个人名义撰写的创刊词——《致〈漫画世界〉的读者同志》中写道："漫画，在画坛里虽然只是小家小户，但是作为百分之一的争鸣作用，是不能低估的。《漫画世界》就是国内的一批漫画工作者出于同气相求，聚在一起，根据上面说的旨趣，适合当前的时代步伐，诚实地为读者服务，并且诚恳地期待着在读者中求得众多的知音者。"

这缘起于他们在30年前许下的一个未曾实现的约定。50年代初，政

站在新民晚报社新大楼二十一层高的楼顶上,鸟瞰上海城。左起:
郑辛遥、张乐平、张林岚、孙绍波 (1991 年)

治空气相对宽松,上海杂文与漫画创作空前活跃。上海是现代中国漫画的发源地,早在 30 年代,就出现了《时代漫画》《上海漫画》等刊物。解放后第一本《漫画》月刊也是在上海诞生的,只可惜待了五年就迁到北京出版。赵超构、张乐平认为,作为国际大都市的上海,不能没有属于自己的漫画刊物。

此时,他俩恰是人到中年,正处于年富力强的大好时节。有一次,漫画家、《新民晚报》美术组组长乐小英,请他们,还有张林岚到家里小酌,大家酒酣耳热,便萌生了合作兴办漫画刊物的想法。当时张乐平还在《解放日报》当美术编辑,赵超构有意"挖"他到《新民报》当编委,两人雄心勃勃,摩拳擦掌,想大干一场。可好事多磨,稍后由于"反右"运动开始,形势骤然变化,此事被迫搁置。

岁月流逝,时光进入 1985 年的夏天。历史的再现竟然那样相似。也是在上海,有三位被人们称作"美影三剑客"的中年漫画家阿达(徐景达)、詹同(詹同渲)、王往(王树忱),他们为了共同的事业,共同的理想,也像当年的赵超构和张乐平一样,正在筹划创办一本漫画刊物。他们的倡议,得到了单位领导——一位 30 年代的老漫画家特伟的鼎力支持,但由于上海美术电影制片厂"一时找不到能够提供印刷出版和发行等条件的合作者"而举步维艰。

当赵超构和张乐平获悉此事时,两位老友又旧话重提,仿佛从他们身上，又看到了当年自己的影子。尽管当时的《新民晚报》刚复刊不久，自身还存在着诸多困难，但赵超构还是爽快地应允了下来。他说："《新民晚报》在解放前就天天登漫画，有许多漫画家朋友。1957年后漫画少了，现在漫画创作有了宽松的环境，将会繁荣起来。我们这个画刊出得是时候了。"

《漫画世界》刊登漫画的同时也登杂文、打油诗、笑话、小品文等。编辑部安在报社电话机房边上，一个两平方米的小间里，只能摆放两张桌子，坐一个人。当时留职停薪在家画漫画的小青年郑辛遥，成了编辑部唯一的专职编辑。这个世界上最小的编辑部，却有着阵营强大的组委会：张乐平、特伟担任正副主编，阿达、王往、詹同、叶岗、田遨、徐克仁、郑辛遥、杜建国等担任编委，报社还指派张林岚为常务副主编，主持日常编务。

有了《漫画世界》，赵超构跟漫画界愈加走近。他亲自捉笔写有关漫画的文章——画刊创刊短短一个月，就连写了三篇，他说，"政界人物对待漫画的揶揄和讽刺，采取多大的宽容度"，"是跟社会民主的风气成比例的"。因此，他倡议：把名人画入漫画，特别是为政治界的领袖画漫画，以培养社会上的民主气度和幽默感。

远在北京的华君武、丁聪等名家，成了画刊编外的领衔主角。赵超构与张乐平几乎每年都要邀请他们来一次上海，他们的身影经常出现在上海漫坛重大的活动场合上。赵超构喜欢与漫画界的朋友打交道。他从画刊上拿到稿费，就请编委会和那帮年轻的漫画家"打牙祭"。

"秋风起，蟹脚痒"，八九月正是吃大闸蟹的大好时光。赵超构嘴馋了，派人将正在华山医院住院的老弟张乐平，悄悄从医生的眼皮底下"弄"出来，溜到上海市文史餐厅，上演了一场饕餮盛宴。两位老人手拙，面对油亮泛黄、"横行霸道的家伙"，无从下手，郑辛遥等漫画家后生便抢着为他俩剥蟹壳、挖蟹肉。大家一边天南地北说笑话，一边大快朵颐大闸蟹，简直乐翻了天。

致黄佐临(一通)
十八岁的祝辞

佐临老兄:

八十贱辰,承赐十八岁的祝辞,让我回复六七十年前的童心,足见您也在十八岁的年华自娱,彼此彼此,甚感甚谢。

祝

长寿

超构

五月廿四日

犹如一棵树,在春天的土壤茁壮成长;

宛如一眼泉,在人们的心田暖暖流淌……

两位不同领域的老人,一个搞戏剧电影,一个写杂文办报纸,似乎风马牛不相及,可到了晚年,他们却愈发亲近,竟然那么的投缘。黄佐临肯为晚报写稿,被时任《新民晚报》编委、副刊部主任的吴承惠(秦绿枝)称为"一桩奇闻"。

黄佐临(1906—1994),原名作霖,天津人,戏剧、电影艺术家。1925年赴英攻读,师从萧伯纳,开始涉足戏剧。1947年执导个人首部电影《假凤虚凰》。先后任上海人民艺术剧院院长、中国戏剧家协会副主席等。执导的剧情电影《陈毅市长》获文化部优秀影片奖,1988年获中国话剧研究振兴话剧导演奖。他是中国戏剧界的"幽默大王",天津人称其"黄嘎小子",上海人称之"黄噱头",他自称"黄·吉诃德"。

赵超构和黄佐临认识较早,同为上海文化界的名人,有着共同的"朋友圈"。他俩都是全国人大代表,经常在一些场合上碰面。对于张乐平塑造的三毛形象,他俩可以说都有点渊源。黄佐临曾将三毛搬上银幕,执导

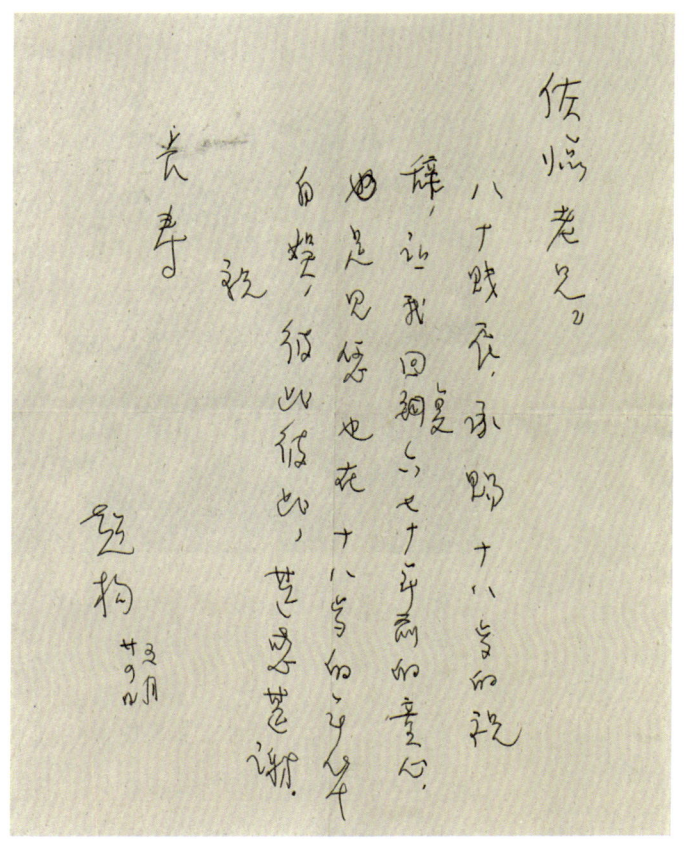

赵超构致黄佐临书信手迹

过剧情电影《三毛学生意》；赵超构则专门为《三毛迎解放》重版写序，并予以推介。

黄佐临喜欢读《新民晚报》，喜欢读林放的杂文。不知从何时开始，他也尝试给"夜光杯"副刊写稿，先后发表《永葆青春之诀窍》《90聊斋——排〈消失的雨点〉的一些体会》等文章。

1982年2月，76岁的黄佐临写来了七八千字的《亲身经历，奇闻趣事——旧社会回忆点滴》。文中写到与巴金一起去印度开会，因小费多如牛毛，两人出门便互相为对方开门，以节省小费。还有写到黄宗英、黄宗江兄妹和石挥刚到上海借住他家，半夜起身到厨房偷吃藏在冰箱里的香肠。那时的冰箱还是稀罕物，他们以为冰箱里亮着的灯是定时报警器，当晚三人辗转反侧，一夜无眠。赵超构读了此文，捧腹大笑，喜欢得不得了，嘱咐副刊部重点处理，分半个月连载刊登。黄佐临知道后，显露几分自得，写信打趣道："怎么敢惊动社长大人啊！"

有一年我在上海和张林岚老先生谈及"二老"，张先生说，两个蛮好

黄佐临与柯灵（左）、于伶（右）在一起　（陈根宝摄）

玩的老头，都是性情中人。风趣幽默是他们的特质。赵超构属"冷幽默"，他说笑时，一般正襟危坐，脸上几无表情，笑话掉地上打几个来回，才会惹人笑，大都笑在肚子里。拍喜剧的黄佐临属"热幽默"，他说的笑话听者憋不住，听了就要笑，甚至是捧腹大笑。他在一篇文章中说过这样一则笑话：

在"文革"初期，隔离室中共有17个"牛鬼蛇神"关在一个房间里。因为伙食不适口，大家不断放屁。有人问为什么？我插话说："我们的气不能从上边出来就从下边出来了！"大家听了哈哈大笑，但我被告密了，第二天"造反派"狠狠斗了我一通！

1990年5月，正值赵超构八十大寿。黄佐临套用一句广告语，特地写信表示祝贺："今年八十，明年十八。"赵超构称其是"十八岁的祝辞"，还带有几分狡黠地说："让我回复六七十年前的童心，足见您也在十八岁的年华自娱，彼此彼此，甚感甚谢。"

喜剧与杂文，本身都是一种讽刺的艺术。两位当代文化界风马牛不相及的"老玩童"，终于在这里找到了契合点。透过寥寥数语的信函背后，让我们看到了一种蕴满生活灵性、饱含人生智慧的俏皮与诙谐，以及他们率直放达、随心而为的大家风范。

致王镫令（一通）
"老兄长"陈虞孙

王老师：

　　送来虞孙同志杂文集，收到，至谢。虞孙同志是我们的老兄长，我们相交数十年，他的短文，我都看过，甚具独特风格。承您为之结集出版，古道热肠，至堪钦佩。不久前，在华东医院看他，他的样子没有大变化，只是不大能说话。他是个爱说话的人，终于生了这种病，真是令人痛惜。收到他的书，不免想到这些事，有点伤感，不多谈了。

　　即祝

健康

　　　　　　　　　　　　　　　　　　　　　　　赵超构

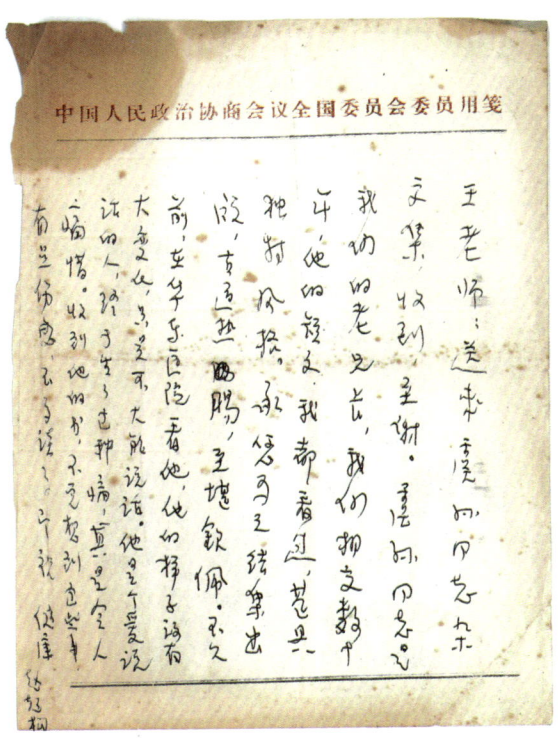

赵超构致王镫令书信手迹

这是赵超构收到《陈虞孙杂文随笔选》（文汇出版社，1990年5月版）一书，写给帮忙编选此书的王镫令的一封信。写信时间大约在1990年下半年。而此时，一生荡浊清流的陈虞孙，却得了严重的老年痴呆症，长期躺在华东医院的病榻上，口不能言，神智迷惑，一片混沌……

陈虞孙(1904—1994)，又名椿年，笔名张绍贤、仲亨等，江苏江阴人。著名报人、杂文家。1938年加入中共地下党，从事宣传和统战工作，曾担任国民党《浙江日报》总编辑。1949年后，历任《解放日报》副社长、《文汇报》副社长兼总编辑、中国大百科全书出版社上海分社社长等职务。著有《访港散记》《陈虞孙杂文随笔选》等。

陈虞孙年长四五岁，赵超构称他为"老兄长"，他们"相交数十年"，是上海报界惺惺相惜，彼此钦迟的老朋友。陈虞孙曾在《新民晚报》上发表过《钟馗捉鬼》的小品文，说的是缠夹二、废话、苏空头、活无常等四个小毛贼扰乱文坛，兴风作浪，最后被钟馗捉拿的事。就因文中有"四个毛贼"之语，"文革"期间竟被诬陷成攻击毛泽东的"罪证"，成为"大不敬罪"而被打倒。

陈虞孙在干校劳动时，神情木讷，精神备受折磨。后来他被安顿在《辞海》，"甚少与人接触，人亦不去接触他"。赵超构与他友好如初，"常表关怀，中饭后还拉着他散步一回"。噩梦过后，陈虞孙以耄耋之年重返文坛，几乎同时在《新闻记者》与《新民晚报》开辟两个栏目："晚晴轩"与"放眼录"。他有感而发，写过一篇《"还我头来！"》的杂文，"借玉泉山关公显圣大喊'还我头来'，谈人的有头是为了思想，'文革'使

《陈虞孙杂文随笔选》书影

陈虞孙（右）与王元化（中）、刘火子在一起

人愚昧，如今该'还我头来'"了。（唐振常：《漫说陈虞老》）

收信人王镫令（1945—），上海作家。著有《我的夜光杯》《唐宋八大家精品欣赏》《青年达尔文的环球旅行》等。当时正在学校负责文学社的王镫令，因喜欢陈虞孙之文字，便和学生一起剪贴他开辟的栏目佳作，以此向学生教授杂文写作，连续剪了数年，共积累了百余篇。他见"那么多平庸的文章接二连三的出书，却不见陈虞老的杂文出版"，"于心不甘"，便征得老人同意，在徐开垒等报社、出版界同仁的一致努力下，"甚具独特风格"的《陈虞孙杂文随笔选》终于问世了。（王镫令：《八旬老人开辟两个专栏》）

来的，终究还是要来的，可还是来迟了一步。"老兄长"陈虞孙捧着新书却只笑无语，茫然不知。王镫令含着热泪，将新书加盖陈虞老的印章，代他送他的老朋友。赵超构睹物思人，伤感不已，不无痛惜地说："他是一个多么爱说话的人啊！怎么会落下个一言不发呢？"

致张西洛（片断）
延安归来

西洛兄：

……（你）向来豁达乐观，这对于身体康复是有利的。好好休养，很快就会恢复那生龙活虎的样子的……

超构

这是从张西洛怀念赵超构的文章中摘录的，连片断也不是，更别说是一封信了。但由于他们之间关系的特殊性，我又不忍心忽略它。考虑再三，还是将它收录于此，权当一个引子吧。

赵超构的这封信，据张西洛介绍，写于1991年，当时张西洛患膀胱癌住院动手术，赵超构特地写信慰问。张西洛在回忆文章中说："他的祝愿给了我很大的慰藉和战胜疾病的信心。"

张西洛（1918—1998），四川重庆人。我国杰出的新闻工作者、著名记者。因家境贫寒，他17岁才读初中二年级。理课不太好，文科却出类拔萃。他原来叫张国华，因所喜欢的意大利作家亚米契斯写的《爱的教育》一书中有个可爱少年叫"西西洛"，便改成现名。中学时代，他就参加抗日救亡运动，开始向报刊投稿，后来被校方开除。进入报界后，他在重庆的《齐报》《新民报》当记者，还担任过《江津日报》《星期快报》副社长、成都《工商导报》采访主任等职。1949年后，在人民美术出版社、光明日报社任职。

赵超构与张西洛是重庆《新民报》时期的老同事。1938年春，《新民报》从南京迁至重庆复刊，报上登出招聘启示，张西洛投考后被录取。赵超构辗转到达重庆，经原在南京《朝报》的同事张剑慧的推荐，于同年七月正式加盟《新民报》。那时的赵超构已是独当一面的主笔，在报界有一定影响；而张西洛还是一个"涉世不深的小记者"，名不见经传。张西洛经常上门讨教，获益不少。

1991年3月,赵超构(左二)与张西洛(右一)、吴冷西(右二)等合影

1939年秋冬，张西洛以《新民报》记者名义赴延安采访，与中共领导人毛泽东见面。这次谈话，后来以《和中央社、扫荡报、新民报三记者的谈话》为题收入《毛泽东选集》第二卷。张西洛从延安归来，引起国民党特务的注意，报社出于对他的保护，让他改做夜班编辑，协助赵超构编辑国际新闻版。他后来在回忆文章中说："这时同他（赵超构）的接触就多了，一张桌子，相对而坐。工作有暇时，天南地北，也闲扯一些别的。因为我刚访问延安回来，他不时问到有关中国共产党的主张和延安及陕甘宁边区的情况，似乎极有兴趣。"

可以说，赵超构对延安的了解，最先是从张西洛身上开始的。张西洛的延安之行，"未写一字"——当时国民党当局压制，规定"不准报道延安一个字"。他们只得另辟蹊径，将采访毛泽东的谈话记录整理成文，寄交共产党设在国统区的国际新闻社重庆办事处。这篇谈话很快在重庆的共产党机关报《新华日报》刊出，海外的许多报纸均当作头等要闻刊用。在谈话中，毛泽东提出了"人不犯我，我不犯人；人若犯我，我必犯人"的原则，有着重大的政治、历史意义。

在重庆山城新街口《新民报》简陋的报馆里，两位年轻的报人守望着一支发出微光的蜡烛，彻夜长谈。张西洛从延安带回两本书：一本是毛泽东亲笔题签赠送的《苏联共产党（布）历史简明教程》；一本是冼星海送给他的油印《黄河大合唱》词曲本。读着这两本书，赵超构的两眼发亮，热血沸腾，对延安充满了好奇与期待。

事实上，坐在赵超构面前的这位身材瘦高、腰板挺直，刚二十出头，脸庞稍显几分稚气的年轻人，这个时候早就已是一位有着多年党龄的中共地下党员，他18岁时就加入了中共领导下的秘密组织——重庆救国会。这一切，赵超构一直被蒙在鼓里，至1949年后才知道内情。

赵超构《延安一月》这本书，张西洛不知读了多少遍，每读一遍都令他激动不已：高高的宝塔山，弯弯的延河水，仿佛又浮现在眼前；当年采访延安的场景，在翻动书页的指尖闪现……延安之行，自己"未写一字"，那是伴随他一生的遗憾，但现在他从《延安一月》中，寻找到了一种情感寄托与精神慰藉。1944年赵超构访问延安，写出《延安一月》，被毛泽东誉之为"胆识可贵"，周恩来比作斯诺的《西行漫记》。张西洛认为，这"不是偶然的"，而是赵超构"思想上早已有所打算"的结果。

最让张西洛欣喜的是，赵超构从延安还带回毛泽东的一个口信。延安

张西洛著《一个老记者的经历》书影

中央大礼堂,赵超构与毛泽东并肩而坐。看戏间隙,毛泽东向赵超构打听两个人,一位是重庆新闻界"三张一赵"之小说大家张恨水,他称张恨水的抗战小说《水浒新传》很适合八路军战士看。另一位就是小张西洛,毛泽东说:"那个小张,是否还在《新民报》?你回去后,一定要代我向他问个好!"

张西洛与中央通讯社刘尊棋、扫荡报社耿坚白,当年是随慰劳团一起进入陕甘宁边区的。同样在延安中央大礼堂,紧靠毛泽东等中共领导人后排长木板凳上坐着的张西洛,热情高涨。他依稀记得,当时慰劳团文艺界代表老舍上台唱了一段京剧《打渔杀家》,他也被起哄的拉拉队推搡着上台,放开歌喉唱了两支陕北民歌,获得了全场热烈的掌声。张西洛对赵超构说:"毛泽东先生居然还记得我。或许是我高唱陕北民歌给他留下了深刻的印象吧!"

延安归来的共同经历,加深了赵超构与张西洛之间的友情。张西洛在《新民报》只呆了两年余,时间不长,但他与《新民报》的情谊,却延绵久远。即使后来他与赵超构天各一方,但他们还是"偶有往来,或书信,或匆匆一晤"。《新民晚报》创刊60周年,张西洛应邀撰写纪念文章《我在〈新民报〉遇到好机运》,字里行间充满对《新民报》的怀念。

在中国新闻界,他们都是赫赫有名的人物,而且都是全国政协委员,联络比较密切。1982年,张西洛调任全国政协筹办《人民政协报》,担任副总编辑,手上掌握着一个近百人的"全国知名人士作者库",有费孝通、史良、赵朴初、雷洁琼、新凤霞、侯宝林、溥杰等，赵超构也名列其中。赵超构是新民晚报社终身社长，同时还兼着上海市政协机关报——联合时报社社长，如何办好政协报，使它们成为独具特色又带几分锋芒的报纸，成了两位老友共同讨论与思考的问题。

作为老一辈新闻工作者，最关注的是我国的新闻改革与舆论监督问题。每次见面，他俩与徐铸成、陆诒等老报人便有聊不完的议题。在1988年3月召开的全国政协七届一次会议上，赵超构当选为全国政协常委，他会同徐铸成、陆诒——新闻界"香山三老"，还有他与张西洛分别作了有关推进新闻改革的联合发言，博得了全场经久不息的掌声。

在《新闻工作必须改革，舆论监督必须加强》的联合发言上，赵超构特地加进了"保护社会主义新闻自由"的内容，并予以"界限"。事后，张西洛在接受采访时，进一步阐述了赵超构的新闻思想，他说，"我们所倡导的新闻自由，与美国新闻界的现状是不尽相同的"，我们所讲的"新闻自由"，是"在党的领导下进行工作的"，"不是'有闻必录'者"。

张西洛喜欢读"林放式杂文"，自称为"热心读者"。早在重庆《新民报》期间，他就喜欢读赵超构以"沙"署名的"今日论语"。他说："他（赵超构）文思敏捷，笔锋犀利，对国民党统治区的诸种反动、落后的丑恶现象，深恶痛绝，极尽嘲骂鞭挞的能事，写出不少脍炙人口的好文章。"到了晚年，赵超构题赠他的《未晚谈》又成了他床头最喜爱的读物之一。他说，赵超构为文、为人，都值得学习。他"生活简朴"，"没有穿过好衣服"，"都是比较旧的的卡中山装，衣袋里插个助听器"。

人间伤离别，最是永诀时。1992年2月，赵超构在上海与世长辞。张西洛与半个世纪前同往延安采访的原中央社记者刘尊棋悲痛欲绝。刘尊棋与赵超构也是至交，他俩还有徐铸成、王芸生，曾被柳亚子戏称为新闻界"四大金刚"。张西洛与刘尊棋从北京联名发唁电，云："超构逝世，闻之愕然；春秋之笔，敢想敢言；未晚宏论，动万人思；呜呼哀哉，老友安息！"

曾彦修致孙式正（二通）
严秀的"最大遗憾"

（一）

孙式正同志：

来信敬悉。首先请代我向构老问好，祝他早日康复。

一、1984年上海出的《世象杂谈》，我处没有。北京当然比上海难找。请你代他寄一本样本到北京来（越快越好），我选用后，即在京复印，保证原件仍寄还你处。

二、五六十年代其余文章如此难觅，可考虑暂不再翻阅。尊重作者意见，本人未选印的不选也可。

三、《未晚谈》，如尚有，盼能寄二本来，以便剪贴。如没有，寄一本来备复印也可。

四、85年以后的复印本甚需要，盼复印好后即赐下。

挂号来件请交北京朝阳内大街人民出版社转较好。

敬礼

曾彦修上
87.9.21

（二）

孙式正同志：

前信谈及构老出一小型"杂文选粹"之事，并请帮助收集资料。顷见红旗林文山同志（牧惠），云，他前已写信与构老，构老云新华出版社即将出一林放杂文选，故湖南再出他的杂文选恐不必了。我不知此事，如北京新华出版社真的已决定出版《林放杂文选》，则湖南再出，恐不妥当，因牵涉版权问题，且互相重复，对读者也不合适。烦请你再问构老一声，如新华出版社确已决定出版《林放杂文选》，那么此事就不必旧事重提，仍照构老过去复林文山信中意见办理为好，即湖南不必再出版选集了。

如何，盼赐复。

敬礼

曾彦修上
87.9.29

孙式正同志：来信敬悉。

首先请代我向杨老问好，祝他早日康复。

一、1984年上海出的《世象杂谈》，我处没有。北京当然比上海难找。请你代他寄一本样本到北京来（越快越好），代选用后，原在京复印，保证原件仍寄还你处。

二、五六十年代杂文章子比较兄，无考虑暂不再翻印。尊重作者意见，本人未选印的不选也了。

三、《未晚谈》，我尚有，防烦寄二本来，以便剪贴。如没有，寄一本来备复印也了。

四、85年以后的杂文本甚需要，盼发印林右即赐下。

挂号来件请交北京朝内大街人民出版社林较好。

敬礼
　　　　　　　　　　曾彦修上
　　　　　　　　　　87.9.21.

孙式正同志：

前信谈及杨老出一"小型杂文选辑"之事，并请帮助收集资料。顷见红旗林文山兄（收束）云，他前已写信告杨老，杨老云许华出版社即将出一《林放杂文选》，故湖南再出他的杂文选恐不必了。我不知道此事，如北京许华出版社真的已决定出版《林放杂文选》，则湖南再出，恐不妥当，因牵涉版权问题，且互相重复，对读者也不合适。烦请你再向杨老一声，如许华出版社确已决定出版《林放杂文选》那么此事就不必旧事重提，仍以杨老过去复林文山兄中意见办理为好，即湖南不必再出选本了。如何，盼赐复。

敬礼
　　　　　　　　　　曾彦修上
　　　　　　　　　　87.9.29.

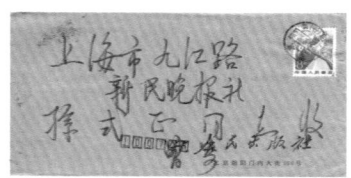

曾彦修致孙式正书信、信封手迹

这两通致孙式正的信,其实是严秀写给赵超构的,孙式正只是代收信件的人。信是在我处理赵超构藏书时发现的,可能是孙式正收到信后转交赵超构。也是被当作书笺而保留的信件。初读时,我的脑海中闪过诸多问题:孙式正是何许人,他为什么要替赵超构收信?严秀与赵超构是什么关系,他们之间又有什么交集与情谊呢?

严秀(1919—2015),原名曾彦修,四川宜宾人。现当代极具影响力的杂文家。赵超构年长九岁,但严秀的资历却比赵超构老,他是住过延安小窑洞的老革命。早在1938年就加入中国共产党,在延安陕北公学、延安马列学院学习,继而担任延安马列学院教员。中华人民共和国成立后,他是《南方日报》首任社长,后来担任人民出版社总编辑、社长。他以"严秀"笔名,扬名于杂文界,著有《严秀杂文选》《审干杂谈》《牵牛花蔓》《天堂往事略》《微觉此生未整人》等。

他是个个性极强的人,凡事"特立独行","努力捍卫人性的尊严,致力于为他人辩冤白谤",人称"罕有好人"。仅举一例:1957年"反右"狂风袭卷时,作为人民出版社的负责人,他迫于上头的压力,但又不想加害于人,便将自己划成右派,成了《人民日报》公开点名批判的第一个"党内大右派"。在《九十自励》诗中,他曾写道:"夜半扪心曾问否,微觉此生未整人。"

严秀与赵超构相识的场景,似乎有点特别。在"文革"那个黑白颠倒的年代,时在上海《辞海》编辑部从事编务的严秀,与赵超构一同被下放到郊区奉贤海边荒滩上的"五七"干校,接受监督劳动。严秀在挑水时,看见一个瘦小的老头也在挑水。只见他身材不高,担子压得他气喘吁吁,腰几乎弯成了一张弓,步履艰难,摇摇晃晃,一担水连桶足有120斤重,他真害怕这个单薄的小老头会被压扁。后来,经人指认,才知道他就是自己仰慕已久的报人赵超构。

干校实行军事化管理,他们虽不在一个连队,但在劳动过程中经常碰面,只是从来不说话,最多就是偶尔远远地瞟一眼或点个头。就在这种"集中营式"的政治背景之下,他们算是相熟了。

说起来,他们还是很有缘分的,后来竟阴差阳错成了同事。1972年,上海《辞海》编辑部在周恩来的指示下恢复工作,严秀被调回原单位,赵超构也落实政策安排到《辞海》资料室帮忙。当时的《辞海》编辑部就像"开口的大锅",在政治上有事或无事的专家、学者,都往这个"大锅里丢",

这里倒成了真正的藏龙卧虎之地。当时流放于此的"海上闻人"（上海新闻界人士），有徐铸成、陈虞孙、尚丁等人，他们"对坐无事"，被集中组织批判一个叫做"从菜篮子看形势"的"修正主义新闻观"。后来他们才知道，这个理论就是赵超构写的一篇杂文的标题。

1983年春夏，已调北京任职的严秀回上海小住。他正着手主编《中国新文学大系·杂文卷》，刚巧《新民晚报》准备出版短文自选集，便将赵超构一年写下的百余篇"未晚谈"杂文，交严秀审阅。这是严秀第一次集中拜读林放的"未晚谈"，他"不看犹可"，一看便使他"欲罢不能"，他说："一个爱党爱国的，热爱社会主义的、赤胆忠心为人民而又敢于直言极谏的，观察锐敏而有时又带点菩萨心肠的正直而可爱的老知识分子就矗立在我面前了。"

为此他连夜赶写了一篇热情洋溢的推介文章，这就是后来刊发在《人民日报》上，在杂文界影响极大的《林放文章老更成》。他称赞林放杂文"没有一篇是消闲消遣之作"，他的"这支笔是在烈火中炼出来的"。他在文章中写道：

经过十年的苦难，有些人说是"看穿了"，一概不管，理由据说是管了没"好处"。我看林放也是"看穿"了：脑袋只有一个，生命只有一条，但是国家民族、人民和党以及社会主义的利益、命运却是永久的。为了真理，为了党和人民的利益，丢掉个人一切也不怕，这不也是一种革命的"看穿"派么？

自此严秀成了"林放迷"，林放写的杂文，他每篇都要找来读，成了林放杂文的主要推崇者。他说："《未晚谈》那块'豆腐干'，可以说是色香味都好，我的本事是不能望其项背的。"（严建平：《宏扬林放，读者同心》）他说，林放杂文有三大"优胜之处"：一是"言之有物"，二是"具备大众性、时事性、思想性、艺术性"，三是"运用文字的技巧，可谓接近化境"。他认为赵超构创造了一种"林放杂文体"，杂文写作"达到炉火纯青的程度"，并"达到了中国报纸上艺术性短文、评论的新高峰"。

有意思的是，他俩的杂文还有着很多的共同之处，如"杂文的题材都很广泛，并具有强烈的现实关怀精神"，"都对封建阴魂和'文革'余毒在现实中的影子非常警惕，并予以坚决批判"，等等。（田广文：《林放、

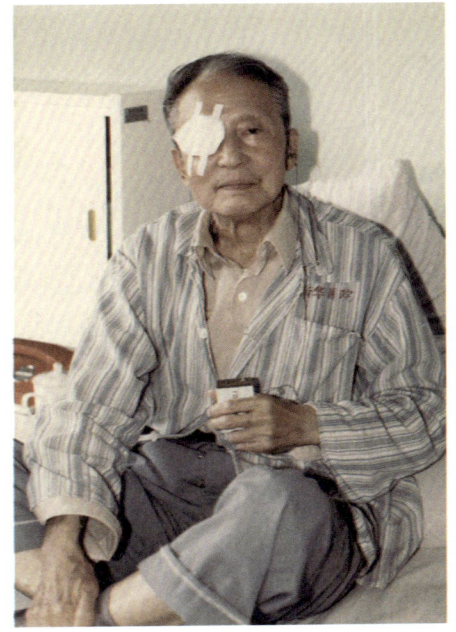

上　曾彦修（中）和蓝英年（左）、朱正（右）在一起

中　昆山合影。左起：束纫秋、朱燕云、李仲源、缪隽、吴崇文、赵超构、梁维栋、孙式正、丁贤才

下　赵超构在上海新华医院住院治疗白内障（1987年）

严秀杂文比较》）两位杂文大家阻隔两地，但杂文使他们惺惺相惜，成为难得的"神交"。

然而有一件事，成了严秀挥之不去的终生憾事。1987年，严秀借编选《中国新文学大系·杂文卷》的机会，准备推出《当代杂文选粹》文丛，交由湖南文艺出版社出版。巴金、邓拓、邵燕祥、黄裳、冯英子、吴祖光等名家均在选题之列，其中也包括《林放杂文选》。

当时新华社新闻研究所和新华出版社推出一套《中国记者丛书》，也准备出版《林放杂文选》。赵超构不想重复出书，两者只能选其一。严秀认为，编辑《当代杂文选粹》少了林放的选本，似乎有点说不过去。当他得知新华出版社那头还未最后定夺时，便竭力争取由他来编选。

事实上另一位主编牧惠已给赵超构通信，并谈过此事。杂文家牧惠（1928—2004），原名林文山、林颂葵，广西出生，祖籍广东。早年战乱时期放弃学业加入抗战队伍，后从基层逐级调中央《红旗》杂志社，著有30余种杂文集和古典文学研究专著。他与赵超构是杂文界的好朋友，互相关注，经常联系。可惜他们之间的通信，没能保留下来。正如严秀在信中所说的，赵超构已经将意思对牧惠说了，只是严秀还不知情而已。

当严秀写信旧事重提时，不巧赵超构正好住进新华医院动手术治疗白内障，不能提笔写字，所以回信都是授意老友孙式正代庖。孙式正是《新民晚报》老报人，长期在报社新闻研究室工作。这两通信，就是严秀写给孙式正谈有关出版《林放杂文选》事宜的。赵超构权衡再三，《林放杂文选》最终还是在新华出版社出版。这件事，成了严秀杂文生涯中"最大的遗憾"。

致丰一吟（二通）
迟到的《源氏物语》

（一）

一吟同志：

　　承赠《源氏物语》三卷，先后都收到了，一并致谢。

　　说起来是我多嘴了。一次和沈毓刚同志谈起子恺先生的事，我无意地说起某年在奉贤萧塘公社参观时，丰先生谈起这部"日本的红楼梦"，说如果出版一定送我一部。我料不到毓刚同志会把我的话传到您那里去的，当然也料不到您竟是那么认真。真的做到"父债子还"的。当然，既然承您厚意送来，我自然是十分高兴的。丰先生还亲手送过我一部夏目漱石的著作，现在还保存着。看到他的亲笔签名，常常使我想起那年我们在乡下闲谈的情景。收到您寄来的书和短信，我忽然又想起这些事情来了。这也是老年人爱翻旧事的通病吧。

　　即此奉复，并祝

笔健

　　　　　　　　　　　　　　　　　　　　　　赵超构
　　　　　　　　　　　　　　　　　　　　　　六（月）廿八日

（还希望您能多为"新晚"写点稿子）

（二）

一吟同志：

　　八十贱辰，承寄丰先生儿童画一册，十分欣喜。这画在我做学生的时候都读过的，留下很深的印象，现在重新披阅，把我的年华推回几十年了。八十变成八岁了，直复我童心数年，真是很好的生日礼物。这几天正和四岁的小外甥一同读这一册儿童画。以前您寄赠的《源氏物语》也都收到了，一并致谢！

　　您说有篇千字文，已由代我拆信的同志转交给"夜光杯"副刊，虽然没有读过，但相信是会发表的。

　　专复，即祝

笔健

　　　　　　　　　　　　　　　　　　　　　　赵超构
　　　　　　　　　　　　　　　　　　　　　　五月廿四日

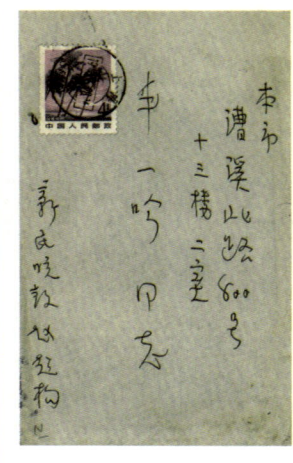

一吟同志、承踏访邵氏姐後三书皆先后都收到了，一并致谢。

後此来知我多嘴了，一次孤明兄之误化为健生先生的事，我无意地说代东芳先生事，贤甫坛记见参观时，丰先生错化东芳的红楼梦，後才来发见一定是我听错，到现则只余全把我的话传到主生生处，他也料不到他娘竟之部么致意。真的惭愧之堪，主先生无怨怒怪我送上逞进来我又债上追恩。丰先生还亲手连过来一册万年册十余首共他的老作。我左边保存着，看到他的就

笔笤名义，常常使我想化郑公子我们在乡下闲谈的情景。收到您寄来的书和短信，别急多一又想化色妙事情来了。念他心之者年年人写翻旧事的通讯罢。

子恺笔健

顺心幸运子
赵超构 '87.11.1

还希望娘嘱代为问候。写上匕纸子

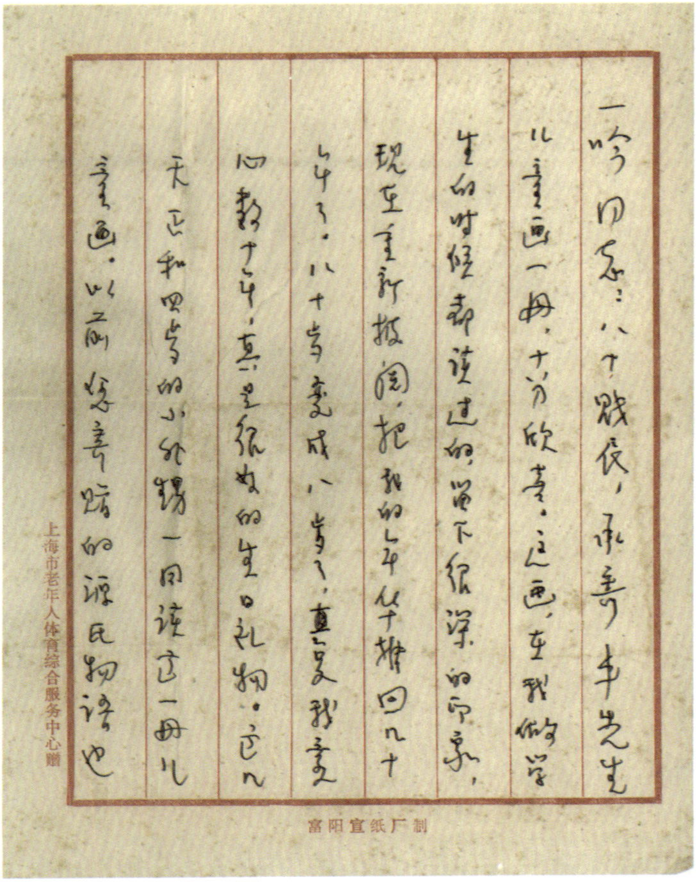

一吟同志：八十贱辰，承寄丰先生儿童画一册，十分欣喜。足见在烈俶学生的时候受过这位留下很深的印象，现在重新披阅翻把我的七十年拉回四十年了。八十岁变成八岁了，真是我童四教十年，真是很好的生日礼物。它令天正和田雪的小外孙一同读这一册儿童画。以而读过的源氏物语也都收到了，一并致谢！你说画画中学生文，已由代我撰信的同志转交给"儿童光报"副刊，至今还没有读过，但相信是会发表的。

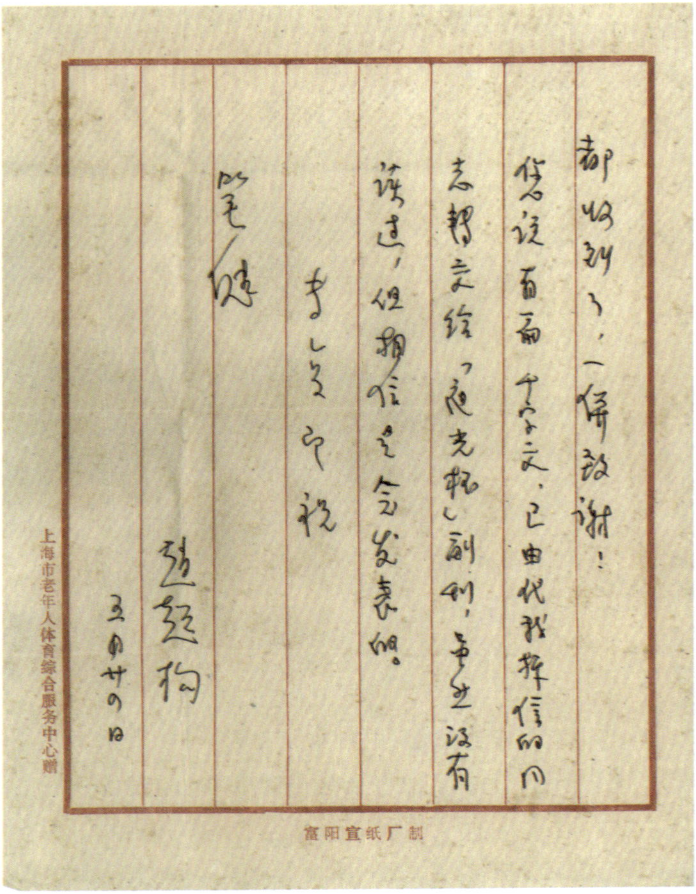

专此，即祝

笔健

赵超构

五月廿九日

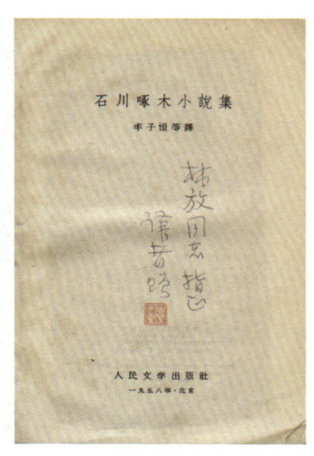

丰子恺题赠赵超构的译作《石川啄木小说集》

这两封信的线索，最先是嘉兴文友夏春锦兄提供的。我给丰子恺先生的外孙杨子耘写信，信寄到上海丰子恺故居被退了回来。我回头再找夏春锦兄，总算找到了子耘先生的联系方式。我将退回的信发到微信上让子耘先生过目，他笑将起来，说丰一吟是他的小阿姨，不是他母亲。他的母亲是丰子恺长女丰陈宝。

我们说这些话时，正是万物葳蕤的长夏七月。此时，子耘先生等几位孙辈正在编选一本丰一吟收藏的名家手札，书还没出来，但他却将赵超构致丰一吟的这两封信先给我了。他说："赵超构与丰家两代人都有交往，他是外公丰子恺的好朋友。这是我们应该做的！"

丰子恺年长赵超构一轮，依照赵超构的说法，属于他"老师一辈的长者"，是他青少年时代的偶像。正如赵超构在信中所说的，"这画（指丰子恺儿童画）在我做学生的时候都读过的，留下很深的印象"。当年，正在温州求学的赵超构积极参加"五卅"反帝爱国运动，如饥似渴地阅读新文化书刊，广泛接触孙中山、鲁迅、陈独秀、瞿秋白、邹韬奋、郭沫若、丰子恺等人的著作。他对丰子恺心仪已久，对他东渡日本，学习西画和音乐的经历，津津乐道，并从他的"美术音乐著作和随笔漫画中吸取着营养和情趣"。

1949 年后，丰子恺先后担任上海市美协主席、上海对外文化协会副会长、上海画院院长等职务。作为新民晚报社社长的赵超构，正着力于社会主义晚报新路子的探索。虽然同为上海文化界的名人，又是浙江老乡，可两人却很少有机会接触。20 世纪 60 年代初，赵超构与丰子恺一同被选为上海市文联副主席,他们有机会坐在同一个主席台上,还经常一起下乡。当时的上海市委积极响应上级号召,组织干部和广大知识分子深入基层,与群众同吃同住。有一次,他们到奉贤县萧塘人民公社考察参观,还被分在同一个小组里,朝夕相处,两人有了较多的接触。闲聊中,丰子恺第一次向赵超构淡起了翻译《源氏物语》的事,还表示将来待正式出版后一定要送一套给他。

《源氏物语》是世界上最早的一部长篇小说,由日本平安时代女作家紫式部创作,被人称为"日本的《红楼梦》"。小说以日本平安王朝全盛时期为背景,描写了主人公源氏的生活经历和爱情故事,全书共五十四回,近百万字。赵超构游学日本期间,曾经接触过这部书,但因当时无中译本,因此并未通读全书。丰子恺一生翻译了许多文学作品,《源氏物语》是他翻译的重要作品之一。杨子耘先生向我提供的吴达写的一篇文章中,详细介绍了丰子恺翻译这本书的情形:

早在1921年丰子恺留学日本时,就想把《源氏物语》译成中文,丰子恺后来回忆:"记得我青年时代,在东京的图书馆里看到古本《源氏物语》。展开来一看,全是古文,不易理解。后来我买了一部与谢野晶子的现代语译本,读了一遍,觉得很像中国的《红楼梦》,人物众多,情节离奇,描写细致,含义丰富,令人不忍释手,读后我便发心学习日本古文。"一部《源氏物语》启发了丰子恺学习日本古文的愿心,可见丰子恺对《源氏物语》喜欢到什么程度。后来到1961年,当接到人民文学出版社邀请他翻译《源氏物语》的任务时,他非常高兴,终于能实现四十年前的愿望了。

就在那段时间,丰子恺在自己的文章或信件中多次提到他翻译《源氏物语》的事,他说自己是老当益壮,年近古稀,还能抖擞精神地担任世界古典巨著《源氏物语》的翻译工作。丰子恺女儿丰一吟回忆说:"从1961年8月开始,爸爸全身心地投入了日本古典巨著、世界最早的长篇小说《源氏物语》的翻译工作……爸爸翻译时以古文本为基础,参照各个现代语译本。为了选择用哪种文字风格来翻译,他考虑良久。最后决定使用现代白话文参照《红楼梦》的风格。"

丰子恺花费四年多时间,终于翻译完成这部宏篇巨著。可事与愿违,丰子恺生前并未看到此书出版,译稿在人民文学出版社的库房束之高阁,

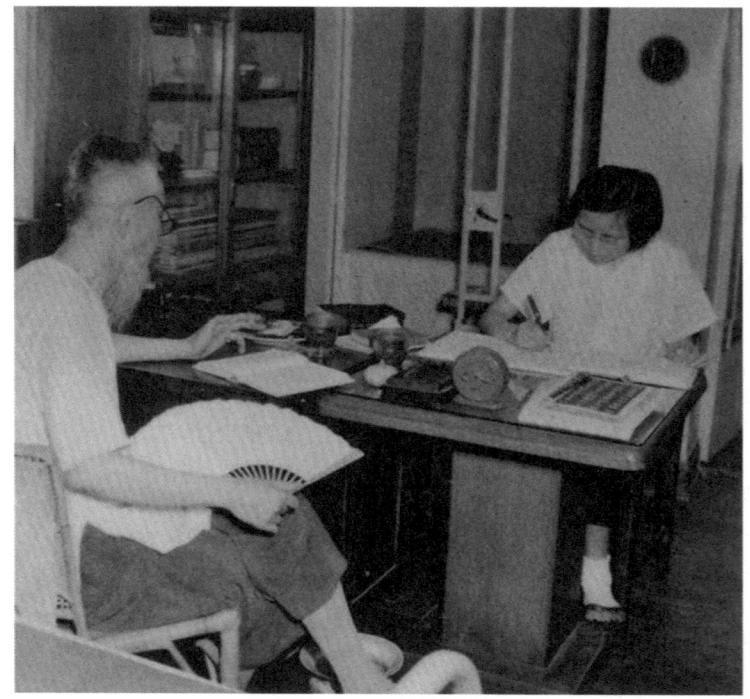

丰子恺、丰一吟父女合译《日月楼》

直到80年代初才陆续正式出版。在那场鬼哭狼嚎的大浩劫中,赵超构与丰子恺都在劫难逃,写检讨、"蹲牛棚"、开批斗会、游街、强制劳动……丰子恺的命运似乎更惨一些,受到了非人的摧残和折磨;蓄了半辈子的胡须被强制剪掉,后背浇上热浆糊……最后,积郁成疾,于1975年不治而逝。

多年以后,赵超构曾写过一篇怀念文章《丰子恺先生一事》,详尽回忆了他与丰子恺陪同周信芳和袁雪芬挨斗的经过。对于丰子恺的为人,赵超构最敬佩他的就是为文处事的"较真"。50年代末,《新民晚报》转载丰子恺发表在《漫画》杂志上的一幅写生画《"亲爱的叔叔、阿姨、大哥哥、大姐姐们:请你们不要随地吐痰,不要乱丢果壳和纸屑!"》,由于编辑的疏忽,没有注明"转载"字样。丰子恺看到后,当即给《漫画》杂志社写信,说明"这是转载,并非自己一稿两投"。赵超构从漫画家王乐天(时任《漫画》杂志编辑)处了解到这件事后,对丰子恺佩服得五体投地。他竖起大拇指,连声夸奖说:"丰老认真得好!认真得好啊!应该公开发表丰老的信,对丰老这种为文处事的'较真'进行褒扬。"(丰一吟:《爸

爸的画》）

丰子恺"较真"的秉性，已然成为一种独特的丰氏家风传承了下来。丰子恺逝世后，赵超构与他的小女儿丰一吟仍保持着联系，延续着他们未了的情缘。信中提到的《新民晚报》副总编沈毓刚与丰一吟有交谊。沈毓刚(1920—1999)，笔名其佩、晓蓝，浙江宁波人。长期从事报刊编辑工作。参加《亦报》创办工作，先后担任编辑主任、副总编辑。他是从《亦报》转入《新民晚报》的老报人。

当丰一吟无意间从沈毓刚处了解到，当年父亲曾经许诺过要送一套《源氏物语》给赵超构时，她可当真了。她认为这是父亲未完成的遗愿；现在父亲不在了，理应由她替父亲完成。她当即将家里留存的一套《源氏物语》三卷全译本打包奉寄赵超构，还附信表达歉意。

赵超构收到后深受感动，在回信中写道："我料不到毓刚同志会把我的话传到您那里去的，当然也料不到您竟是那么认真，真的做到'父债子还'的。"赵超构在信中所说的"父债子还"，当然是一种带有调侃意味的话语，但更多的却是他对丰家父女"较真"的秉性表示由衷的赞叹与欣赏。

这两封信，可以说是赵超构与丰子恺、丰一吟父女两代人交情的见证。第一封写信时间不详，第二封信提到"八十贱辰"，应该写于1990年。这一年赵超构八十寿辰，社会各界纷纷致函祝贺。丰一吟奉上《丰子恺儿童漫画集》（四川少年儿童出版社，1988年1月版）为贺。赵超构称赞是"很好的礼物"，让他回到青春岁月，"八十变成了八岁"。他与年仅四岁的外孙牛牛一同捧读。信中所言"外甥"即外孙，温州人习惯统称外甥。

杨子耘先生提供的信封邮戳不清，据我推断，两通信间隔时间应该不太长，因为赵超构第一次复信曾随带向丰一吟约稿，后一通信即寄来了"千字文"。经我查阅，寄来的"千字文"系散文《听儿歌》。赵超构回信后的第三天，即1990年5月27日，此文刊登于《新民晚报》"夜光杯"副刊。文中谈到其父丰子恺认为《送别》的歌词诸如"知交半零落""今宵别梦寒"等不适宜儿童演唱，便斗胆将老师李叔同的歌词，重新填词改为《游春》，读来颇有意趣。关于丰子恺赠书，赵超构信中说是"一部夏目漱石的著作"。我手头藏有一本丰子恺赠赵超构的藏书，是刘芭姐送我的纪念之物，但书名是《石川啄木小说集》，扉页盖有丰子恺的钤印。夏目漱石与石川啄木都是丰子恺所喜欢的日本作家，而且都翻译过他们的作品。难道当年丰子恺赠书还有另一本夏目漱石的著作，还是赵超构记忆有误？不得而知。

张友鸾致赵超构（一通）
约稿"打炮戏"

构兄：

示悉。八十老翁，写连载小说，实在大可笑人。但报纸复刊，合当献礼；重以属望殷切，鼓励备至：遂不辞谫陋，决定摇笔一试。原拟写《元曲选》本事，前复胡澄清兄，亦曾告以此意。多时以来，反复思量，总觉题材不甚适合作"打炮戏"之用。几经抉择，重新选写"杨妹"绝食故事，拟题《辟谷记》。其事极荒唐，人人都在骗人，而又人人都装做受骗，味在《钦差大臣》笔墨之外。加以渲染点缀，足可一新耳目。但恨衰朽，笔力不健耳。顷已函托陈理源老弟为搜集当时新闻资料，俟寄来后，即当动手。比年以来，文思不属，平均日仅能写三两百字。今当努力赶作；是否能如心愿，则有待于"上帝保佑"了。

小姑娘患肝炎，闻之颇为系念！此病不可小视！有条件住医院，还是多住几时的好，四个月不算长，"既来之，则安之"，有什么办法哩！

弟闲常自思，生平遇事多乖，每遭口祸，并非说的没道理，只是不合时宜。古人"时而后言"，而今方解，但已经迟了。因此，遂自命名"贝时璋"。府上三人皆病，兄独巍然无恙，敢奉尊号"翁独健"，亦以为当乎？——许久未作雅谑，今乃故态复萌，原形毕露，应该检讨，期诸异日吧。一笑。

顷从陈铭公处得悉，大驾将于七月来京。不识已确定否？二毛上月出差四川，罗大哥馈我五粮液一瓶，不忍独享，留待公来开樽共饮。

敬祝

合家健康！

弟鸾上
一九八一年五月三十一日

赵超构与张友鸾　（1989年）

上　上世纪 50 年代初,赵超构(右)与张恨水(左一)、张友鸾(中)在一起
下　张友鸾夫妇合影　(赵超构摄)

1981年春末夏初,《新民晚报》正在紧锣密鼓筹备复刊。赵超构向好友张友鸾约写连载小说作"打炮戏"。何谓"打炮戏"?"打炮戏"就是演员到一个新的地方演出,前两三天演出的剧目。此处借指带头刊发的连载小说。这封信就是张友鸾接到约稿信后的回函。"三张"(张恨水、张慧剑、张友鸾)中,赵超构与张友鸾的感情最笃,他们长期保持通信联系。只是他们的通信,几乎没有保存下来。这封信是从顾仲安钢笔行书的一本字帖上无意间发现的。

张友鸾(1904 — 1990),字悠然,别号惨庐主人,笔名悠悠、牛布衣、草厂等。安徽安庆人,著名报人。北平平民大学新闻系毕业,曾与平大校园的左笑鸿、吴隼(秋尘)齐名,人称"平大三鸟"。先后担任北平《国民晚报》社长、《南京早报》社长,北平《世界日报》、南京《民生报》《新民报》、上海《立报》总编辑,创办过《南京早报》《南京人报》。著有《金陵粉墨图》《不怕鬼的故事》《救风尘》等多部。

抗战时期,"三张一赵"辗转来到大后方重庆,聚会于《新民报》麾下。四大主笔,纵横驰骋于抗战陪都之报坛,他们既是携手合作的伙伴,又是情深谊长的战友和患难与共的兄弟,一同上班,一同办报,一同玩乐,可谓朝夕相处,形影不离。重庆的战时生活极度艰苦,因遭敌机大轰炸,新民报社人员被迫迁居至市郊。张恨水与张友鸾拖家带口,租住在乡下简陋不堪的茅屋里,在风雨中摇摇欲坠。

张友鸾住的茅屋被张慧剑、赵超构等知好戏称为"惨庐""未完堂",后者寓意有二:一是此屋破简歪斜,似尚未完工;二是张夫人已生了六个孩子,还老挺着个大肚子,有生不完之意。茅屋虽破,但一家人住在一起,其乐融融。孤身在外的赵超构与单身的张慧剑,有事没事的,总喜欢往两位大哥家里跑,串个门聊个天,有时还要蹭饭借宿,尽情享受着友情带来的那份家的温暖。

"乌发结知己,真情至白头"。抗战结束以后,"三张一赵"先后离开山城重庆,自此他们天各一方,离多聚少,但不管他们身在何处,经历过何种磨难,结缘多年的报人情谊却始终维系着,一直延续到他们的晚年。"三张"中,最先离开《新民报》的是张友鸾,他先是到南京主办以他个人名义复刊的《南京人报》,后又转行调往北京,在人民文学出版社任职,专门从事古典文学研究。张恨水在《新民报》北京社任职,后因故辞去所有职务,加之他忽患脑溢血而瘫痪在床,彻底退出新闻界。

赵超构、张慧剑等老友到了北京，总要与张友鸾相约，前往看望病中的"老大哥"张恨水。1952年春，赵超构到北京与张友鸾夫妇相约，硬是拉着病中的张恨水上北海公园游玩。此时的张恨水行动还不太方便，口齿也不清，但已基本康复。他们一路兴高采烈，谈笑风生，心情特别舒畅。

张友鸾是个办报全才，对他改行离开新闻界，赵超构一直耿耿于怀。1956年，"三张"中唯一留在他身边的张慧剑，又因故离他而去，调回南京任江苏省文联副主席，这使赵超构倍感孤寂与失落。张友鸾连续在《新民报》发表《十五贯》《杏花庄》《救风尘》等中篇说部，在读者中产生广泛影响。他便产生了邀请张友鸾重回《新民报》的想法。其实张友鸾一直"报心不死"，加之肃反运动中在人文社挨整，使他心灰意冷。赵超构一经提出，他即满口答应，可惜后来因"反右"运动开始，此事也便搁置了。

张友鸾被打成"右派"时，赵超构还是全国人民代表，他照例到北京开会，照例上张友鸾家串门。过去张友鸾习惯上馆子招待客人，自打成"右派"后工资降级，改在家擀面条吃炸酱面了。两位老友相对而坐，默然无语，手里捧着刚出锅的热气腾腾的炸酱面，用筷子捣鼓着香喷喷的佐料，哧溜溜吃得津津有味。赵超构的到来，使身处逆境的张友鸾感受到莫大的安慰。

张恨水与张慧剑去世后，赵超构跌入了无尽的孤独与思念之中。据张友鸾的女儿张钰撰文回忆，还在"文革"劫难中，赵超构的情形稍有好转，就急切地与住在南京的张友鸾联系上，"此后两人书信往还，未曾间断"。"信中他们共同怀念逝去的老友，谈彼此的思念，更多的仍是谈文学，谈写作，或兴之所至的雅谑"。1978年《解放日报》同日刊出赵超构的杂文和张友鸾的古寓言今译，赵超构在信中称这是"老友重逢"。

张友鸾在这封信中所提的"府上三人皆病"，乃晚年赵超构最大的心病：长子东戡小时眼疾几乎失明，后又肝硬化；夫人刘化丁脑溢血后遗症，长期瘫痪卧床；小女刘芭也得了迁延性肝炎，需定期住院治疗。其实，赵超构还有所保留，另外搬出去自立门户的次子东戬也罹肝病。家庭中出现这种不幸，赵超构从来不与外人道，但他还是忍不住与老友张友鸾倾吐。

张友鸾生性诙谐，在这种情境之下，仍不忘"雅谑"，正如他信中所说的"故态复萌，原形毕露"：谈到自己"遇事多乖，每遭口祸"，遂自命为"贝时璋"。贝时璋是中国生物物理学的奠基人。此处借谐音"背时张"，喻指自己背时之意。谈到赵府"三人皆病"，唯有赵超构"巍然无恙"，便奉尊号"翁独健"。

1980年,赵超构在北京为张友鸾摄影并题诗

赵超构约稿"打炮戏",张友鸾不顾年老体衰,"决定摇笔一试"。先是打算写"《元曲选》本事",后又改为"味在《钦差大臣》笔墨之外"的《辟谷记》,最后拟定为《清风楼》。信中提到两位新民老报人:一是胡澄清,笔名青山,原是民国《亦报》编辑,1953年公私合营后加入《新民报》晚刊,任副刊编辑。著有《小刀会英雄传》。二是陈理源,曾经担任过重庆《新民报》总编辑。因言必称"苏俄",同仁戏称之为"理源洛夫"("洛夫"是苏俄式的后缀)。撰有《重庆〈新民报〉史话》《南京〈新民报〉"永久停刊"始末》等。他俩为"三张一赵"朋侪,张友鸾撰写"打炮戏",自然少不了他们帮衬。

信末提及的几人,分述如下:"陈铭公",即《新民报》创始人陈铭德。铭公有用人之心,也有容人之量,被时人称誉为"刘备再世"。"罗大哥",即罗承烈(1899—1989),重庆涪陵人,新民老报人。1928年在重庆创办《新社会日报》,任社长兼总编辑。后来成了陈铭德麾下之大将,任重庆《新民报》总主笔。1949年后退出新闻界,历任四川省教育厅副厅长、政协副主席等职务。"二毛"系张友鸾儿子之小名。张友鸾在信中说:"罗大哥馈我五粮液一瓶,不忍独享,留待公(赵超构)来开樽共饮。"

为复刊后的《新民晚报》,张友鸾写下了一生最后一部连载小说《清风楼》。毕竟年岁不饶人，完稿后他生了一场病，视力锐减，从此再也不能提笔写文章。第二年秋天，赵超构以新民晚报社的名义，邀请张友鸾夫妇到上海访问。旧雨新知相见，喜不自胜，两位年迈的老友互相搀扶着，参观了新民晚报社。张友鸾步履轻盈，似乎又回到了"三张一赵"那个难忘的岁月……

在张友鸾生命的最后几年里，因连续患脑血栓中风，已口不能语。赵超构到南京与他见面，只能是用手势、眼神交流。赵超构本来就是个聋子，张友鸾夫人开玩笑说："你们俩真是天生的一对，一个是天聋，一个是地哑。"赵超构笑笑说："没关系，反正他说不清楚，我也听不清楚，只要能常见面就好。"（张钰《忆超构伯伯》）

1989年《新民晚报》创刊60周年，赵超构再次专程前往南京看望他。在病榻前，久病的张友鸾竟奇迹般地硬撑着下了地，紧紧握住对方的手，深情地凝视着，两人都动了感情流了热泪。这是他俩最后的诀别，没有任何言语表达，就那样静默相对……

致魏绍昌（一通）
瑞犬闹春

绍昌同志：

承您来访，失迎为歉。《红楼梦日记》印刷精美，资料丰富，自当作为珍品保存，以留纪念。我现在是个衰朽老人，记忆力几等于零，又有白内障，见面时可能不认识了。但是您的大名我是熟悉的。可能是过去读过您的什么文章留下的印象。旦宅画师是我的同乡，我早知道，倾慕已久，只是没有见过面，承他惠赠生肖画，甚感荣幸，先此致谢，并请转达为感。

专复，即颂

撰安

赵超构

十二月十九日

1990年5月，赵超构八十大寿。白居易《思旧》曰："已开第七秩，饱食仍安眠。"十年为一秩。人生能活到"八秩"，实属不易。"五福"以寿为先，有人想给他做寿，但都被他婉言谢绝了。

上海文史学家魏绍昌是一个特别有心的人。他背着赵超构办了一个"犬寿"，却让对方默默接受，且特别为之感动。事后，魏绍昌在《魏公好犬》一书有专文述之，并多处提及此好事；作家程乃珊专此写了散文《生命之树常绿》，一时传为文化界之美谈。

魏绍昌（1922—2000），浙江上虞人。1943年毕业于上海光华文学院历史系。1944年参加革命工作，历任上海市作家协会资料室负责人、研究馆员；全国红楼梦学会理事、中华文学史料学会理事。在《红楼梦》研究、近现代戏曲研究、清末谴责小说以及鸳鸯蝴蝶派研究等方面作出贡献。魏绍昌有"上海一宝"之美誉，嗜书成癖，交游广人缘好。因生肖属狗而爱

上　赠林放八秩大庆牧羊犬图　（刘旦宅作）
下　赠《新民晚报》钟馗图　（刘旦宅作）

1991年1月,为祝贺新闻界元老赵超构八十寿辰,先后七代属狗的文化人来到赵超构寓所举行"狗会"。前排左起:丁锡满、赵超构、魏绍昌;后排左起:张芝华、程乃珊、方晶。前面的小朋友为"小狗"吴嘉容

上　赵超构和魏绍昌（左）、丁锡满（中）在一起

下　在八十寿宴上，赵超构（左二）举杯即席讲话。左一束纫秋，
　　右二丁法章，右一曹仲英

狗成痴，尤对属狗者特别有感情，时有"狗事活动"之类的风雅趣事见诸报端。有次他听说上海郊区有位农妇生了三胞胎女婴，魏绍昌掐指一算是三只小狗，便兴冲冲硬是步行一个多小时来到奉贤乡下，将三胞胎搂在怀里拍照，冠其名曰"四犬图"。

1990年，他别出心裁凑成上海电影名编导（张骏祥、陈鲤庭、汤晓丹、徐苏灵）、名画家（谢稚柳、唐云、张乐平、吴青霞），当年属狗八十正寿的两组八位文化界知名人士，并为他们设宴祝寿。著名画家刘旦宅特地送了一本《沪上八犬图》的画册给魏绍昌，以示赞赏。

刘旦宅（1931—2011），原名浑，又名小粟，后改名旦宅，别名海云生，浙江温州人。历任上海人民美术出版社专业画家，长期从事人物画、连环画及插图创作，后为上海中国画院画师，上海师范大学美术系主任、教授。作品多次入选国内外大型美术作品展览，并被美术馆、博物馆、艺术馆收藏。

看着《沪上八犬图》"八条精力饱满，神态非凡的狗"，魏绍昌不禁想起另外两条"狗"：八十正寿的庚戌老人——赵超构与曹禺。魏少他们一轮，是两位"老狗"的后辈，视他们为良师益友。他与曹禺认识于上海解放前夕，并"有过一段难忘的亲密日子"。曹禺与上海特别有缘，他的《雷雨》《日出》等名剧都是在上海初版或首演，第二任夫人李玉茹是上海京剧院的名旦，也算是正儿八经的上海姑爷。

魏绍昌与赵超构相识于抗战后。当时，他读了《延安一月》，对作者十分崇拜，整天想着能与作者见上一面。不想后来在陈碧岑（女画家郁风母亲）女士家，竟与赵超构不期而遇，而且一见如故。中华人民共和国成立后，他们虽同在上海工作，却很少见面。"文革"后，劫后余生的赵超构在上海辞书出版社做事，魏在《上海文艺》编辑部上班，他们是同属出版系统的同事。有次到绍兴路听报告，魏绍昌与巴金挨在一起坐，赵超构见到巴金过来打招呼，他仨便凑在一起攀谈起来……

魏绍昌与赵超构似乎特别有缘。1980年，他到华山医院探望患病的老报人唐大郎，恰好赵超构也在病房，他们再一次不期而遇。他与赵超构虽然接触不多，但"就是这么几次的匆匆一面"，却给他"留下了难忘的印象"。

魏绍昌对刘旦宅说："你若愿为曹、赵两老各画一幅生肖图致贺，那就比赠我画册的意义大得多了。"曹禺和赵超构都是刘旦宅心仪的前辈，后者还是他的温州老乡。刘旦宅一听，二话没说，就满口答应了。

十多天后，魏绍昌在刘旦宅的画室，看到了画好的两幅牧羊犬。刘旦宅解释说:"两老的生肖属狗,但狗的品种极多。猎犬警犬虽然强健勇敢,但过于剽悍凶狠;外形美观可亲可爱的狗为数不少,但大多局限于玩赏价值,都不合两老才资出众、德高望重的身份。想来想去,还是画聪敏、勤劳、全心全意为人民服务的牧羊犬为好,而且作画之明春岁次辛未(羊年),含有庆祝两老新岁老当益壮、健康长寿之意。"(魏绍昌:《文心雕犬》)

为将牧羊犬图隆重地送到赵超构手中,魏绍昌曾先后两次登门。第一次他独自一人上门,不巧赵超构没在家,便留下了一本他主编的《红楼梦日记》(河南教育出版社,1987年12月版)。赵超构看到书内有刘旦宅绘的十二金钗彩色绣像和程十发题词,收集的资料也比较丰富,因此爱不释手,便给魏绍昌写了这封表达谢意的信。

收到赵超构的信,魏绍昌又有了新的想法,他要找齐自赵超构以下的一套六轮的肖狗系列一同前去拜寿。经他物色,最后敲定的人选为他本人魏绍昌(1922年壬戌)、解放日报总编辑丁锡满(1934年甲戌)、女作家程乃珊(1946年丙戌)、上影女演员张芝华(1958年戊戌)、上京女演员方晶(1970年庚戌)、当年年仅八岁的小学生吴嘉容(1982年壬戌)。

为寻找与约齐另外五人与他一起去送画,魏绍昌可谓煞费心机。张芝华是听人说她"新房中摆设的装饰品有狗的模型",他"就此追问下去"找来的,吴嘉容是他特地跑到厦门路小学百里挑一选出来的;"其中有几位是大忙人,经常有事或外出,所以一约再约,一拖再拖"。(魏绍昌:《文心雕犬》)

魏绍昌约了"一群狗"一同前往祝贺,赵超构是没有想到的。正式上门送画的那天,当可亲可爱的"大狗""小狗"们敲开赵宅那扇贴着春联的门,簇拥着老寿星庆贺他八十大寿时,赵超构激动得连连拱手,忙不迭地说:"多谢!多谢!"

魏绍昌一一向赵超构介绍"狗弟""狗妹",最后打开了刘旦宅画的《赠林放八十大庆牧羊犬图》,一只作伏状、以逸待劳的牧羊犬和几朵喜气洋洋的梅花,缓缓展现在众"狗"面前,顿时满屋洋溢着一派瑞犬闹春的勃勃生机……

致巴金（片断）
提倡"说真话"

巴老：

　　……对于自己过去信以为真的假话，我是不愿认账的，我劝你也不必为此折磨自己。至于有些违心之论，自己写时也很难过……我在回想，只怪自己当时没有勇气，应当自劾。……今后谁能保证自己不再写这类文章呢？……我却不敢开支票。

赵超构

　　这封信写于1980年前后，又是赵超构留下的一通不完全的信函，只言片语，它来自巴金《随想录》之名篇《三论说真话》的字里行间。当岁月流逝，所有的东西都消失殆尽时，唯有文字永存。现在恐怕已经没人能够知道这封信的全部内容，但在巴金这篇脍炙人口的名篇中，却为我们保留下这封信最精华的内容……

　　巴金（1904—2005），原名李尧棠，字芾甘，出生于四川成都。他用十年时间写就激流三部曲——《家》《春》《秋》，奠定了他在中国文学史上的地位。他晚年撰写的《随想录》，充满着作者的忏悔和自省，被誉为"20世纪中国文学的良心"。赵超构与巴金订交较早，40年代抗战时期，就相识于山城重庆。他俩脾气相近，为人至诚，都不太善于言辞，因此一见如故，相见恨晚。当年他们一起上街吃饭，还有同去喝茶，摆"龙门阵"。

　　1956年，赵超构应《解放日报》副刊"朝花"栏目约稿，用笔名"文木"发表了一篇杂文《"有啥排啥"》，将"里弄里的闲话"搬上报纸。巴金读了深有感触，用"余一"的笔名在"朝花"上发表《论"有啥吃啥"》，予以应和。他在文章开头写道："文木同志的《'有啥排啥'》说出了一部分人心里的话。倘使他的文章能够促成买菜排队紧张情况改善，那么受益的不知道有多少主妇，多少保姆，甚至多少孩子了。"

由于这两篇文章，直捣计划经济的痛处，立即引发百家争鸣，唐弢、严独鹤等老作家紧跟着出手，争论持续达数月之久，轰动上海，波及全国……

"大鸣大放"中，赵超构与巴金都说了过头话。1957年"反右"前夕，他们熟知的许多人在报上被公开点名，一些经常到家聚谈的朋友疏远了，到处是一派"山雨欲来风满楼"的景象。就在这个关节眼上，他们被通知到北京开人代会。他们住在同一个宾馆，两人的房间斜对着门。到了北京，发现局势急剧逆转，且愈演愈烈。

在巴金的印象中，赵超构"总是有说有笑、无话不谈"，"平日爱喝点白酒，见到熟人总是谈笑风生"，但"那几天他脸上不见笑容"，巴金很替他担心，却又不便问他什么。徐开垒著的《巴金传》这样描述他们当时的心境："他们两人心中都好像有十五个吊桶在七上八下动荡；互相看看各人的脸，只是心照不宣，暗暗互祝平安。"

人代会四川小组，当时已有章乃器、潘大逵等人被揪出来，成为"反右"运动攻击的靶子。赵超构与巴金因此整天胆战心惊，坐卧不安，生怕随时被揪。巴金在小组会上装聋作哑，一语不发，赵超构则在会上作自我检讨，想蒙混过关。当时的情形，赵超构的"处境似乎更差一些"，但最终都平稳度过了难关。

巴金后来在《我的杂文家朋友》（收入《随想录》后，改名为《紧箍咒》）中说："过两天我就听见了他（赵超构）的笑声。原来他得到暗示写了一篇自我检讨的文章，连夜打长途电话到上海，在晚报上发表了。检讨得到谅解，态度受到表扬，他也就放了心：过了关了。"

他们庆幸躲过一劫，两人谈起"反右"虽心有余悸，但都"流露出感激之情"。在之后的政治运动中，他们积极响应执政党的号召，自觉接受血与火的洗礼。1964年前后，他们会同金仲华、魏金枝、罗稷南、陈鲤庭等各界知识分子，多次到奉贤、松江、青浦等县蹲点，接受当时的主流意识形态教育，努力改造自己。（陈丹晨：《巴金全传》）

然而，更严峻的考验正在等待着他们。1966年，在"文革"的旋涡中，赵超构与巴金终于不能幸免，他们被打倒了。恰似秋风扫落叶，一下子，他们就从知名民主人士变成"牛鬼蛇神"，抄家，失去人身自由，"喷气式"游斗……一个被插上"资产阶级反动学术权威""漏网大右派"的黑旗；一个被扣上"黑老K""无产阶级专政的死敌"的帽子，双双被打入冷宫。

巴金阅读《新民晚报》

从此,他们失去了联系,即使在同一个城市,也无法知道对方真实的情况。巴金后来回忆说:"在这一段时期,我跟所有的朋友断绝了关系,只有从各地来'外调'的造反派的凶恶的审讯中猜到一点情况,我不得不把朋友们忘得干干净净,我真正被孤立起来了。即使在大街上遇见熟人,谁也不敢跟我打招呼。"

1975年,已到了"文革"的后期,赵超构终于被"解放"。赵超构的处境显然要好得多,巴金还戴着一顶无形的帽子,即所谓"敌我矛盾做人民内部矛盾处理"。他们被安排到出版系统,偶或参加政治学习,或开大会听报告,终于又有了见面的机会。

这是漫漫十年长夜,他们之间唯一的一次见面交谈。对此,巴金在《我的杂文家朋友》一文中,有详细的叙述:

有一天我去开会,他(赵超构)在会场里看见我,过来打个招呼,要我散会后同他一道出去。我们,还有一位朋友,三个人步行到红房子,吃了一顿饭。我们交谈起来,还是很亲切,只是不常发出笑声。我当然忘记不了头上那顶无形帽,他呢,虽然当了第四届全国人大的代表,但过去的"紧箍咒"不会轻易地放过他。不过在这种时候主动地请我在饭馆里吃饭,也需要大的勇气。他的脾气没有大改变,只是收敛了些。在他身上我找到了旧日的友情。经过两次大火还不曾给烧成灰烬的友情。即使在那样的环境里,我们也还提起两个我们共同的好友的名字,金仲华和陈同生,都是在"文

1957年7月，毛泽东宽恕《新民报》后，赵超构从北京返回上海，正副总编辑束纫秋（右一）、程大千（右二）到北火车站迎接

革"初期死去的，一个上吊自杀，另一个据说死在煤气灶上。他们为什么死去，我至今还不明白，可是我们一直怀念他们。

1976年粉碎"四人帮"后，赵超构与巴金两位年逾古稀的老人，劫后余生，又重新回到了公众的视野。他们一起出席全国人大、参加各种大小会议，重新拿起了手中的笔。

巴金在香港《大公报》上开辟"随想录"专栏，以罕见的勇气，对"文革"作出个人的反省。不承想，连载不到十几篇，社会上就传来了各种"叽叽喳喳"的声音，甚至恶意围攻，"仿佛有一个大网迎头撒下"。赵超构适时伸出援手，连续发表《读〈说假话者戒〉》《假话是怎样流行无阻的》等文章，大声疾呼要"提倡说真话，保护说真话的人"；他不无讥讽地规劝那些"爱听假话，保护假话"的长官领导，到安徒生的童话——《皇帝的新衣》里去"照照自己的尊容吧"。

巴金曾坦言，提倡说真话的，不是他一个人，还有赵超构。赵超构也是说真话的积极倡导者。（林伟平：《巴金与〈新民晚报〉》）

1980年9月，赵超构拖着瘦弱的病体，为《新民晚报》的复刊奔走呼号。有一天，他遇见巴金，多日不见的他们便攀谈起来。巴金关切地问起复刊的事，赵超构摊摊手说："还没有弄到房子。"又说："到时候会要你写篇文章。"

巴金说："我年纪大了，脑子不管用，写不出应景文章。"赵超构说："我不出题目，你只要说真话就行。"巴金当时"不曾答应下来"，但"也没有拒绝"。赵超构说的"只要说真话就行"，却引起了巴金深深的思考，以致夜不能寐：难道说真话就那么困难吗？

后来，巴金在《说真话》（随想录四十九）的开头写了这件事。赵超构的话，触动了他对说真话的反思。他一连写了五论说真话，以及《写真话》《卖真货》等文章。此后的八年间，巴金共写了150篇"随想录"，说真话成为"随想录"的主题词。结集出版时，题名《真话集》；总结集出版时题名《说真话的书》。

"说真话并不容易，不说假话更加困难"，巴金在写作中，常常陷入莫名的煎熬与烦恼之中。赵超构便写信安慰他："对于自己过去信以为真的假话，我是不愿认账的，我劝你也不必为此折磨自己。至于有些违心之论，自己写时也很难过……我在回想，只怪自己当时没有勇气，应当自劾。……今后谁能保证自己不再写这类文章呢？……我却不敢开支票。"

巴金在《三论说真话》中写道："我没有得到同意就引用他（赵超构）信里的话，应当请求原谅。但是我要说像他那样坦率地解剖自己很值得我学习。我也一样，'当时没有勇气'，是不是今后就会有勇气呢？他坦白地说：'不敢开支票'。难道我就开得出支票吗？难道说了这样的老实话，就可以不折磨自己吗？我办不到，我想他也办不到。"巴金想到了谌容小说中"右派"人物吴天湘的座右铭："愿听逆耳之言，不作违心之论"，他扪心自问：难道我就开得出支票？他想与老友赵超构打个赌。

曾经有一个时期，他们因为忙于应酬，彼此很少见面。巴金说："我总觉得把时间耗费在主席台太可惜了，我很想找他谈谈，劝他多写文章，劝他多讲心里的话。"赵超构在杂文《名人的烦恼》中，也为巴金叫屈。他说："来自四面八方的干扰，使得他听见门铃声就胆战心惊，扼杀了他刚要动笔的作品。"因此到了后期，赵超构很少上门拜访，他不忍打扰老友。

他们似乎"渐渐地疏远了"，但心有灵犀，两颗火热的心却愈发靠近。

"十年浩劫"是他们的切肤之痛，留下了难以平复的精神创伤。1982

年，赵超构发表《江东子弟今犹在》，提醒大家不要让"四人帮"余党漏网，居然有人打电话恐吓他："当心点，斗死你。"事后，巴金遇见他，主动向他谈起这件事，赵超构一笑了之。在林放杂文中，有关反思"文革"的作品，占了一定的比例，如《伽利略心有余悸》《浩劫遗风》《"整"得还不够吗？》《临表涕泣》等。

1984年底，赵超构读了巴金反映"文革"的《我的噩梦》以后，又写了《"文革"还在揪人》，予以呼应。有朋友将文章寄给巴金，巴金在《我的杂文家朋友》中这样写道："我读他的文章，他引用我的辞句，我们之间有一个共同的东西，那就是十年'文革'的积累——人吃人的噩梦。我们两人都感觉到'文革'还在揪人，这绝不是开玩笑。"

赵超构"不出题目"的约稿，巴金最终还是兑现了。1986年的夏天，巴金特地给《新民晚报》副刊"夜光杯"，捎来了《"文革"博物馆》《二十年前》等两篇说真话的文章，阐述了他建立"文革"博物馆的愿望。在《思无邪》中，赵超构这样称赞巴金的作品与为人，"读他的作品，看到他这样纯真得使你不忍欺骗他，你感染到的是一种'思无邪'的精神境界"，"他在新旧中国笔耕数十寒暑的命运和作品，跟我们的祖国和人民是'肝胆相照，荣辱与共'的。他遭受过的苦难与屈辱，不是他个人的，也是我们大家的"。

赵超构与巴金的友情长达半个世纪之久，经受"两次大火"涅槃，研究"林放式杂文"多年的赵贯东（晁鸥）教授，曾经对此有过精辟的论述，他说，他们虽不像"李白与杜甫、鲁迅与瞿秋白那样光彩夺目，流光四溢"，但他们之间"也自有一番真挚与纯净，自有为世人深思与启迪的东西"。最后，他们"文思发乎一情，结于一处，用尽生命力迸发出三个字：说真话！"

裘柱常致赵超构（一通）
寻找殷梦萍

超老：

　　多日不见，殊深思念，近惟起居迪吉为颂。顷读北京老友楼适夷同志来信，并附有殷梦萍同志一信，问我是否认识殷同志。据谓殷同志一向在文艺新闻战线工作，弟亦不识此人，惟曾闻前新民晚报，似有一殷姓记者，不知即为此君否？如老兄知有此人，即将其大略情况，见告一二！

　　专此函恳，即请

文安

　　　　　　　　　　　　　　　　　　　　　　　　弟裘柱常再拜
　　　　　　　　　　　　　　　　　　　　　　　　九月八日

　　孔夫子旧书网上，曾出现过一通裘柱常写给赵超构的毛笔信札。信是写在一张老式32开竖行专用红线信纸上的，字迹英气峻骨，瘦硬遒劲，左下角还有一方殷红的图章，信封上留有收信人及经办人的墨迹。不失为一件难得的比较完整的私人信函往来收藏极品。

　　裘柱常（1906—1990），笔名裘重，浙江余姚人。中学时代就酷爱文学，著有诗集《鲛人》，译著《海狼》《毒日头》《金融家》等，是一位集创作、翻译、收藏于一身的作家。他与赵超构都是中国民主同盟成员，又同在新闻出版系统供职，因而经常有来往。

　　裘柱常与翻译家楼适夷有同乡之谊，志同道合，交情甚笃，经常鸿雁传书。楼适夷（1905—2001），原名楼锡春，浙江余姚人。早年参加太阳社，曾留学日本。历任人民文学出版社副社长、副总编辑等职务。早年裘柱常曾应楼适夷、王任叔之邀，主编过《大陆》月刊，抗战后期楼适夷因中共地下党身份，而在裘柱常、顾飞家避居。

　　从此函可以看出，是楼适夷写信打听一个叫殷梦萍的人，可裘柱常"不

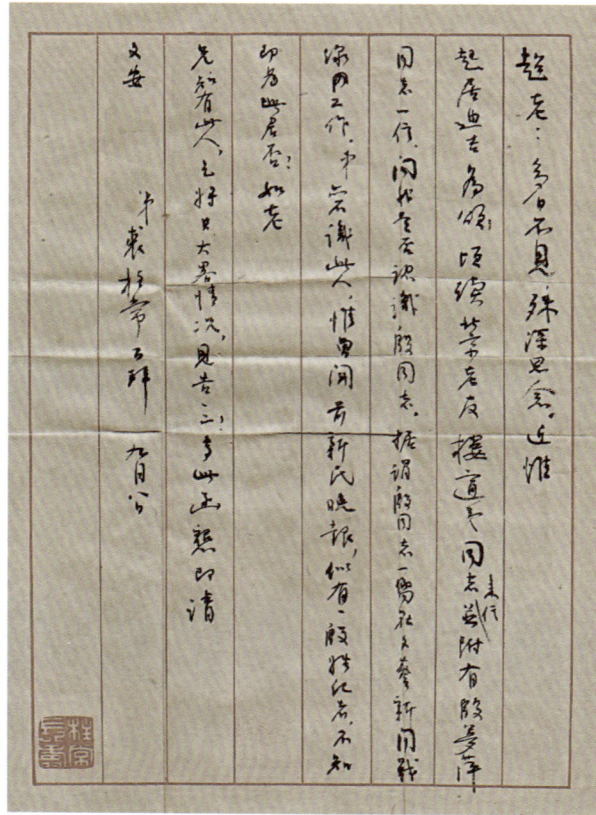
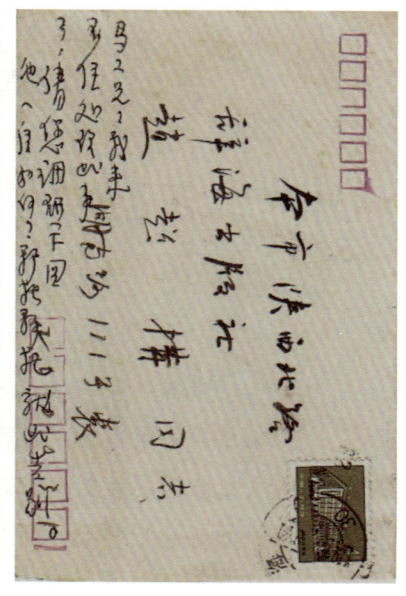
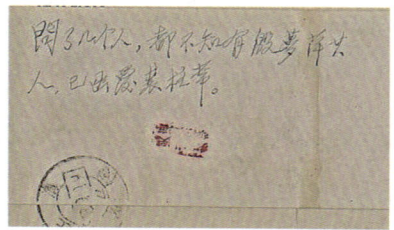

左　　裘柱常致赵超构书信手迹
右上　赵超构给马二兄留下的批注
右下　冯英子在信封背面留言

识此人","曾闻前新民晚报,似有一殷姓记者",便写信求助于赵超构了。

　　信函落款仅有日月未注年份,邮戳无从辨认,从收件人单位"本市陕西北路辞海出版社"来推测,应该是20世纪70年代末或80年代初。因为刚"解放"不久的赵超构,当时就任上海辞书出版社副社长。赵超构收到信函后,却不曾记得《新民报》有过殷梦萍此人,可能是外出开会或公差吧,匆促中在信封上写了一段话:"马二兄:我来不住(及)处理此事了,请您调研一下,回他一信如何?拜托拜托,就此告别。"便又将此事托付给"马二兄"了。

此"马二兄"又是谁呢?读过《儒林外史》的人都知道,书中有个"马二先生",科场屡试不举,最终以编选"八股文"选本为生,是一位既古道热肠又近乎迂腐的典型人物。此"马二兄"人在清朝,且又是小说中的虚构人物,赵超构当然不可能托付此兄。可有意思的是,此事多少还真与此兄有些关联呢。

在赵超构的身旁,有两位可谓左膀右臂式的人物,一是张林岚,二是冯英子。张林岚在重庆《新民报》时期,就开始追随赵超构,前后跨越半个多世纪,直至担任《新民晚报》副总编辑。冯英子从《新闻日报》调任《新民晚报》编委,"文革"复刊后任为副总编辑,成为赵超构麾下的得力干将。他们与赵超构的关系在师友之间,尤其是冯英子与赵超构的关系,可谓无话不谈,经常以戏谑对方为乐。

赵超构所说的"马二兄",即冯英子也。"冯"姓拆开是"马二"。冯英子看到报上一些不合理的事,往往愤愤不平,甚至大动肝火。赵超构曾经给他塞过一张纸条,上面写着:"他人骑马我骑驴,仔细想来总不如,猛然回头看,犹有挑脚汉。前人偶句,赠马二我兄。走肖题。"在朝鲜有"走肖为王"之传说,赵超构将"赵"姓拆分为"走肖",自诩为王,戏谑之态,

1950年,裘柱常(左一)与上海《新闻日报》同事参观复旦大学"登辉堂"

上　冯英子（左）笔耕60周年，赵超构在摺扇上抄录范文澜著作中的诗相赠：板凳要坐十年冷，文章不写一字空

下　新民老报人留影。前排陈铭德、邓季惺夫妇；后排右起：高集、高汾、张林岚、吴祖光、张西洛夫妇

跃然纸上。

冯英子当年是上海辞书出版社的编审，他从工作人员处接到赵超构转交的信函后，哪敢怠慢，当即照办。可那个时候，还没用上电脑呢，更无人肉搜索一说，查找一个人谈何容易。冯英子从17岁开始办报当记者，担任过香港《文汇报》在内的十多家报纸的总编辑。他将殷梦萍这个名字在脑子里过了个遍，竟查无此人，便又通过报界熟人打听，仍不知此君为何方人士。

最后冯英子在信封背后信笔写一行字，算作一个交待："问了几个人，都不知有殷梦萍其人，已函复裘柱常。"遂又将函交还"走肖"。赵超构并未放弃寻找殷梦萍，此后见人，尤其是遇见早年的老报人，必问："打听一个人，你认识殷梦萍吗？"

天长日久，这句寻人的话语，几乎成了赵超构挂在嘴边的一句口头禅了。后来随着时光的推移，此事也就逐渐淡忘。赵超构向来没有保存信函之习惯，此信函惨也，可能被当作废纸丢弃，可能被人不经意拿走，以致颠沛流离至市面上来。

那么，殷梦萍到底是何许人呢？事隔三十多年后，虽已物是人非，但终究还是发现了殷梦萍行踪的蛛丝马迹。当年裘柱常在信中称他"一向在文艺新闻战线工作"，事实确实如此。据近年发表的一些报刊业史介绍，殷梦萍，笔名叶菲，有着中共地下党身份的左翼诗人，抗日战争期间主要在东南五省抗战大后方活动，曾做过《前线日报》副刊编辑，还主编过《自由文艺》《东线文艺》等进步刊物。

一封信札，留下了当代数位文化名人的墨迹，十分难得，且弥足珍贵，而从字里行间流淌出来的轶闻趣事，则更是成为了一段足以让人津津乐道的文化佳话……

第四辑
舐犊情深处

一个人要把自己的子弟教育好，
首先得自己做个好榜样。
要是自己说的是一套，
做的又是一套，
叫下一辈的
怎么能听信你的"教育"呢？

——赵超构《"知耻近乎勇"》

舐犊情深处 （1990年）

赵超构与后辈在书房合影。左起：次女婿陈舜胜、长女赵静男、次女赵刘芭、成都表侄女尹林夫妻俩　（1989年）

致赵东戬(一通)
"甩手老爸"

东戬:

今天中午有一包书寄在欧阳路幼儿园,李其美住院,何时去问问看收到否?书比信要慢一些,收到后叫小丰写回信给我。

科学会堂听讲座全不成问题。科普会长是苏步青同志,前已谈好。科学会堂副主任是江征帆同志,也是温州同乡,我见过两面。但是既然要七八月间才去听,那就到那时再说吧。早说他们忙人容易忘记。总之,什么时候去说,你临时通知我好了。李其美不开刀,单吃中药,能彻底解决问题否?

爸爸
十八日下午五时

1977年。某月。阳光明媚的午后时光。

赵超构坐在那张木头纹理清晰可辨的书桌前,铺开"上海人民出版社"的小张信笺,给儿子和孙子写信。从窗外投射进来的一缕金黄色的阳光,在他的肩膀上,他紧握的钢笔上跳跃……

这是赵超构写给子女唯一保存下来的一封信。他给子女写的信,不多。犹如当年大多数的人一样,赵家子女没有留存信件的习惯,随看随丢。这是赵超构给孙子赵丰写信时,连带写给次子赵东戬的。赵丰像宝贝一样收藏着爷爷的信,也保留了爷爷对下辈和第三代诚挚的爱。

赵超构共有四个子女,长女静男、长子东戡、次子东戬、小女刘芭。赵家兄妹四人除了小妹刘芭在上海出生外,其余均出生于文成老家珊溪外

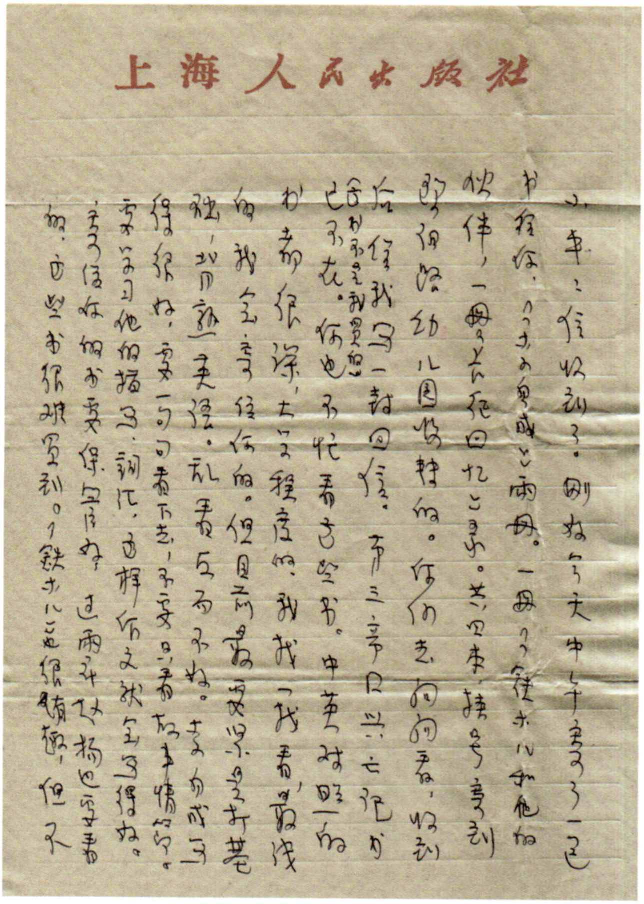

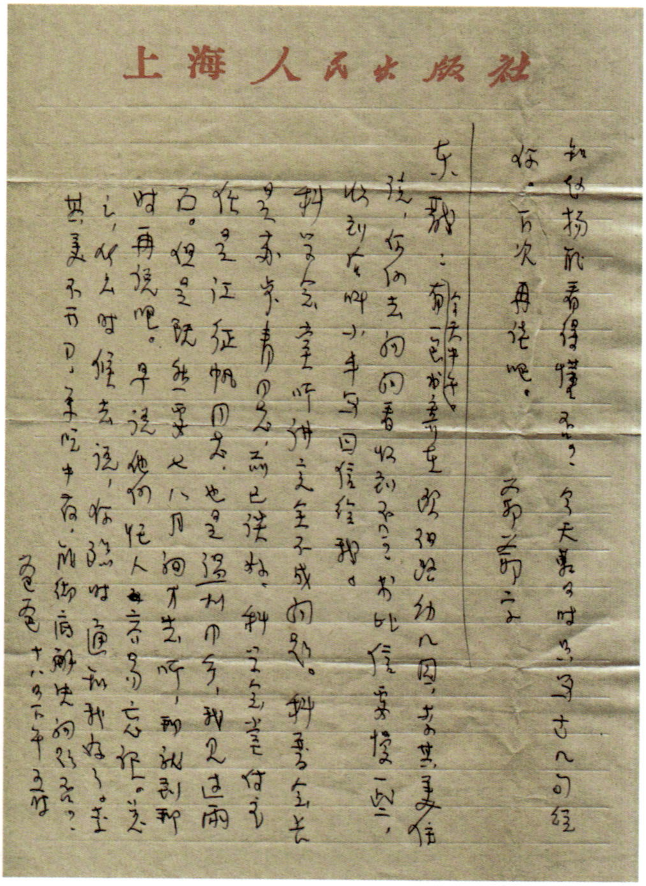

上 赵超构致孙子赵丰书信手迹

下 赵超构致儿子东戬书信手迹

婆家。进入报界的赵超构,长期辗转于南京、汉口、重庆等地,孩子们长年寄住在外婆家,在兵荒马乱中度过幼年。当年日寇进犯,正值国难当头,赵超构给两个儿子取名"东戡"与"东戬",即蕴含着对来自东方侵略者的刻骨仇恨,表达了平定戡乱、戬除外敌的强烈愿望。

赵东戬参加工作后拍的照片。背面写着:"给爸爸,儿东戬"字样(1962年)

1940年,爷爷赵标生告老还乡,静男、东戡,还有年幼的东戬,曾随母亲回瑞安屿头生活过短暂的时日。后来战事吃紧,屿头离温州城近,有日本兵经过,便又退居文成珊溪外婆家,暂且安身。抗战胜利以后,赵超构经南京回上海,创办《新民报》晚刊,并担任总主笔。待报社正常运作后,他便安排妻子儿女赴沪。至此,骨肉分离、漂泊多年的赵超构一家总算团聚。

赵超构故居,位于溧阳路瑞康里92号。它是《新民报》老板邓季惺早年租下的。这是一座旧式石库门老房子。用条石砌成的门庭,两扇乌漆的大门;四周有装饰图案,上面的花纹简洁流畅,具有欧洲古建筑的装饰风格……门前小巷悠悠,蹬三轮车的,摆摊卖货的,还有小孩在跳猴皮筋儿、玩捉迷藏,一派寻常百姓的世相风情。每当盛夏,赵超构喜欢光着膀子,拎着小竹椅,摇着蒲扇,到巷口与邻居侃大山……

赵家在这里整整住了42年。

长女静男长大后,第一个离开瑞康里。她只身北上求学,在哈尔滨外语专科学校攻读俄语,后来嫁给了自己的助教刁绍华,自此留在北国冰城。家里剩下的三兄妹,次子东戬与小妹刘芭关系比较融洽,与哥哥东戡常有伴嘴、打闹。年幼时,东戬与父亲长期分开,交流不多,因此不太亲近。他总觉得父母偏爱于哥哥。东戬身体打小不太好,有眼疾,脾脏出血,且有肝病,以致终身未娶,孑然一身。待东戬成年后结婚,特别是有了自己的孩子以后,才逐渐理解了父母的苦衷。

赵家添丁增口,60平米的旧式石库房,实在是太逼仄了。二楼朝南最大的一个房间留给次子东戬作婚房,生儿育女,一家四口挤在一起;赵超

上　　　赵超构全家福。前排左起：赵超构、赵刘芭、刘化丁；后排左起：
　　　　赵东戡、赵静男、赵东戠　（1963年）
下左　　抗战胜利后，赵超构与分别八年的妻儿团聚　（1947年夏）
下右　　赵超构与长女静男于龙华寺　（1947年夏）

构夫妇被挤到朝北的一个不太宽敞的亭子间里，家具都无处安放；长子东戡长期住楼梯中间的小阁楼，每天爬上爬下。小女刘芭一个人还好办，可女大当婚，眼看就要结婚生子。

解决住房问题，已迫在眉睫。1977年，赵超构向单位要了一套房子，让次子东戡一家四口搬到外面另行安家。

晚年的赵超构与长子东戡，还有小女刘芭小俩口一起生活。东戡年长小妹20岁，有道是长兄如父，赵超构过世后，东戡成了赵家的掌门人。赵超构生前曾有过妥善的安排，让小女刘芭"赡养"大哥过老，但世事难料，不想后来刘芭因罹肝癌先他而去——这是后话。

在赵家兄妹的记忆里，父亲似乎很忙，没有星期天，成天不着家，很少有单独相处的机会。他从不管家，心里似乎只有报馆，一回到家就埋头读书、写作。每次领了工资便丢给母亲了事，吃喝拉撒，一切都由母亲一手张罗。从不参加学校的家长会，对于孩子们的学业，包括上什么学校，填什么志愿，他一概不过问。

次子东戡打小顽皮，但聪明过人，学习成绩一直名列前茅。1957年，他考上了名牌学府上海交通大学，攻读电机系船舶电器设备专业。在校期间，由于学业优异，本来他有机会被保送到苏联留学，后因中苏关系破裂而搁置。

1962年金秋十月，东戡即将大学毕业。以他的成绩完全有条件留校执教，他央求父亲去向学校打个招呼，可赵超构连连摆手，说："自己的路，要自己走，不要光想着靠别人；人生在世，顺其自然，有吃有穿，好好做人，就可以了。"最后，东戡被分配到六机部（中国国防工业）第七研究院七〇一研究所，一干就是25年。

这是一个高度保密且流动性很强的军工单位。先是南京，后又去了武汉，还到过香港。东戡在这个岗位上取得丰硕的成果，实现了自己的人生理想。在他赴香港工作期间，引进、翻译了大量第一手军工资料，还拿到了部级科技大会奖。但也付出了沉重的代价，夫妻长期分居两地，生活无人照顾，身体严重透支。

1987年，组织上考虑到他的身体状况，将他调回到交通部航道局上海设计研究所工作。到了后来，他已病入膏肓，上海大医院也回天乏术。赵东戡于1995年英年早逝。年仅57岁。

长女赵静男因为不习惯北方生活，曾经有一个时期，夫妇俩想调回上

赵静男与丈夫刁绍华、女儿刁爱光、儿子刁寅午 （1982年）

海。当时，复旦大学外国教学研究室的领导都同意了，但由于户口问题学校迟迟没有批。当年的校长正是信中提到的苏步青，他是赵超构交往多年的朋友，还是温州老乡。然而，赵超构从来不会因子女就业、调动等私事而去找熟人。对这个远在东北异乡的女儿，赵超构一直到晚年，仍然心存愧疚。他与长女长期通信，但一封都没保存下来，我们已经难以知道他内心真实的想法。

在子女面前，赵超构似乎是个十足的"甩手老爸"。然而，这封信却让我们看到了一个慈祥的老父亲最温情的一面。儿子东戬自幼喜欢科技，想到科学会堂听讲座，他在信中回复"全不成问题"。当时市科协的会长是苏步青，他之前与苏步青见面时早"已谈好"。科学会堂副主任江征帆，也是温州老乡，彼此见过几次面，说好随时都可以前往。信中提到的李其美是赵超构的儿媳，即赵丰母亲，她在上海欧阳路幼儿园上班。当年她脖子上长了一个甲状腺结节，正在住院治疗，并服用中药。赵超构询问："不开刀，单吃中药，能彻底解决问题否？"

这封信，虽然没有直接的关切之语，但透过平淡的字面背后，却满是对下辈的牵挂与爱意。

致赵丰、赵扬（四通·往来）
隔代亲

（一）

小丰、赵扬：

信收到了。你们现在最要紧的，是把学校的功课做好。年小时记忆力强，要把语文、数理基础牢牢记住。英语一定要每天抽时间大声反覆背诵。小说，偶尔看一点可以，不能整天埋头看小说。你们将来要争取做科技人员，学好本领为祖国服务。我不希望你们做什么"文学家"。我最近较忙，也好久不跑书店了。有便可以替你买一二本，但不能样样都买。书是买不完的。你看小说，只知道看故事，还不能欣赏，这些书一看过就放在书架上没用处。还是专心把功课做好吧。另外，你也不要盲目地听别人传说，比如数理化丛书，大家都抢购。其实这书每种都有四册（代数、物理、几何……），一共十几本，是给上山下乡青年自学的，你有学校，有老师，有课本，每天把教来的习题做完，已不容易，哪里有时间再读这些书呢？只是因为前回考大学，大家抢购，弄得人人都想买，弄得很紧张。"四人帮"打倒后，学校抓紧了，这对你们是很好的事。下半年课本改革，恢复基础课，就更好了。东戢也有信给我。他的工作做好，我当然很高兴，希望你两弟兄也要用功读书，将来能成为对祖国有用的人。我的身体很好，发胖了。等东戢回来，你们同他再来看我好了。你们楼下是否有信箱？房子是过得去的，只是寄书太不方便。目前只好寄幼儿园转吧？

别的没什么了。你们的字也写得不好。以后要写得整齐一些。不要象爷爷这样，一辈子都写不好，吃了不少亏。

附年历卡四张。是年历卡，不是年列卡，赵扬写错了。

超构　七日

上海人民出版社

小丰、小扬：

信收到了。你们现在最要紧的，是把学校的功课做好。年小时记忆力强。要把语文、数学基础年年记住。英语一定要每天抽时间大声反复背诵。小说，偶尔看一点可以，不能整天埋头看小说。你们将来要争取做科技人员，学好本领为祖国服务。我也不希望你们做什么"文学家"。我最近较忙，也好久不跟你们谈了。有便可以替你买一二本，但不能样样都买，书是买不完的。你看小说，只知道看故事，还不能欣赏，这些书一看过就放了，书架上没用处。还是专心把功课做好吧。另外，你也不要盲目地听别人传说。比如数理化丛书，大家都抢购。其实这书每种都有四册（代数、矩阵、几何……）一共十九本，是给上山下乡青年自学的。你有学校，有老师，有功课本。每天把书本的习题做完，已不容易，哪里有时间再读这些书呢？至于几年前回考大学，大家抢购，弄得人人都要买，弄得很紧张。"四人帮"打倒后，学校抓学习，这对你们是很好的事。下半年课本比去年恢复基础课，就更好了。东载也肯用心。

他们之不惜的，我也很高兴。希望你俩亲兄弟，用功读书，将来就成为对祖国有用的人。我的身体很好，发胖了。等于载回来，你们同他再来看我好吗？你们接下去还有信可写吗？字是还得去的，只是寄书太不方便。~~以后你们把起课的书记上来我也可以寄给送你们就是应该和爸爸去买也一样顺路~~，只好等幼儿园转吧？

别的没什么写了。你们的字也写得不好。以后要写得整齐一些。不要学爷爷走样，一辈子都写不好，吃亏了不少事。

放年历片四张。是年历片，不是年历片。以扬写错了。

赵超构

七日

赵超构致孙子赵丰、赵扬书信手迹

上海人民出版社

小丰：

你的信收到了，你的作文还不错，但是要加把劲，一泡说不出味儿，肯加紧看，读多写多练是要诀。

《铁道游击队》看完后，随便写读后感，不必要写得多好，只能写出自己真实的感觉就行了。

要多写日记，天天有新进展，你有没有坚持？要把你的事情说清楚，我们的打算是许多人，读书没有方法，将来到农村去，就这样的教学方法是不行的。听说你这一届很难的小读，还考上人民大学，跳多级也有，外语跳得快的到研究生，有的十五六岁就上大学了，我们的老师、辞海编辑部的上上下下都有，听你的叔叔讲啊，新特亭新华书店，公开卖的我经常了什么人都可以买到。我跟你代买的年轻医生辞海肯卖的，新华印刷厂已种。不要看我代买的，我还是弄好，我欢喜一本一本为你保全的，你现在我已经就是二周要六再回家晚后天主意，月底才能回来。

赵均 四日

上海辞书出版社

小丰：三信收到了，现在已再给你写自成二卷已。三周对辞海区区工资用，一函（文，白本）收到后回家居。

基席山上受到叫二孩妹子的饭菜就象俺佳余得贵，你何不要卖高听信别人的话，有些你，如斯达已克了 ● 很热的，但你何不一定看得物理月外，也是的人家，教孩子要指摘这不到了。我很住，他老了，没有时间的来如老。他们别人，你们目前要喂你的下午是到到日本子好，要喇响的太多会不。如姆已出院，在家正在全到·想。

赵 六日

赵超构致孙子赵丰书信手迹

(二)

小丰、赵扬：

　　我们最近全部人都集中延安路一个地方定稿，很忙，我又时常在外开会。打电话也很难接到。因此，在开学前后，你们不必来看我了。要过了二月份，你们有空再来好了。怕你们白跑空路，所以特地告诉你们一声。余无别事。我身体很好，只不过是忙。

　　　　　　　　　　　　　　　　　　　爷爷
　　　　　　　　　　　　　　　　　　　二月一日

(三)

爷爷：您老人家好！

　　今年一开学就发书上课，这是和往年不同的。往年先上一二个星期的思想教育课，现在只上二节课的开学典礼。学校新建了一座教学大楼，有五层楼，很壮美。

　　你上一次给我买的书包，现在是大派用场，它能装下我的全部学习丛书和自学丛书，太好了。当我背起书包上学去时，我总是想："这

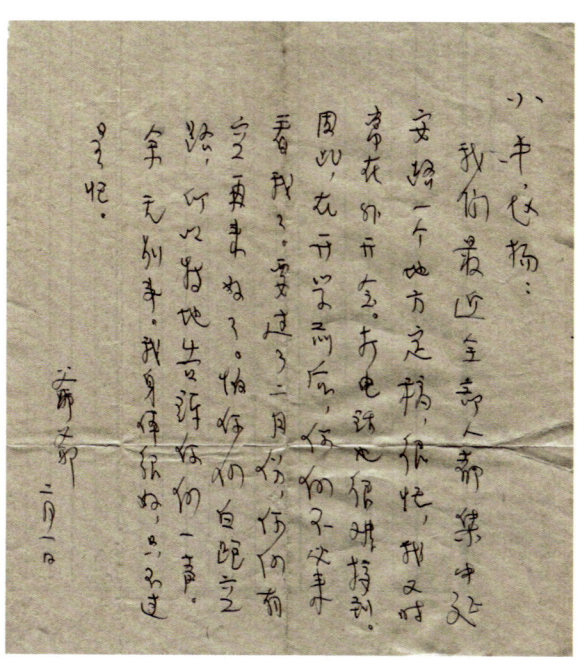

赵超构致孙子赵丰、赵扬书信手迹

是爷爷给我买的。"今天上午上作文课，我就记了这件事，题目是《我是一个高中生》。

学习一开始，还较容易，不难。赵扬在学校吃中饭，不回来的，中午只有我和妈妈两人吃饭。爸爸是不回来的，他现在很忙。如有空就来看你。

我校有一位老师让我代他买一本《辞海》理科分册，你若方便，就给我买一本。还有，上一次我说的一本《中学综合数学习题集》可有？我现在也在准备开始多做习题。

短篇小说《班主任》，现在很出名，你若看到，给我买一本好吗？

不多讲了，请多多保重。书如买到，请寄我妈妈单位——大连西路195弄12号。

祝
身体康健

您的大孙子小丰
78．8．30

小丰：

信收到了。你们上学，我很高兴，希望你们努力学习，天天有所进步。你说的"中学综合数学习题集"，我问了许多人，都说没有这本书。将来我见到这本书，或类似的数学习题书，一定替你买来。《班主任》是一篇很短的小说，登在《人民文学》上，二十分钟就可看完，并没有出书。将来你来玩时，到我们资料室找出来读一读就行了。另外告诉你的老师，《辞海》理科分册上下两本，今年国庆节，都将在新华书店公开出售，任何人都可买到，用不着我代买的。我给你们的自学丛书，缺少一本《立体几何》，现在我已替你买到一册，明后天寄给你。本月十一日，我要去西安、延安去参观，月底才能回来。

从你的来信看来，你的语文还很差。以后要加把劲，把语文学好。特别是要学习标点，不要写错字。

超构　四日

(四)

小丰：

信收到了。现在寄给你《李自成》二卷三册和《辞海》医卫分册一册（共四本），收到后回我一信。

《基度山》是外国二流作家的作品，书又紧张，值不得看。你们不要盲目听信别人的话，有些书，很热门，但你们不一定看得有兴趣。如《斯达巴克思》，连我都不要看。物理习题已托人买，数学习题据说买不到了。我很忙，也老了，没有时间专跑书店了。只好托别人。你们目前最要紧的是把课本学好，不要增加太多的负担。奶奶已出院，在家里打金针。

超

廿六日

夜幕降临，上海的大街小巷川流不息，沉浸在昏黄灯光的海洋之中。下班的赵超构拖着疲惫的身影踏进家门，迎候他的两个天真活泼的小孙子扑上前，紧紧抱住他的大腿不放。每当这个时候，是赵超构最享受的时刻，往往来不及放下手中的提包，先与两个孙子亲热一番，尽情享受人世间难得的天伦之乐……

"隔代亲"是中国社会的一种普遍现象。赵超构也不例外，一改过去"甩手老爸"的作派，对孙辈爱之深，护之切。赵家隔代的下辈，在爷爷的呵护下，度过了天真无忧的童年生活。

赵丰兄弟俩的名字是爷爷取的。有天晚上，赵超构梦回久别的故乡文成，赤着双足下河捞鱼，天空突然下起鹅毛大雪，一派"瑞雪兆丰年"的景象。第二天，儿媳妇李其美就在医院产下了一个大胖小子。赵超构欣喜万分，给孙子取大名赵丰。次孙出生的那天，是一个阳光明媚的日子，赵超构取其名为赵阳，希望一家人的生活阳阳光光、和和美美。

刘芭儿子陈桥的名字，也是姥爷给取的。一天，女婿陈舜胜出门要给儿子报户口，便请老丈人取名。赵超构拄着拐杖，低头略一思索，便脱口而出："就叫陈桥吧。"此名通俗，叫得也响亮，但不知个中寓意，有好事者问了，赵超构不作声。有人问到张林岚老的头上，张老笑着说："可能与'陈桥兵变'的历史典故有关吧，宋太祖赵匡胤发动兵变取代后周，

第四辑　舐犊情深处　*197*

天伦之乐。20世纪60年代初,赵超构、刘化丁夫妇与小女刘芭(左二)、外孙女习爱光在一起

左　　　赵超构（中）与两个孙子在辞海出版社大院合影留念　（1979年）
右上　　小女刘芭找到如意郎君，是赵超构晚年一大乐事　（1984年）
右下　　赵超构与孙子牛牛，静男与孙子飞飞　（1991年）

黄袍加身。这些隔代的下辈，在老将心里，都是黄袍加身的'小皇帝'啊！"

赵超构在家里，不做别的，专事看书写作。每晚早早洗漱，上亭子间，抱一大枕头，靠在铁床上读书，每每读到妙处，便会摇头晃脑念出声来。赵丰兄弟俩围坐在铁床边上，喜欢霸占爷爷那张超大的写字台做作业，经常被爷爷读书的模样逗得吃吃笑。作业做完了，爷爷便给他们讲文成老家的往事，说他们的老太公给八九岁的爷爷讲《三国》口齿不清还老忘词……

小时候，兄弟俩很顽皮，没少给爷爷惹事。有一次，他俩出于好奇，竟然将爷爷的收藏珍品，一副郭沫若亲笔题赠的字轴拆解开，差点弄坏无法修复。那次爷爷真生气了——哥儿俩自知闯祸，乖乖地靠着墙根站好，双目紧闭，双手举过头顶，任由爷爷处置。可爷爷高高举起的巴掌，最终还是停留在半空，没有落下来。他舍不得打，心疼。

爷爷奖罚分明，遇到好事就表扬。记得有一次，赵丰拉着爷爷到花鸟市场买回一只金丝鸟，不小心飞到路旁的树枝上。围观的路人蛮多，大家想了不少办法，但都无济于事。赵丰灵机一动，想到了一个手到擒来的办法。他从刚买的鸟食中抓了一把小米，金丝鸟一下子就飞落到他的手掌心上。围观的路人鼓起了掌，爷爷连声夸奖："小丰真聪明！"

瑞康里的房子太挤了，这年的暑假东戡一家四口搬到外面去住。新的居所在大连西路，房子不大，沿街，六楼最顶层且没有电梯，两家共用一个卫生间，夏天更是燥热难耐，但聊以安家落户。赵超构在信中提及此，认为条件虽差些，但"房子是过得去的"。

东戡一家搬出瑞康里以后，赵超构很想念孙子。每到领工资的日子，他就约他们到单位玩。那个时候，《新民晚报》还没复刊，他还在《辞海》编辑部上班，相对而言，他空闲的时间多一些。每月约定见面一次，有时逢上开会或工作冲突，偶有提前或延后。这种见面持续三四年，祖孙三人私底下冠其名曰"月约"。

赵超构致孙子的信，大都是这一时期写的。祖孙三人见面，无非是做三件事：一是逛街，二是吃大餐，三是购书。逛街，上海人说"荡马路"，温州人也说"压马路"。爷爷的单位在陕西路，离南京路不远，因此逛的最多的是南京路。"荡"过去，又"压"回来，漫无目的，悠闲自得。

在那个物质匮乏的年代，赵超构领他们经常在外开小灶。什么油氽馒头、开洋葱油面、油墩子等小吃，应有尽有，让兄弟俩大饱口福。最难忘且有趣的是吃西餐。进店未待服务生开口，兄弟俩早抢着替爷爷开门迎候；爷爷说餐巾应该对折摊铺在大腿上，可兄弟俩就是喜欢将其当小孩围兜围在脖子上。兄弟俩最喜欢吃法式牛排，刀子、刀叉齐上阵，堪比一场刀光剑影的大厮杀。每次吃西餐，都洋相百出，其乐无穷。那时的西餐店还不多，也很贵，但爷爷舍得花这个钱。

这三件事中，购书当然是重头戏。往往人还没见面，赵丰、赵扬已在信中或随带的练习本上开列要购买的书目。兄弟俩初高中阶段的全部学业辅导用书及课外阅读书籍，当爷爷的几乎一手包揽。赵超构既当导购员，又充当付款机。有些书，是他利用出差或开会的机会代买，有些是见面以后，带他们上书店自行挑选的。赵超构领兄弟俩经常逛的，有福州路外文旧书店，还有南京路新华书店等。每逢上海书市（上海书展前身）、国际图书博览会等大型书展开幕，祖孙仨就相约一起逛。赵超构倘若有事脱不开身，就写信告知或寄上门票，让他们自己逛。

1978年全国恢复高考，数理化自学丛书在社会上风行，出现一书难求的局面。这套丛书共计12册，每种四册，原是给上山下乡知识青年自学用的，赵丰也想拥有一套。赵超构在信中告诫，"不要盲目地听别人传说"，"你有学校，有老师，有课本，每天把教来的习题做完，已不容易，哪里有时间再读这些书呢"？据赵丰回忆，最终爷爷还是拗不过他，乘着到北京开会，在人民大会堂内部书店为他购买了一套。记得共花费了12块钱，当时可不是一个小数目。

到了后期，赵超构工作繁忙，加之年老多病，显得有点力不从心。正如他在信中所说的，"我很忙，也老了，没有时间专跑书店了"。他便拜托朋友或同事代办，原在《辞海》编辑部的同事卢润祥，就曾代他跑过腿，买过《历代笑话集》等书籍。

当年的赵丰兄弟俩课外阅读有着很强的文艺倾向，曾经有过像爷爷一样当作家的梦想。赵超构一直反对他们阅读文艺书籍，一方面是生怕他们耽误功课，另一方面也是不想他们往文艺方面发展。

赵家四个子女，除了长女静男从事大学教学和外国文学翻译，算是"子承父业"外，其他都是理工生。赵超构不希望子女学文，走他的老路。到了第三代孙辈，他仍然固执己见，在信中这样写道："小说，偶尔看一点可以，不能整天埋头看小说。你们将来要争取做科技人员，学好本领为祖国服务。我不希望你们做什么'文学家'。"

致赵丰（三通）
逛上海书展

（一）

小丰：

　　书市入场券两张，上下午都通用的。书市很拥挤，不能带拎包，检查很严。去看看开开眼界而已。我去过，只买一本书。你可以买些学习上用得着的。小说之类，就不必乱买了。剪报一份，给赵扬看看。

　　长风中学今年考进大学和大专的有多少人？占该学（校）考生的百分之几？

　　　　　　　　　　　　　　　　　　　　　爷爷字　七日

（二）

　　美国图书展览会参观是定日期的。给你两张，有时间就去看，没时间就算了。我已向人要了两次，都因为送到时已是当天的票，来不及寄。现在这两张是廿六日的。不知赶得上否？

　　　　　　　　　　　　　　　　　　　　　爷爷
　　　　　　　　　　　　　　　　　　　　　廿四日上午

（三）

小丰：

　　我昨天才回来。寄给你的报纸订阅单十张，你可以分送给旁人，如你的同学、东戢单位同事、幼儿园、邻居。你可以凭票先订三个月或半年，报费将来我付给你好了。

　　要马上去订，报单也得马上分掉，过了廿二日就无效了。

　　　　　　　　　　　　　　　　　　　　　超　十八日

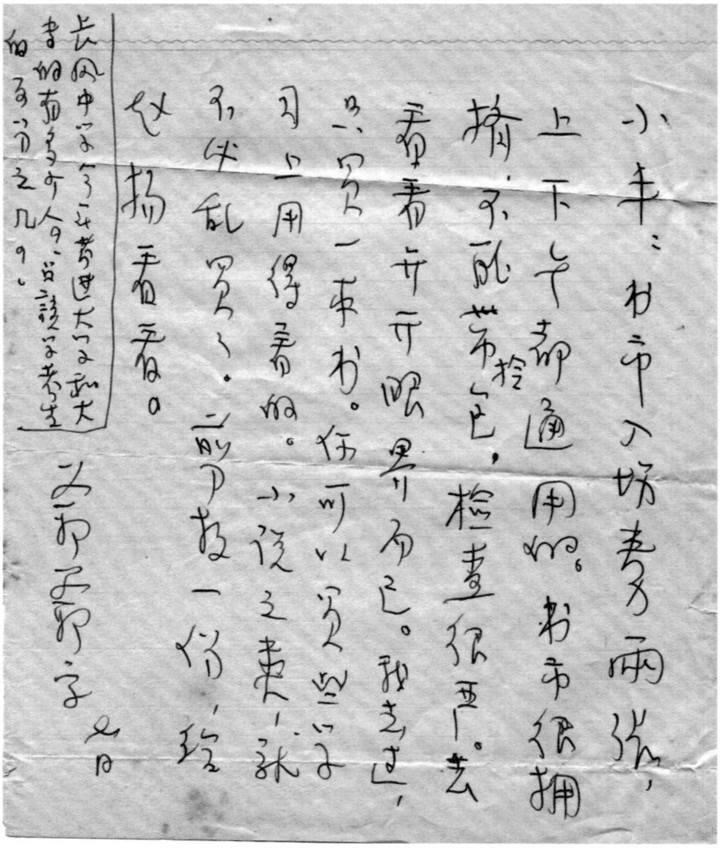

小丰：书市下坊寄了两张，上下午都通用的，书市很拥挤，不就荒免，检查很严。去看看开开眼界而已。我去过，只写一束书。你可以买些小说之类，凇平乱买。前了报一份，琮仪扬看看。

美国青少年展览会观只是星期日，给你两张，有时间就去看。没时间就算了。我已向人要了两张，都因为迟到时已只剩几张票，因来不及去取。欢五六雨成在卅六日的。不知好得如否了。

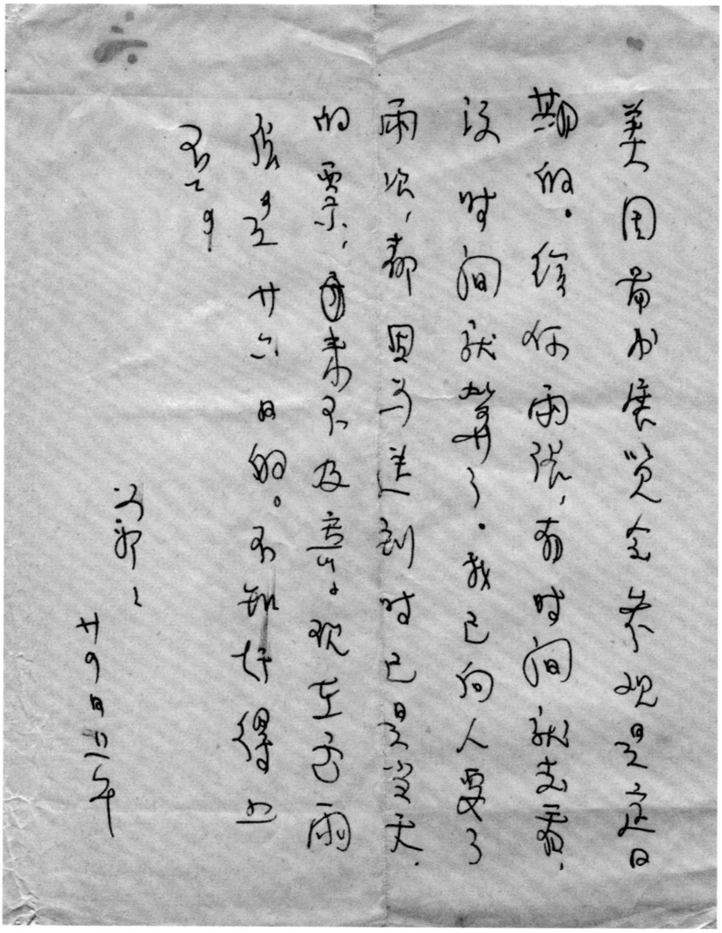

六爷 廿日日五牛

（左侧注）长风中学二一号男生丁大公双考姑有多分人学，品谈好考生的分几9。

六爷爷字条

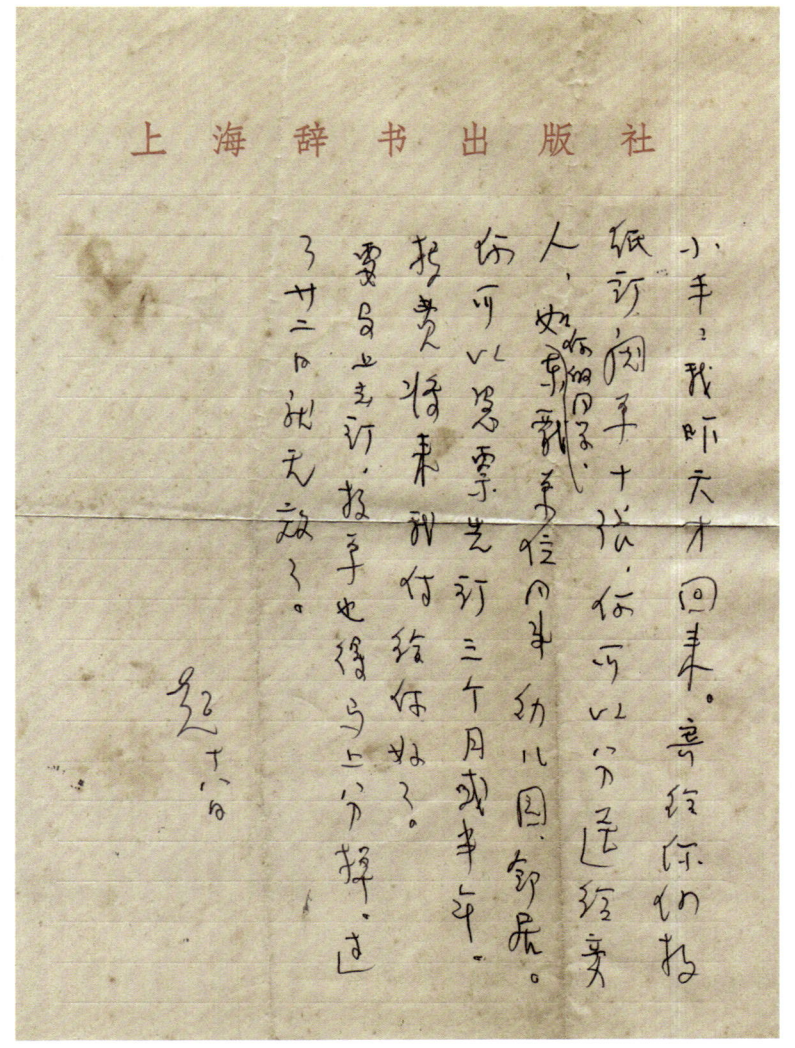

赵超构致孙子赵丰书信手迹

当争奇斗艳的荷花开满整个夏天,一年一度的上海书展也粉墨登场了。赵超构喜欢读书,空暇爱逛书店,以书为伍。但从没听说过,他与"上海书展"还有什么"瓜葛"。读了赵超构致孙子赵丰的书信发现,他生前喜欢带着孙辈逛上海书展。可以想象,烈日当空之下,一个头顶宽沿大草帽,身材矮小、健壮厚实("五七"干校练就的身板)的小老头,领着两个连蹦带跳的大男孩逛书展,这也算是上海书展一道亮丽的风景线。

这几封信,是赵超构给孙子赵丰、赵扬兄弟俩捎寄书市入场券,鼓动他们去逛书市留下的手迹。时间大约在70年代末80年代初。上海书展最

左　　赵超构在书房
右上　静男夜读　（赵超构摄）
右下　赵刘芭、陈舜胜夫妇在赵超构书房留影　（2014年）

初是从上海出版界图书交易市场演变过来的,当年人们习惯称上海书市;到了 2004 年后,上海书市正式改名为上海书展。在为时一周的日子里,蜗居在家的读书人倾巢而出,这是上海乃至长江三角洲地区出版人、读书人的年度盛宴。

当年的赵丰兄弟俩,还是乳臭未干的中学生,正是求知欲最旺盛的时期,见书就读,见书就买。他们曾一度迷恋文艺小说,爷爷怕影响他们的学业,特别强调"买些学习上用得着的",告诫"小说之类,就不必乱买",给他们寄学生如何做好功课的剪报。

逛上海书市是赵超构的保留节目,他几乎每年都要去,有时单独去,有时捎上两个孙儿同赴。当时上海还偶有举行美国图书展览会,赵超构也不放过,想方设法弄到入场券,请他们过去逛。到了后来,《新民晚报》复刊,"未晚谈"复笔,社会活动多了,他精力有限,去逛书店、书市(展)的次数便明显减少。

我曾听赵超构的小女刘芭姐,谈她父亲逛书市(展)的事。通常他起大早乘公交过去,大都逛一天,直到华灯初上时才回来。他身套一件圆领汗衫,脚拖一双平底凉鞋,从来不穿袜子——当年赴延安采访落下的习惯;肩上搭着一个手工缝制的布袋,有时还要挂上枴杖,乍看活脱脱一个进城走亲戚的乡下老头。他很节省,经常捎上几个窝窝头或面包当午餐,喝的水也是自带的。他家里的藏书,有一部分就是逛书市(展)淘来的。

刘芭姐说,到了书市(展)现场,父亲犹如刘姥姥进了大观园,眼花缭乱,穿行于夹杂着书香味十足的嘈杂声中,他很是享受,很是满足。见到书摊,他就蹲下身子,这里摸摸,那里瞅瞅,有时半天起不了身。他最喜欢的是中外古典文学方面的书籍,遇到外文类的精装本,也要驻足停留,随手翻阅。他说,逛书市不在于买,而在于逛,逛书市最新的行情,逛久违的那份浓郁的书香气氛……

"我买书是有选择的。"赵超构在给孙子的信中如是说。年轻时买书,他有点滥,不分优劣,见书就买;到了晚年他买书很慎重,一般不轻易出手,有很强的选择性。有时逛了一天书市、书店,他还是两手空空,没有淘到一本书。他在一篇题为《花好月圆人长寿!》的文章中说:"我估计一下自己的寿命,凡是那本书的寿命能比我的寿命长的,我就买;眼看那本书过不了多久就会自行'消亡'的,决不买。"

致赵丰（三通）
与小蚂蚁交朋友

（一）

小丰：

信收到了。很高兴。英语考得好，但要长期用功，每天要读出声来，每天清晨读它一阵，最好能背得出。学外语是要长期努力，一天也不能中断的。记得你曾要我买《英语九百句》，不知现在还需要否？如果你要，可以给你买一部。一共六本，现在已出了三本。你的语文怎么考不好呢，是作文不行，还是成语测验不行？可能是你多看翻译小说，受了影响。翻译的文字多是生硬不通的。《三国演义》是浅近文言，文理很好，留到暑假看。我九岁的时候就看《三国》了。开头几回难读，读了三四回，慢慢地就能看懂。我们现仍在陕西南路25弄办公，地方很小，要到七月底才能搬回去。六月初又要去北京。看来要到暑假，你们弟兄才能来看我。好在我身体如常。奶奶比住医院的时候好多了，拿手杖可以走几步。生活上仍要人照料。寄给你的复习书，是整套的。你主要还是把学校教的基础课学好，复习书只能有空时看，不必弄得太紧张，免得弄垮身体。每天要做些体育运动，看书时注意光线，保护眼力。赵扬也要注意。

超字　廿二日

（二）

小丰：

收到你的信已一星期，因为忙于开会，今天才回信。你说身体不好，不知已好了一些没有。要注意：如果感到疲劳，精神不振，检查不出别的毛病，就应该查一查肝功能。肝炎病人没有别的症状，都是从疲劳，胃口不好开始的。切切注意。政治经济学本来是难学的，但是一些基本的概念，要尽力记住，以后反复地学，才能弄通。你对英语感兴趣，那很好，但是学英语要有个方向。你不可能学文艺，文艺方面的英语是没有底的，即使学上七八年也未必精通。你是学科技的，主攻方向是科技英语，课外英语

上海辞书出版社

小丰：

信收到了，很高兴。考试考得好，但要长期用功，每天要坚持，不能靠一阵子来，不要靠长期努力，一天也是一天，耍小聪明是学不好的。记得你要我给买《英语九百句》，不知这是还要买吗？书很厚，"九○○句"现在也出了三本，你如果要买，可以给你买一本，有文言学不学的，还是或字词学校可行，"三四五"我有。

你龙翻译小说，写了影响翻译的文学水平多多生硬不通顺，翻译的好不容易，找一些近文学理论的书看，我九号到青岛，待到三四日，慢慢地就还来看三四回。开始儿回还是，没到三四回，慢慢地也就看懂。我现在仍是使西南师院外办公。地方郊外，军训七月间才机搬回上京。六月初又要去山东。着丰卫身体如忙，奶奶的腿病时犯，奶奶治疗腿痛的牙机会跟手机可以去广东去，生活上的还要。别料。寿妈好，你的爷爷吗，平字写得不少要得规矩，不少写得规矩，老夫字，要慢慢练，看好时候要老我保护你的视力。妈妈也要注意。

祖父 廿三日

读物也以多读科技英语为主。科技英语简单得多了，书店里科技方面的通俗英语（都有注释）很多，还是多读这方面的英语书吧，这样学上三四年也就可派用场了。英语小说之类的，留到将来去学吧。你要"戬"字的铅字，这只能到印刷所去拿，但是我们现在没有印刷所。将来新民报办起排字房，才能拿到。四月上旬，上海的人代会和政协都开大会，我都要参加，比较忙。赵扬最近怎样？下半年还未考高中吧？他的语文学得怎么样？《爱的教育》他看了没有？下回应该写封信给我。我这里有一堆旧杂志，也不特别寄给你了，人代会过后随便哪个星期六来拿好了。

爷爷字　廿八日

（三）

小丰：

　　信收到了。刚好今天中午寄了一包书给你。《李自成》两册，一册《铁木儿和他的伙伴》，一册《长征回忆录》。共四本，挂号寄到欧阳路幼儿园收转的。你们去问问看，收到后给我写一封回信。《第三帝国兴亡》书已不在（这书不是我买的）。你也不忙看这些书。中英对照的书都很深，大学程度的，我找一找看，最浅的我会寄给你的。但目前最要紧是打基础，背熟英语。乱看反而不好。《李自成》写得很好，要一句句看下去，不要只看故事情节。要学习他的描写、词汇，这样作文就会写得好。寄给你的书要保管好，过两年赵扬也要看的，这些书很难买到。《铁木儿》也很有趣，但不知赵扬能看得懂否？今天暂时只写这几句给你。下次再谈吧。

爷爷字

　　从一个城市飞到另一个城市，天南地北满天飞……现为RICS(英国皇家测量师学会)资深讲师，从事建筑造价大数据研究培训的赵丰，离不开英文。因为精通英文，使他在这个行业如鱼得水，游刃有余，从而实现了自己的职业理想。

　　说起英语，爷爷赵超构对他的影响特别大。他是在耳濡目染中渐渐喜欢上英语的。记得很小的时候，有天傍晚，赵丰与弟弟在弄堂口走军棋。爷爷将一小片鱼刺放在地上，说是给小蚂蚁吃的。不一会儿，鱼刺上就爬小丰：收到你的信已一星期，因为忙于开会，今天才回信。你说身体不好，已好了一些没有要紧左。如果多到医务，精神不振，检查出别的毛病，就应该查一查。肝功能，肝炎病人没有别的症状都是继续养，因为现不好就开始切切注意。

政治理论学本季最难学的。但是一些基本的概念，要尽力记牢，加以反复思考，才能弄通。你对英语感兴趣，这是好的。但是学语文是没有千方八计也未必精通的。好好的学，主要方向是科技方面的英语，辞不要语法书向上科技英语。

我英语为主，科技英语作偏论。英语（都有注释）的作为速读，这些方面的英语书吧，自辞典用功了。要读小说之类的读物特来去就不用功了。你要"战"字的铅字，这二期初印字模子吧。四月上海点海生活没有印刷。将来印好去拿。但是我们欢子比拿。怕去和敌焕新开大会，我要参加，比较忙。你哥哥怎么样？不申年这未考高中吧。她的语文写得怎么样？爱的语文主有她看了没有？下回应该写封信给他。我去主有一把四九。恐怕不妨别奇好，人家会过不想的。今年期三来拿好了？

爷爷 六.廿八日

满乌黑黑的小蚂蚁。儿时的赵丰很顽皮，用脚将鱼刺上的蚂蚁推到水沟里，淹死了。爷爷见状，狠狠地教训了他一顿。赵丰回忆说："这是爷爷第一次骂我。"

当天晚上，赵丰到书房主动向爷爷认错，并表示以后一定好好善待小蚂蚁。他在爷爷的书架上，第一次看到包装精美、书页上爬满密密麻麻蝇头字母的英文书籍。他歪着小脑袋，满怀好奇地问爷爷："这是什么东西？有什么用的啊？"

"这是书本上的小蚂蚁，叫做英文字母。"爷爷用手摸摸他的头，轻声细语地说，"如果你认识它们，跟它们交上朋友，就可以知道发生在世界上任何地方的秘密。"

"这是真的吗？小蚂蚁真得有那么神奇吗？"赵丰仰起头，瞪着两只稚气的眼睛问爷爷。

爷爷信誓旦旦地说："当然啦！爷爷还会骗你吗？你不信，可以试试看。"

打此以后，每当赵超构一踏进家门，赵丰就扑上前抱住爷爷的大腿不放，缠着要与小蚂蚁交朋友，一起到弄堂口玩小蚂蚁，还要与书本上的小蚂蚁对话。

长大稍懂事后，赵丰终于知道，干记者出身的爷爷，还真是一个外文自学爱好者。在他繁忙而紧张的报人生涯中，他曾先后自学过英、日、俄三种语言，对英文尤为钟爱。他14岁就开始学英文，当年考上的温州艺文中学，是一所开设英语课的教会学校。入学前，他从没接触过英语，因而英语成绩平平，但总算打下了一定的基础。

赵超构一贯反对子女学文，也许是爱屋及乌的缘故吧，他竟然放任长女静男学外语文科。静男毕业后，在哈尔滨师范大学当教授，先学的是俄文，后又进修了英语，主要从事教学与翻译工作。海明威的《太阳照常升起》是静男的代表译作，她还与丈夫一起翻译了梅列日科夫斯基《基督与反基督三部曲》、M·阿盖耶夫的《可卡因传可大王》、海明威的《过河入林》等。她翻译的《太阳照常升起》多次再版，让读者记住了她，也让人们重新认识了海明威。一位叫万晨的读者在报上著文说："我认识海明威是受益于赵静男译《太阳照常升起》时的忠实与流畅。"

赵超构的书房里，有相当一部分书籍是外文图书，一些还是英、日、俄语与汉文对照的版本。当年家庭经济拮据，买不起新出版的精装版外文

求学正当时。刘化丁与子女赵静男(右二)、赵东戡(右一)、赵东戬(左一)合影 (1952年)

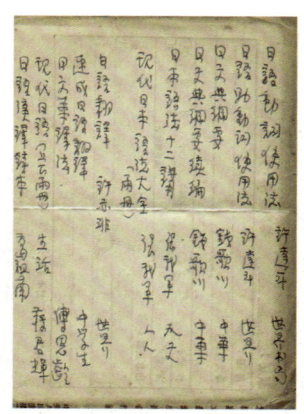

上左　昭和四年（1929），赵超构赴日本游学时征订的《英文学社月报》

上右　赵超构开列的学日语的书目清单手迹

下　赵静男题赠本书作者的译作书影

书籍，他就利用休息日，到常熟路、山东路等地段的旧书店淘书。他淘的外文图书大都是文学名著，译者最多的是伍光建，有雨果、托尔斯泰、马克·吐温等大家的作品，国内以鲁迅的作品居多。还有就是诸如《日语句子结构分析》之类学外文必备的工具书。翻开这些泛黄的书页，随处可见随手夹带的书签或折痕，用钢笔划成的横杠杠；在书页的空白处，还有用尖尖的铅笔书写的眉批或标注……

"文革"后期到《辞海》编辑部后，赵超构作为资料员，经常需要寻找和翻译一些外文资料，还有资料组征订了好多外文书刊，也需要整理和运用，因此他又静下心重新捡起外语。此时他已年逾花甲，耳聋目钝，学外语的困难可想而知，家人笑他"临老学扎脚"，他说这是"老鸟先飞"。曾经有一段时间，赵家出现祖孙二代齐学外语的场景。房间墙壁、床头上，连茶杯、暖水瓶等生活用品，到处贴满了外语单词，爷孙俩每天早晚背诵，还精心制作了五花八门的卡片，随身携带，一有空暇就拿出来熟记。

在爷爷的言传身教之下，赵丰的英语大有长进。每次考试都在 90 分以上，他还参加了学校的英语兴趣小组、学唱英文歌。进入大学后，他与同好创办了上海人民公园的"英语角"，阅读原版的 Reader'sDigest——《读者文摘》。

这三封信，是赵丰随父母搬到大连西路后爷爷写给他的。写信时间在 1977 至 1978 年间。信中爷爷结合自身学外语的经验，着重谈两点体会：一是贵在坚持，一定要"读出声来"。他告诫要"每天抽时间大声反覆背诵"，"每天清晨读它一阵，最好能背得出"，"一天也不能中断"。二是"要有个方向"。他说："你不可能学文艺，文艺方面的英语是没有底的，即使学上七八年也未必精通。你是学科技的，主攻方向是科技英语，课外英语读物也以多读科技英语为主。科技英语简单得多了，书店里科技方面的通俗英语（都有注释）很多，还是多读这方面的英语书吧，这样学上三四年也就可派用场了。英语小说之类的，留到将来去学吧。"

当时的国门刚刚打开，全国兴起了一股学外语的热潮。新华书店最抢销的英语教材是《英语九百句》，他想方设法给孙子购买了一整套，共计六本。当赵丰向爷爷提出要阅读他书房收藏的中英文对照版本时，赵超构在信中这样回答他："中英对照的书都很深，大学程度的，我找一找看，最浅的我会寄给你的。但目前最要紧是打基础，背熟英语。乱看反而不好。"

世界上有两种家长或老师，一种授以"面包"，一种授以"猎枪"。事隔 40 年后，当赵丰重读这些信件时，仍感动不已，他说："爷爷永远是那个给我猎枪的人，他教会了我如何扣动板机，如何打猎。爷爷的教导，使我受用一生。"

致赵丰、赵扬（各一通）
"写作没有窍门"

（一）

小丰：

　　信看到了。比以前写得较有条理了。

　　告诉你校老师，我不会做语文方面的报告。写文章的人不一定能教别人写文章。写作和教学是两回事。写作没有什么窍门，多读，多看，多写，自然熟能生巧。主要靠实践。把这样的意思告诉老师，请他原谅。

　　《斯巴达克思》外面一抢就光了。无法再买。我们内部每三人分一部，大家争得很厉害，我也没分到。这部书我翻了一下，对话很冗长，谈的道理决不是青年人能看得懂的。并不好看。《李自成》也无法买到。历史小说也不大好读。将来有别的书，我当留意。但不知寄到大连西路能收到否？你在六楼上，白天又没人，邮局的人肯送上六楼吗？如果有什么书，寄到哪里较妥当？便中回我一信。

　　下月起，我在外面活动较多，你那里到陕西北路很远，要是跑空路就划不来。没要紧就不必来了。来时先打电话535466问一声我在不在。国庆节你幸亏没有来。那三天我都不在单位。你那时生什么病？毛头最近学习用功否？你今后小说要少看，用心把语文、政治、数理化学好。电视也少看。

　　我身体很好。就是忙。

超　10月22日

附：

　　信内有两句话要改一改：

　　"我在家里看到了火树银花般的焰花"。前面说银花，焰花就重复了。应改为"焰火"。

上海人民出版社

小丰：信看到了。比以前写得较有条理。

告诉你，按老师，我不会做论文方面的报告。写文章的人不一定就教别人写文章。写作和教学是两回事。写作没有什么窍门，多读、多看、多写，自然就会写。主要靠实践。把这样的意思告诉老师，请他原谅。

斯巴达克思那本书一抢就没了，无法再买。我们内部每三人分一部，大家争得很厉害，我也没分到。已嘱咐我朋友一下，对你来说也不急。读得的这种块头书青年人就看得慌，并不好看。萧育成也没读完，历史小说也不大好读。将来有别的书，我注意。但不知寄到大连西岗就收到？你在六接上，如大人没人，邮局的人肯送上六接吗？如果有什么书，寄到哪里较妥当？便中回我一信。

下个礼拜，我在外面活动较多，你哥哥到陕西北路很远，要是跑空路就划不来。没要紧事不必来了。来时先打电话 535466 问一声我在不。因怕你辛苦没有来。那三天我都不在单位。你哥哥什么么病？毛头最近学习用功？你写信小说写个春，用心把该文以后教你也容易。电歌也多看。

我身体很好。就是忙。

　　　　　　　　　　　　　　　　　　公 十月22日

信内有两句话要改一改。

"我在家里看到了大树的银色的焰花"。前句说银灰，焰花就重复了。应改为焰火。

"调着观火地又到外滩的对岸"。"调着观火"四字已经坏了上到的意思，应是不要看了。"调着观火"只能应用于看到明暗或光明的事物。外滩是很明亮的，所以改不能用这句字。应改成句子：

"远远地看去看到外滩的对岸。（应已应用看到，不用看到）"

赵超构致孙子赵丰书信手迹

"洞若观火地见到外滩的彩灯"。"洞若观火"四字已包括了"见到"的意思，这是不妥之一。"洞若观火"只能应用于看到阴暗难明的事物，灯彩是很明亮的，所以就不能用这四字。应改为："遥远地看到外滩的彩灯"。（这里应用"看到"，不用"见到"）。

（二）

赵扬：

你那天回去，一路上顺利吗？那天太热，我又刚从韶山、井冈山回来，工作一大堆，没有带你出去玩。你等于白来一趟了。你老师要买四本《作文知识讲话》，我问过两家新华书店，都说卖完了。买不到了。你就这样回答老师吧。以后顺便看到，再替你买。同时告诉小丰：《战斗的青春》和《苦菜花》等书，并不是很好的作品，值不得买。买书要买文笔好的，对写作、作文有帮助，如《李自成》，文笔描写就非常好，值得学习，多读。不要以为故事知道了，就不再读了。文笔一般的，能（就）向学校图书馆借阅算了，不看也无所谓。《苦菜花》《战斗的青春》主要是因为作者受过"四人帮"迫害，才重新出版。《陈毅诗词选》应当选一些背下来。我买书是有选择的，《鲁滨逊飘流记》也是应该看一看的。所有的书，叫小丰好好保存，过两三年，你也可以看得懂了。今年暑假，你考进初中后，不妨先看看《西游记》或《鲁滨逊》。今年上北京，打算买一部《三国演义》给你们，可以让你们看懂最浅的文言文。我八岁的时候，在大岂老家时，就是由我的祖父（你们的老太公）亲自教我读《三国》的。先是看不懂，慢慢地就懂了。这封信，叫小丰也读一读。天热，不多说了。

爷爷　廿九日

上海人民出版社

兄扬：你的来信收到，听说上游也顺利吗？前天太热，我又刚从韶山井冈山回来，在一天堂，没有带你出去玩。你等于白来一趟了。你老师要是回来，你又知道的话，我明过两家再约好书店送给她老师。罗永利，你就去挥回答老师吧。以后顺便看看，再替你买同时寄评小丰：

"此生的青春"我看着看完）笔书，孟冈之纸仍给你的。你也不得买，买不要买。买笔找我买新的。对写作我没有别的帮助。好书多翻读，自然有帮助。好书不怕读百遍，读多自成。天笔捷写故事朝这一颠读一下，不是就不要写故事朝近了。就开了笔一般而就向可按着书籍借图来了，要是

上海人民出版社

版，你发诗词选，应该先些此的下来。我觉得是有选择的。"唐诗别裁"也是应该看一看的。新而的书，叶小丰好好保存，这雨三年，好也得以后晋得懂了。今年异旁的，你去这初中后，不妨先青青"西游记"或"青溪"中篇，不妨先青青一部"三国演义"给你的上此京打算买一部"三国演义"。给你的可以让你们孟懂晨浅的文言文。我几岁的时候，就去油看书时，就是由我的祖父的书种偷去念看叔读"三国"的。先看不懂，慢慢地就懂了。可封信，叫小丰也读一读。不写

不多谈了。

爷爷五刻十日。

上　赵超构与两个孙子正在阅读《解放军画报》（1979年）

下　刘化丁与次子赵东戡（中）、儿媳李其美（右）合影留念。前为幼女赵刘芭　（1962年）

当学校的老师无意间发现，上海滩赫赫有名的杂文大家林放是赵丰的爷爷时，便想方设法通过赵丰发出邀请，请赵超构到学校作语文写作方面的讲座。赵超构在信中婉言谢绝："告诉你校老师，我不会做语文方面的报告。写文章的人不一定能教别人写文章。写作和教学是两回事。写作没有什么窍门，多读，多看，多写，自然熟能生巧。主要靠实践。把这样的意思告诉老师，请他原谅。"

这两封信写于1978至1979年间，赵丰在上海虹口重点中学——北郊中学上高中，弟弟赵杨即将进入长风中学念初中。信中出现的"毛头"，即赵扬小名。当时"十年浩劫"刚结束，百废待兴，迎来一个书荒时代，市面上很多图书奇缺。赵超构在出版系统上班，市面上紧俏的书籍，偶尔会有内部供应，便经常有人找上门来代购书籍。信中提到赵杨老师交托购买《作文知识讲话》，就属此类情况。当时此书并无内部供应，只是市场紧俏而已，为此他连跑了两个新华书店无果，只得实言相告。

赵超构在信中用寥寥数语，就将如何学好语文写作的要诀道破了。事实确实如此，语文写作没有什么经验可谈。他的两个孙子自小与他一起生活，耳濡目染，语文写作应该有所长进，而事实却恰恰相反。赵丰兄弟俩其他功课都还可以，就是语文写作让人操心。兄弟俩给爷爷写信，经常文理不通，错别字连篇，连标点符号也用错。爷爷在信中发现语句有问题，或者捉到错别字，便在回信中指出，有时他们的来信往往被改成大花脸。

赵超构在信中一再叮嘱："从你的来信看，你的语文还很差。以后要加把劲，把语文学好。"每一次语文考不好了，他都要帮忙寻找原因："是作文不行，还是成语测验不行？可能是多看翻译小说，受了影响。"当然，也不单单是报忧不报喜，只要有一点点起色，他就会在信中予以表扬。譬如第一封信开头就赞赏说："比以前写得较有条理了。"

私塾出身的赵超构，自幼背诵《三字经》《千字文》《幼学琼林》和《四书》等，国学根基深厚。他经常给两个孙子翻儿时阅读《三国演义》的老皇历："我八岁的时候，在大岜老家时，就是由我的祖父（你们的老太公）亲自教我读《三国》的，先是看不懂，慢慢地就懂了。"

事实上，少年的赵超构也贪玩，算不上是最出色的，他的祖父赵廷儒经常搬来一只太师椅，悄悄放到他的座位背后，正襟危坐来督学。赵超构经常背不上书，或忘了先生的课业；每每到了此时，他只有摊手心的份，没少挨先生或祖父的板子。先生的板子不痛不痒，只不过是做个样子；而祖父的板子，可是真金白银，打在手心钻心的痛。

赵超构所说的"多读"，无非就是多读中外名著。他认为，二流作家的书，"值不得买"，他将《基度山伯爵》《战斗的青春》《苦菜花》等，都归于此类。他说，"买书要买文笔好的，对写作、作文有帮助"，"文笔一般的，就向学校图书馆借阅算了，不看也无所谓"。哪些书文笔好值得读呢？他购买给孙子或开列的书单中，有《三国演义》《西游记》《李自成》《鲁滨逊飘流记》《铁木儿和他的伙伴》等。《三国演义》《李自成》两部书，是他推荐孙子课外阅读的首选书目。他认为前者"是浅近文言，文理很好"，"可以重读，把每一句话翻词典学懂，文言成语就够用了"；后者"写得很好，要一句句看下去，不要只看故事情节。要学习他的描写、词汇，这样作文就会写得好"。

他所说的"多看"，绝非"多读"之重复，而是指"多观察"，正所谓"读万卷书，行千里路"，就是这个意思。"多写"，则不难理解，这是"熟能生巧"，重于"实践"的必然过程。之前他在一篇《关于写短评》（见《新闻业务》1963年第10期）的文章中就谈及此，他说："文章越是经常写，题目会越多，写起来越顺当。……经常写，由此及彼，产生各种联想，思路是畅通的，又感到一种写作的气氛，因而能不断写下去。如三个月写一篇，往往一篇也写不出来，愈不动笔，笔头愈重，写起来愈困难。对于青年同志，我一向鼓励他们多写，写得多，熟能生巧，有利于写作习惯的养成。"

致赵丰（三通）
高考前后的寄语

（一）

小丰：

　　三月底看了你的一封信，因为我不大了解今年招生情况，没有回你的信。现在，知道今年大学录取率不高，大家都很紧张。我以为，紧张是不必要的。客观情况如此，主要是由于国家还穷，没办法多收大学生，考不上大学，不能怪学生，也决不是什么丢脸的事情，所以不必太紧张。一切按照正常的态度去对付。怎样叫正常态度呢？就是一句老话："作最好的准备，作最坏的打算。"但在准备投考中，要保持身心健康，充分休息。特别是临近考期或检查体格时，切不可以紧张。有的学生身体本来正常，因为检查体格，心跳加快，结果被怀疑作心脏病人。考试时多带一枝钢笔备用。你年纪还轻，今年考不取，还有明年，明年考不取还有后年。即使考不取，作个技工，也还有业余大学可读。怕什么呢？爷爷不会为了你考不取就怪你的。考大学，看来把握不大，那来考中专，我看是有希望的。填志愿时，跟家里商量好，我不便出主张。如果是我自己考的话，我的一个总的原则是相信有知识总比没有知识好，有本领才能对国家多作贡献。不一定死守上海这个地方，也可以考虑某些比较冷门的招生不满额的。当然，你们如果认为技工学校好，也可以。早点踏上工作岗位再用功业余学习，也是一条路。爷爷没有别的办法帮助你，但支持你的学习，多给你买点有用的书，是做得到的。（你前信所要求的那些小说，都是坏书，不必花时间看的。）

　　你的高中毕业考试考完了没有？你究竟准备考大学？中专？技校？家里商量好没有？星期天有空，写封详细的信给我，不要忘记。奶奶也很关心。我的九十一号舅舅的女儿，过去成绩很差，去年也给她考进技校了。所以最后还是希望你不要紧张，即使一个学校也考不上，也不必怕难为情。当然，尽可能地多准备，也是必要的，但不要弄得睡不着觉，临时也不必心跳不定。

爷爷

赵超构致孙子赵丰书信手迹

（二）

小丰：

我于今天上午飞北京开会。九时起飞，十一时就到了。

今年大学录取标准很高，一般大学也很难考上，这当然也不怪你的。但不知自费走读有无希望。

不管怎样，自费走读也好，中专也好，技校也好，如果有结果，你就写信给我，免得挂念。就是什么都考不取，也应告诉我一声。我目前的通讯处是：北京市八大处甲一号八五楼二三七号。开会约两个星期，九月二十日大概可以回上海了。

赵构　廿七日

（三）

小丰：

信早收到。回来大忙，又要传达，又要写文章。看了你的信，我觉得你录取之前太紧张了，录取之后现在你又太轻松了。好象问题一解决，以后"铁饭碗"就可到手了。假如有此想法，你就错了。现在正在改革制度，将来"铁饭碗"吃大锅饭的制度一定是要改掉的。今后，一定是优胜劣败，没本事的人是站不住脚的。因此，你学习时间仅有三年，这三年你一定要把专业课修好。你说的四门功课，都是很重要的。数学、英语也费时间。我劝你在这三年内兴趣不要分散，不要想东想西。小说之类，现在书店里多得很，翻译的往往文理不通，多读反而受害，还不是你能欣赏的。倘使有多余时间，你现在最要补充是各方面的知识，如中外历史、中外地理。前次给你的《前后汉故事》，就是历史性的知识。有这类书，我自然会买给你。这些书虽然枯燥一些，但是没有这种知识，将来会被人看不起。至于文艺小说，等你毕业后来看，那时欣赏水平提高了，或者可以得到益处。鲁迅就曾指导青年不要只是看文艺小说，要多读知识性的读物。

说到集邮，又花时间，又费钞票，这些爱好不能说坏，但必须是自己独立生活后来搞。倘使现在分心在这些事上，弄得入迷，就会影响学业。

赵超构致孙子赵丰书信手迹

集邮的趣味就在于"集",拿人家现成的邮票,算得是什么"集"邮呢?

总之,从你的来信,我看出你有点飘飘然,太轻松了。或者至少是有了这个苗头。据几位大学校长告诉我,现在就有不少学生,一进大学,就以为自己"笃定太(泰)山",不肯用功了。你是不是也有这种想法?你看,现在待业青年这么多,每年都有人淘汰下来,你有了今天这样的条件,还不专心学习,对得起国家吗?我倒没有象你所说的"一怒之下",我是平心静气说给你听的。

首先把门门功课学好,经济管理,就得学政治经济学,这门功课是很难懂的;其次,学好课堂所教的材料之外,倘有时间,多看些科技英语(新华书店都有,都是三四角钱一本的),把英语学得更好。再其次,有多余时间,多看些知识性的读物。三年时间是很快的,千万不要浪费时间在同学习无关的事情上去。打好坚实的基础,学好本领,报效国家。语文也要好好学,《三国演义》可以重读,把每一句话翻词典学懂,文言成语就够用了。

爷爷字

九月廿四日

这一年的夏天，天气异常闷热，上海街头行人步履匆忙。赵超构的孙子赵丰高中毕业，与天下所有的考生一样，正在挑灯夜战高考。这三封信写于1980年。第一封信写于高考前，后两封信写于高考之后，这是一个文化大家以爷爷的身份写给孙儿，也是写给天下所有高考学子及家长的寄语。

20世纪80年代初，我国恢复高考还没几年。考大学，在当年是一件改变命运的大事，尤其是农村的孩子，无异是跳龙门。那时的高考特别难，历年的考生滞留，大专院校录取比例又极低——据说只有百分之三的录取名额，考大学简直是"万人过独木桥"。

赵丰虽然上的是重点中学，但他学习基础较差，平时也不太用功，临时抱佛脚突击复习。高考日期临近，他心里慌兮兮的，有点无所适从。"知孙莫如爷爷"，赵超构在高考前的关键时刻，及时写信开导他。8月27日，赵超构赴京出席五届全国人大三次会议，心里放不下，到了驻地刚搁下行李，便又写了第二封信。这封信虽写于高考之后，但当时分数仍未公布，因而所谈的内容与第一封信基本差不多。略作疏理，无非是这样三层意思：

上　赵东戬探望病中的母亲　（1989年）
下　赵东戬全家福　（1989年）

一是要认清客观形势，僧多粥少，"考不上大学，不能怪学生"。二是要端正态度，"作最好的准备，作最坏的打算"。三是要充分休息，保持身心健康。"考试时多带一枝钢笔备用"，连这么细微的事，他都给想到了，可见他有多用心。他还拿"我的91号舅舅的女儿"——其实也不是什么亲戚，只是同住一条弄堂里的隔壁邻居而已——"过去成绩很差"，但也能考上技校的事例来鼓励赵丰。

赵丰高考发挥不好，最终自费走读进了同济大学建工分校。到学校报到没几天，他就给还在北京开会的爷爷写信。可能是进入大学校园，如释重负，他在信中给人以"飘飘然"的感觉。赵超构给他的定论是：录取之前太紧张，录取之后又太轻松。返沪以后，他专门给孙子写了这封长信，告诫他切不可"铁饭碗"到手，就不肯用功，那就大错特错了。他嘱咐：第一要务还是要专心致志，把专业课修好。所学的高等数学、英语、工程经济学、工程制图等四门功课，"都是很重要的"。赵超构自幼数学不太好，也自学过外语，还是政经专业的老牌大学生，因此他告诫孙子"数学、英语也费时间"，"政治经济学，这门功课很难懂的"，"一些基本的概念，要尽力记住，以后反复地学，才能弄通"。在修好专业课程的基础上，赵超构说"倘有时间"，一是再"把英语学得更好"，二是"多看些知识性的读物"，如中外历史、中外地理等，"三国演义可以重读"。

赵超构业余爱好广泛，集邮也是他的兴趣之一。他从重庆《新民报》时期就开始集邮，集了两大本邮册，而且大都是三四十年代的中外邮票，十分珍贵。有次，赵丰在爷爷的书房内看到邮册后，爱不释手，便向爷爷讨要。爷爷倒是给他了，但后来因他沉湎于集邮，影响功课，便又被爷爷收回。现在，他自认为考上大学，有时间可以玩邮票了，便又在信中向爷爷索取。

赵超构从中看出了苗头，便毫不留情给他泼冷水。他在信中说："说到集邮，又花时间，又费钞票，这些爱好不能说坏，但必须是自己独立生活后来搞。倘使现在分心在这些事上，弄得入迷，就会影响学业。集邮的趣味就在于'集'，拿人家现成的邮票，算得是什么'集'邮呢？"

高考，还有子女教育问题，永远是一个热门的话题。赵超构的这几封信，虽然写于40年前，但他信中提到的"考前太紧张、考后太轻松"的情况当下似乎仍然存在，且大行其道，他信中主张的观点与看法，似乎从未不合时宜，对于当今的考生或家长而言，仍然还有一定的教化和借鉴作用。

第五辑
月是故乡明

每逢人家问我是哪里人,
我说,
是温州人。
温州当然是我的故乡。
……那秀丽多姿的水光山色,
经常惹人怀念。
在我的生命史上,
留下不可磨灭的痕迹。

——赵超构《望乡之情》

月是故乡明　（刘显佑摄　1989年）

上　赵超构（右二）全家福。父亲赵标生（左三）、母亲富氏（左一）、姐姐赵富苏（左二）。右一为赵超构叔父　（富尧波提供）

下　赵超构（右一）与父亲赵标生（右二）、母亲富氏（前排左一）、夫人刘化丁（后排左一）、姐姐赵富苏（右三）合影　（富尧波提供）

致应钧、许岳云（各一通）
唯一的"回忆录"

应钧老兄：

想必你已经到温州了吧？

你还是老脾气。前日你到我家，出示去温州的轮船票和《浙南日报》顾问证，你说：你我是几十年老友。承温州，你的故乡报社看得起我这个老编辑，给了一个顾问的头衔。既然有了这份责任，我就既"顾"又"问"才是，你答应给故乡的稿件至今未动笔，而我明天就去温州，向报社汇报我的组稿工作，本以为可以带上你的稿件当见面礼，如今我该如何办而好？

你的这番话，使我感到很惭愧。我连夜赶写了这篇稿子。匆促之作，对故乡温州的记忆，零零散散也就这些。刊用否，请酌。

专此，致祝

大安！

超构
六月一日

许岳云同志：

我们都是小报编辑，深知办小报的难处。此稿是被老应逼出来的，如何删改，悉听尊便，不必征求我的意见。如不适用，亦请不必复信，覆瓿即可。按你的要求，随信附去近照一张，也不必退还。

匆此，即致

编安！

赵超构
六月一日

这两封信的线索,最先我是从温州《瓯风》上发现的。收信人许岳云先生在一篇怀念老报人应钧先生诞辰100周年的回忆文章中,引用了赵超构信函的内容,文中谈到当年他代表《浙南日报》向赵超构约稿的往事……

农历新年过后一个阳光明媚的午后,在温州市区一个普通的住宅小区里,我见到了年近八旬的许岳云先生。他热情地接待我,看到特地为他带去的《报人赵超构》一书,异常兴奋。他刚动过手术从医院出来,身上还吊着尿袋。洒满一地金黄色阳光的书房,摆放着一张可前后摇晃的躺椅。示意我坐定后,他自己半靠在躺椅上,向我娓娓道来。

1980年,与读者暌隔八年的《浙南日报》复刊。该报创刊于1947年浙南游击根据地,时任特委书记的龙跃亲自撰写《发刊词》。最初报名为《时事周报》,后改为《浙南周报》《浙南大众》《浙南日报》等。1984年正式更名为《温州日报》。当年的编委会决定开辟一个"我和温州"的专栏,专门发表从温州走出去的,或者是与温州有着一定历史渊源的名家回忆文章。

许岳云当年是报社政治文教部主持工作的副主任,他毛遂自荐兜揽了该专栏的组稿、编辑工作。许岳云说:"这么多名家的约稿中,赵超构的约稿是最艰难的。起先,我根据棋王谢侠逊老先生提供的地址,按图索骥,到鲁迅故居附近转悠了一个晚上未果。后来幸亏有应钧先生的帮助,但也经过一波三折。没有应钧先生,绝不可能约到这篇稿子。此稿完全是应钧先生穷追不舍,硬给逼出来的。"

应钧何许人也?应钧生于1917年,卒年不详。浙江鄞县人。解放前曾在《大晚报》《时事新报》等报馆担任采编主任兼副刊主编。他是个热心的老报人,当年许先生向叶永烈约稿时经人介绍而结识。应钧见多识广,熟悉上海知识界情况,因而被聘为《浙南日报》顾问,协助许岳云向沪上名家约稿。

许岳云从书柜上拿出一袋旧信函,从中找出应钧先生当年写给他的信,还有他们的合影照片。信中贴着一张用废纸印刷的名片,上面印着《科学生活》《国际展望》《人防科普》三家杂志的名称。应钧先生是老编辑,同时兼着这三家杂志的编通往来杂务。至于他与赵超构的关系,许先生也说不太清楚,他们应该是交往多年的朋友,既有同乡之谊,又有编务往来。

当时《新民晚报》尚未复刊,赵超构还在上海辞书出版社当挂职副社长。应钧对许先生说:"赵超构心绪一直不佳,不太愿意见客人,更别说应约

1981年中秋，应钧（中）、卜玉青（左）夫妇邀请许岳云（右）出席上海金鱼协会赏月会

撰稿。他与冯英子一起上班，你可先找冯老，探探情况再说。"

12月6日，许岳云信心十足前往，不想结果犹如当头一棒，吃了一个"闭门羹"。他在怀念应钧的文章中，这样叙述道：

上午10时15分，到上海陕西北路457号，找到了辞书出版社，专家们刚在院子里做完工间操。找到冯英子先生，一身咖啡色衣裳，头戴一顶便帽，在院子里蹓跶。当我把应先生向他致意的信笺交奉后，他转身一指，说："前面那位，就是林放。"

真是踏破铁鞋无觅处，得来全不费功夫！院子中央的花坛旁，萧瑟寒风中，一位戴着助听器，穿着一件洗得有点泛白的蓝上衣的老人，正与老专家们蹬腿晃膀子锻炼着。寒暄之后，我开门见山，直奔主题："听说，1958年，毛主席专门接见过您，要您返温写写故乡，这可是有史以来最高层指令宣传温州……您又在温州采访两个月。"谁知，他刚听完我的来意，便一口回绝道："我对很多约稿者说过，今后，再也不写文章啦！对不起，你千里迢迢从故乡来，又通过应钧老兄找我，而我却不能……"他悲怆得有点说不下去。

没有一点转圜余地。当着围上来的辞书专家们的面,我感到尴尬极了。临走时,只能说:"请保重身体。以后有机会,我当再来拜访您。"

应钧见许先生铩羽而归,便不顾下肢丹毒发作,腿脚不便,亲自出马去找赵超构。他找到赵超构,不客气地说:"《浙南日报》明年就要在全省发行,一定要拿出有份量的文章,你就破一个例嘛,利用元旦春节假期给故乡报社写一个稿吧。"赵超构碍于老友的情面,勉强答应下来。

过不多久,苏步青、谷超豪、夏鼐、王季思、周昌谷、林斤澜、苏渊雷、伍献文、严北溟等一大批名家的约稿都陆续到了许岳云的案头,《浙南日报》的"我和温州"栏目也陆续与读者见面,可就是不见赵超构的约稿。到底是哪个环节出了问题?赵超构明明已经答应应钧先生的啊!许岳云觉得事有蹊跷,但因在赵超构面前遭过冷遇,不敢再向他发催稿函,也不便询问应钧先生,时间一久便慢慢将此事给淡忘了。

应钧先生是个执着的人,他没有忘记这件事。有一次,许岳云到上海找他办另外一件事,他主动提起这件事,信誓旦旦地表示他已经有了对策,很快就会促成这桩好事,还请许岳云放心。他在向赵超构约稿这件事上,真是用心良苦,竟然动起了心计。——他托人购买了一张去温州的船票,攥着这张船票,还有《浙南日报》的顾问证,再次找到赵超构。

他带着埋怨,毫不留情地对赵超构说:"你我是几十年老友。承温州,你的故乡报社看得起我这个老编辑,给了一个顾问的头衔。既然有了这份责任,我就既'顾'又'问'才是,你答应给故乡的稿件至今未动笔,而我明天就去温州,向报社汇报我的组稿工作,本以为可以带上你的稿件当见面礼,如今我该如何办而好?"

事到了这个份上,赵超构还有什么话可说的呢?只能"乖乖就范"。当晚,赵超构放下手头所有事,伴着窗外一轮皎洁的明月,挑灯夜战赶写这篇约稿。他以为应钧第二天已赴温"复命",便将稿子并二信,一信给应钧,一信给编辑许岳云,一起寄到了温州。这便是此二信的由来。

赵超构寄来的稿件,便是回忆少年时代在温州五年读书生活的《望乡之情》,洋洋洒洒三千多字,对于一贯提倡写短文的他而言是一个例外。许先生回忆说:"通篇勾划涂乙,改得难以辨认。一看就是酝酿很久的急就章,文字与段落,活脱脱成了大花脸,就像报社老总笔下的大样,读来却乡情殷殷,相思切切……"

事隔近四十年，许岳云仍想不明白：当年《新民晚报》未复刊，赵超构于1978年前后就已复笔，开始陆续在《解放日报》《文汇报》上发表文章。同为家乡报纸的《浙江日报》也向他约过稿，都未曾见过如此抵触，写了杂文《延安之风，高山水长》。赵超构为老家《浙南日报》写篇文章，为什么这么难？他为什么不愿意写呢？

而事实上，回答这个问题并非难事。不是赵超构不愿意为家乡报纸写稿，而是《浙南日报》约他撰写回忆文章，无意中给他出了一个进退维谷的难题。赵超构一向不喜欢写个人经历的文章，他除了1952年知识分子思想改造时写过一篇带有自传性质的小结外，从来不写自传或回忆录。他一直认为，写自传或回忆录，无异于"自吹自擂"，是一件最犯忌的事。发表在《浙南日报》上的这篇文章《望乡之情》，可以说是他碍于家乡报纸，被"逼"无奈，破例写就的唯一一篇公开发表的带有自传性质的回忆录。

【附录】望乡之情 / 林放

几十年来，每逢人家问我是哪里人，我说，是温州人。温州当然是我的故乡。但是，我却不是温州市的市民。我原是文成山区出身，只是在青少年时期在温州读书，先后五年。读了三个学校，都是住宿校舍里，跟温州"城里人"的生活接触不多。当时"城里人"很瞧不起土里土气的"山头人"，我这个"山头人"常受同学的讪笑，但是打起架来，柔弱的城里大少爷却打不过"山头人"，终于彼此不相往来。就这样，我就孤独无伴地在温州读了五年书。直到今天，我还记不起有什么中学时期的老同学可供回忆的。

但是，温州仍然是我所眷恋的鱼米之乡。那秀丽多姿的水光山色，经常惹人怀念。在我的生命史上，留下不可磨灭的痕迹。

就说读书。读书的习惯，读书的乐趣，还是在温州养成的。十四岁之前，我在山区读的是私塾，背诵《四书》《左传》，枯燥乏味，毫无乐趣。又因为私塾出身，没有学过数学，对中学里的数理化功课，学得很糟。我读的第一个学校是教会办的艺文中学；第二个学校是瓯海公学；最后高中是在现在温州一中的前身、浙江省立第十中学读书的。在学习中，除了国文，其他功课都只是免于留级的水平，很对不起老师们的教诲。但是正因为对正经的功课感到乏味，青少年时的精力又比较旺盛，就养成了乱读闲书的习惯。当时也没有辨别的眼光，凡是流行的书就读。说起来，温州确实是个比较开通的地方,"五四"以后的新文化的脉搏,在温州这个地方仿佛在跳动。当时的课外读物,左、中、右都有。中学老师中,也有好几位是很开通的,如朱自清、夏丏尊、刘延陵这些名家,老校长金嵘轩,是位老好人,专讲"道德救国"的。当时也没有什么"权威""领导"在那里规定只许看什么书,不许看什么书。当时读书是没有禁区的。比如说,《胡适文存》和那半部《中国哲学史大纲》就是当时中学里的流行书;还有冰心女士的《寄小读者》,那是一本对我的一生都有影响的读物。鲁迅的《彷徨》,郭沫若的《女神》,都是在温州读的。当时学校教的国文教科书是梁启超的《常识文范》,我很喜欢,同时陈独秀和瞿秋白的政论文章,也是我所爱好的。萧楚女的文章对青年人更其亲切。在府前街,记得有间商务印书馆,那里可以买到文学研究会那批名家的创作和翻译的文学书,也可以买到各流派的社会教科书,如李汉俊翻译的考茨基著的《唯物史观伦理学》,李季翻译的《社会主义思潮》这一类书。最值得留恋的,就在第十中学校门对面,有一间够不上称为书店的小书铺,主要是零售报刊杂志。既卖《醒狮》,也卖《响导》。有些书是别处不卖的,如创造社的出版物。这家小书铺的主人是个瘦削的中年人,他跟我很讲交情。有时我手头不便的时候,他总是说:"拿去看吧,改日再说。"不知这位先生的命运如何?我有时还惦记他。

以上说了这么多,无非说明,从青少年时养成的习惯,真是非同小可,是可以影响一辈子的。我的乱读书、读杂书、跑书店的习惯和乐趣,还是在温州养成的。从一九二六年我进瓯海公学开始,我就把零用钱节省下来订阅几份报刊,那是商务印书馆的《学生杂志》《小说月报》和《东方杂志》。另外,还订阅一份《时事新报》。

在温州五年的读书生活,如今回忆,是没有什么可懊悔的。书读得有点乱,没有在学校里打好治学的基础,这是我一生的遗憾。但免于死读书,香花毒草都接触过,多少有点免疫力,经常地思考探索,不至于轻信一家之言。这对于我后来走上新闻工作的道路未始没有帮助。另外,我在一九二四年进教会办的艺文中学的时候,立下志愿只想学好英文,将来好在洋行或盐务局或海关这些机关找到一个"铁饭碗"。当时这些机关都是在洋大人控制下的,所以要学好英文才行。也正是由于乱读书,接触到一些新文化,接触到一些第一次大革命前夜的风风雨雨、唤醒了我的爱国心,因而在"五卅"惨案发生后,立即跟许多同学脱离教会学校,并且上街游行,抵制日货，从此彻底丢掉在洋大人鼻息下找"铁饭碗"的可耻的念头，这也是一件好事。我记得，在孙中山先生逝世的那一年，我读到《三民主义》，这是我读的第一本政治书。读到书中所说某些国家亡国的惨状，我简直像忧虑天塌下来似的忧虑我们祖国的命运，好些天睡不着觉。我至今还认为，《三民主义》对于我是起了很大的政治启蒙作用的。它使我震动，也促我觉醒。这是一本宣传爱国主义的好书，尽管是属于旧民主主义的论著，在历史上是不应被遗忘的。

如上所述，我于一九二四年到温州，一九二八年在第十中学高中部二年级被迫退学后就离开温州。离开温州正是白色恐怖的时候。回顾故乡，黑云弥漫，当时也就谈不上有什么留恋。抗战胜利后回家探亲，匆匆一过，也没有在市内停留。直到一九五八年初，在杭州荣幸地得到了毛主席的接见，他老人家知道我是温州人，就吩咐说：解放多年了，应该到故乡去看看。自己的故乡，情况熟悉，对比起来特别亲切。因此，我便于当年五月间回温州地区参观学习，花了近两个月，走马观花跑了温州、瑞安、丽水、青田、龙泉等地，到处得到故乡父老的亲切接待。对比解放前后，温州这个鱼米之乡的确是更秀丽了。办了那么多的工厂，开辟了那么多的公路，如今竟可以通车到我出生的山坳坳里面去，这都是过去见所未见的。为此，我事后写了一篇几万字的《我自故乡来》的报道文章，在上海报纸上连载，算是对毛主席的汇报，也是对故乡父老的汇报。可惜，一九五八年后，至今又已二十多年了，虽然多次动念，再回故乡看一看，迄未如愿。我想，总会有机会完成这个愿望的。这里，借《浙南日报》这次征文之便，捎个信息，先向故乡的父老们问好，祝大家在党的领导下，把故乡建设得更美，为四化做更多的贡献。

（原载《浙南日报》1981年6月7日）

致赵云图、朱礼（各一通）
"家书"抵万金

（一）

运图弟：你好！

你的来信收悉，迟复为歉！谢谢你领我到家乡"游"了一回，"看"到家乡变化这么大，我感到十分欣慰。我身体一般。有机会到杭州开会，一定要绕道到上海家里玩，会会面，叙叙本家兄弟的亲情。你的文笔不错，如有文章写起来，可投到《新民晚报》发表。代向乡亲问好！期待家乡建设越来越好！

致

敬礼！

超构

六月廿日

（二）

朱礼同志：

承索简历，拖到今天才匆匆写就，至以为歉。我的经历本来很简单，没有什么可补充的了。照片一张附上，一切请您处理好了。

专此，即祝

春节愉快

赵超构

二月六日

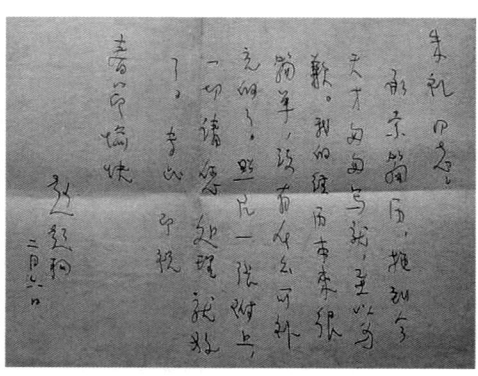

赵超构致朱礼书信手迹

在文成老家，与赵超构见过面、通过信的人不多。我知道的，有李德岳、赵运图、朱礼、刘显佑等诸先生。据我的老师徐世槐先生透露，他也曾与赵超构见过一面，给他带过一个口信，还亲眼见过他破口大骂老娘舅。

这我倒还是第一次听说。

1928年春，新婚燕尔的赵超构离开文成，到外面闯荡世界。也从那时始，一直到逝世，离家六十余年的赵超构便再也没有踏上文成的故土。1948年父亲过世，他赶回瑞安屿头奔丧，因杂务缠身而未回文成；1958年春末夏初，他受毛泽东嘱托回故乡温州，也只到瑞安，还有丽水、青田、龙泉等地跑一圈，"过家门而不入"，有意避开了文成。也难怪，他在文成老家的亲戚，大都打成"黑五类"，鉴于当年特殊的政治使命与身份，他不得不有所顾忌。

赵超构之孙赵丰说："爷爷一生备受思乡之苦，他经常向我讲述故乡的人与事。1958年回乡拍摄的一组风景照，他经常一个人翻找出来看。"

赵运图与赵超构是同族叔伯兄弟，年龄相差一截，赵超构打小离家，彼此未曾见面。1964年，赵超构在报上撰文，称温州之行文成出生地无暇走到非常可惜，隐约透露他想回老家的愿望。赵运图看到文章后，即写了一封长信，向他详细介绍家乡翻天覆地的变化。过不多久，赵超构就给赵运图回信，说谢谢领他回家乡"游"了一回，"看"到故乡变化之大，他很欣慰，还诚挚地邀请赵运图到上海作客，并说有机会一定回老家。

这是赵超构谈家乡唯一的一封信，可惜原信不在了。当我在文成县城横河巷一幢简陋的"通天房"，寻访到赵运图老师时，他正在卧床休息，尽管腿脚不便，但见了我还是支撑起身子下床。他与先父是同事，我与他早些年偶有见面。当我说明来意，他不无遗憾地说："这封超构哥的亲笔信，直信封、直行字、毛笔字，'文革'期间放在单位集体宿舍，不慎丢失了，但信的内容他一字不漏永记心头。"

当过县教育局长的赵运图，退休后主要做两件事：一是"讲古"（文成方言，即讲故事），二是著书。近二十年，故事讲了三千个，书写了三本：《夕阳谷的回声》一编、二编，《夕阳谷又响回声》。有人赠一藏头嵌名联："运交康乐，三千故事，全凭赵老一张嘴；图茂夕阳，十载翻书，岂许先生半日闲。"

赵运图讲最多写最多的人物当然是他的族亲超构哥，还有就是刘伯温与毛泽东。这两个人物，似乎又都与赵超构有关。刘伯温是赵超构珊溪岳

2003年春,赵刘芭(右一)回文成老家寻根。
图为与亲戚见面时的场景

母刘氏家族的祖先,也是梧溪外婆家富氏的"外甥王"——刘伯温的母亲与原配夫人均出自富彊后裔。毛泽东更甭说了,他是赵超构的老朋友,一生与其多有交集,曾七次接见,引为布衣之交。晚年的赵运图乐此不疲,写出了《毛泽东眼中的赵超构》《谈对联,说超构》《赵超构的两处故居及其他》等文章,成为当地研究赵超构的专家。

1987年冬,《文成县志》主编朱礼受县政府之托,赴上海邀请赵超构担任编纂委员会顾问。对于这些挂名头衔,赵超构大都置之不理,但故乡的请求又怎好推辞呢?他二话没说,欣然应允,并爽朗地说:"文成是1946年建县,已四十多年了,至今没有一册现成的志书可以参考,人说修志难,修文成的志自然更难了。盛世修志,我乐意接受县政府的邀请,当你们的顾问。"

赵超构还向朱礼打听老家的乡情,当他得知"火篾当灯草,火笼当棉袄,蕃薯丝吃到老"的时代已一去不复返时,颇感欣慰,禁不住开怀大笑,连声说:"那就好,那就好,我们老家能解决温饱问题,就已经很不错了。"(朱礼、王贵淼:《难忘的乡音》)

《文成县志》邀请的另两位顾问,一是名编辑邢菁子,二是作家苏玉孚(叔迁)。他们与赵超构一样,都是在外多年的文成籍文化界知名人士。邢菁子是人民文学出版社的主任编辑,编辑出版书稿近百部,文成当年的青年作家邢建成创作的长篇小说《大明军师》就是在她的帮助下问世的。苏玉孚是《儿童时代》副编审,著有《陈伯吹传》《五星红旗设计者——曾联松》等。赵超构与苏玉孚同在上海工作,经常会在一些场合见面。

打那以后,赵超构"顾而有问",常常会寄一些与县志有关的材料给主编朱礼。每次写信,总提及修志的功能、作用,并谆谆指点:"修一部志书不容易,是千年大计,要树立质量第一的思想。"朱礼向他索要简历之类小传,告知县志将收入有关他的生平事略,并请他"润色"。赵超构在信中谦逊地说:"我的经历本来很简单,没有什么可补充的了。"

在《报人赵超构》中,我写到这样一件事:赵超构的老娘舅富群英,托一老乡来上海,称外公葬在九园岗的坟坍了,请外甥捎点钱帮忙修一修,不想被赵超构骂了个狗血喷头。

这件事最早见诸于张林岚撰写的《赵超构传》,我曾就此当面请教。张老说,1998年春他赴温州采访,此事源自富瑰雅之口。富瑰雅是赵超构的内侄女,她与家父同校教书,1957年被打成"极右派",开除工职,批斗时被折磨成重伤,蒙冤二十多年。待我求证这件事时,瑰雅大姐已过世,我只得参考张传之文本写这件事。

富群英是一个纨绔子弟,自小聪明绝顶,舞勺之年考上功名,琴棋书画,无所不精,身怀绝技能鼻孔吹箫。但他娇生惯养,天性游手好闲,吸大烟、赌博成性,在他手上败光了祖上留下的全部产业。他听说外甥在上海办报出了名,便赶到上海找外甥。赵超构领他到城隍庙疯玩了几天,规劝他洗心革面,回家好好过日子。当着外甥的面,他信誓旦旦地应允了,可刚回到温州,他就故伎重演进了赌场,将赵超构给他的钱物输个精光。

赵超构故乡龙川老街

赵超构舅父富群英（左一）与亲戚的合影 （富尧波提供）

《报人赵超构》成书时，我与徐世槐老师谈及此。他说，那个上赵家当说客的"老乡"就是他。记得当年——1967年前后，赵超构的舅舅富群英在离他家不远的西坑老街雕刻私章营生。富群英雕刻的私章刀法娴熟，笔意飘逸，堪称篆刻精品，颇得徐老师欣赏，两人时有往来。因而，便有了后来托他顺道给上海外甥带口信这件事。

话说当年徐老师坐轮船到上海，待他办完公干后，便专程乘电车往虹口赶。在指定站点下车，又沿着满是梧桐树的街道兜来转去，终在一个老式石库门的民房找到赵家。赵家陈设简陋，半新不旧的沙发上堆满了书籍、杂物，居室拥挤不堪。赵超构临时在沙发上腾出一个位置让徐老师落座，自己则坐在一只简易便椅上。他用一腔流利的文成话接待家乡人，泡茶，敬烟。当赵超构听完老娘舅捎来的口信，气不打一处来，当着客人的面，破口大骂："败家子！天杀的败家子！坟坍了？由他去吧！祖上500石租被败得精精光光，败光了活人的钱，又想用死人骗钱啦！"

富群英过世后，身后留下一个女儿叫富翠仙。年青时，我回文成老家还见过她，她坐在门台的石板凳上晒太阳。她丈夫早逝，生活窘迫，孤苦伶仃艰难过日子。她是当年赵超构外婆家仍健在的最亲的一位亲戚。赵超构按月汇寄20元生活费供养这位表妹，还经常给她写信。这些信件，可惜没能保留下来。

致刘显佑（三通·往来）
"谈谈乡情也好"

（一）

显友同志：

您寄来的放大照片，已收到。非常之好，已配上框子挂在书房里生色不少。报社的同事见了，都很赞赏，有些同志还向我索取小张的照片，以留纪念。因此，再请您能将这张照片再印十张四寸大小的给我，以赠亲友。或者把底片借我自印，用后即寄还。有件事您可能还不知道，上月十二日我突然昏迷，心跳降到每分只28次。当即到华东医院抢救，并立即动了手术，装上了起搏器。手术很顺利。装上起搏器后，每分72跳，总算从死亡线上救回来了。现出院一个星期，体力还未完全恢复，但安全得多了。人总有一死，但能多活几年也还可量力多做些事，也是好的。把这事告诉您，想来您也会替我高兴吧。最近有机会来上海吗？来时即请到我家坐坐，谈谈乡情也好。

匆此，即祝

健康

赵超构

十一月十四日

（二）

显友同志：

多时不见，甚念。承寄照片早已收到。我今年身体还算好，但体力衰弱，那是没有办法的。来信说到那位池先生，因为年代久远，一时回忆不起了。人生聚散，是很平常的。有人记得有人记不得，不足为怪。但是，他说我代他考进会计学校，则肯定是记错了。因为我在学校功课多不及格，算学尤其糟糕，没有资格代人应考的，而且，也没有考过什么学校。他大概认错了人了。这也不足为怪。我不直接回他信了，便中请代致意。有机会来上海，可到我家聚聚。专复。

（以后来信请写明邮政编号）

超构
六·二九

（三）

显友同志：

来信及人名录已收到。稽答为歉。我是不大愿意写自己的小传的。既然是故乡父老要我写，只好写一篇简单的流水帐（账）寄上。我身体已大不如前，但还可以对付日常生活，勉勉强强而已。你忙得怎么样？今年大水灾，温州、文成还没有波及吧？甚念，甚念。

专此奉复，即祝

健康

（小传笔迹潦草请代抄一份交卷）

赵超构
十·二日

赵老先生，亲家叔大人钧鉴：

惠书及"自传"早已收到，并即将"自传"抄写后转交市志办，并代致谢意。唯迟复为歉，尚希见谅。

接书时正值我单位及住家拆迁之时，很是忙乱。匆忙之中，又接闻起甥从福建来电，赶去共同料理我姐他母之坟墓等事，并在武夷山和雁荡山跑了数天，经过瑞安时遂去探望了云江屿头的赵宅老院，虽已改建为学校，但旧址依稀可辨，门台仍用原来门板。临别时闻起托带一千元给该学校，嘱作修建校门补助。

闻起在交谈中，常怀念叔父您老人家，说中国三支笔，赵家二支半，您老一支，马星野半支等，崇敬之意溢于言表。惜此次来去匆匆，托我奉告，不久再来时将专程来沪拜望，以慰思念之情。先附上在武夷山之近照一幅，暂释远念之意。

顺祝

一切安好！

晚显友拜上
十二月三日

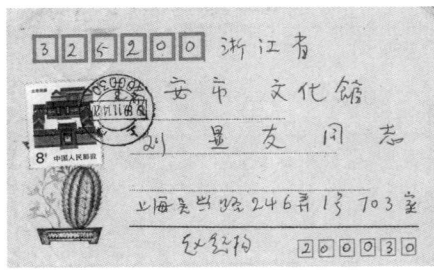

显佑同志：您寄来的放大照片，已收到，非常之好，已配上框。挂在村房里生色不少。我和同事们看了，都很赞赏。方丛二同志还向我索取小张的照片，以留纪念。因此再请您就把已经放了的照片，再加印十张四寸大小的给我，以赠亲友。或者把底片借我自印，用后即寄还。有件事想您可能已忘记了，六月十二日我突然昏迷，心跳降到每分钟28次。当夜新华东院抢救，并立即动了手术，装上起搏器。手术很顺利。装电池处搏器后，由72跳，猛等以死亡线上救回来了。现出院一个星期，体力远未完恢复。但安全现多了。人若有一次能多活几年也还可望不多、健些。拖这么多病来诉您，老来您也全无好办法。抱歉呀，老来上海吗？来时如约到我家里坐坐谈谈、情也好。匆此 节日愉快

健康

匆此手稿

赵超构 十一月十古

赵超构致刘显佑书信、信封手迹

显友同志：

来信及二人名单已收到，转登了款。我是不大愿意写自己的传的。恕此也是对老友要我写点东西的一点请求。我年纪大了，要我写出好多一篇简单的流水账来而已。身体已大不如前，但还可以对付日常生活，勉勉强强而已。你忙得怎么样？长江大水，淹及文成，你这边没有话下吧？甚念甚念。专此奉复，并祝

健康！

赵超构 九·二日

小傅笔迹潦草，请代抄一份交卷。

[信封]
325200 浙江省
瑞安市解放中路85号
瑞安市文化馆
刘显友同志

上海康平路246弄13·703室赵

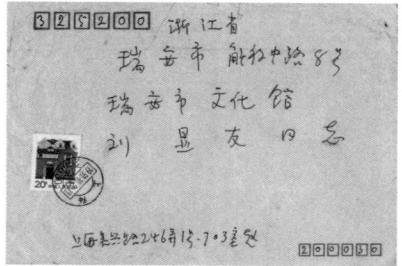

赵超构致刘显佑书信、信封手迹

附：赵超构自撰小传

赵超构，1910年生于浙江瑞安龙川（今属文成）。高级记者、专栏作家，笔名林放。幼读私塾，曾在温州中学高中二年级肄业，1934年毕业于中国公学大学部，即入南京朝报担任编辑工作。1938年入重庆新民报，任主笔。1944年参加中外记者团访问延安，写有《延安一月》一书，客观地报道了陕甘宁边区的情况。1946年后，担任上海新民晚报总主笔、社长等职，为《随笔》《未晚谈》等专栏撰稿。曾任第一届全国政协会议代表，第一、二、三、四、五届全国人民代表大会代表，第六届全国政协常务委员。全国新闻工作者协会副主席，全国晚报工作者协会会长。现任上海新民晚报社长、上海市政协副主席、第七届全国政协常委。出版有《延安一月》（通讯集）、《世象杂谈》（杂文集）、《未晚谈》（杂文集）、《未晚谈二编》（杂文集）。

岁月是一条奔流不息的河，尘世间的一切最终都悄无声息沉淀在历史河床的最深处。手上捧读的旧信，像一叶扁舟荡开昔日时光的涟漪，某些过往的片断或情节不经意间浮出水面……

刘显佑是赵超构的亲戚，他曾多次赴上海赵宅拜访，还专门给赵超构拍照，两人保持通信多年。由于他俩都喜欢摄影，有着共同的兴趣与爱好，因此走得特别近。这几封写于20世纪80年代末、90年代初的信件，可以说是他们交往的见证，从中深刻地感受到他们之间浓浓的乡情与亲情。

刘显佑（1934—），别名显友，笔名山泉、照君，浙江文成人。中国摄影家协会会员、中国甲骨文艺术研究会顾问、浙江省甲骨文学会理事等。一直在文化部门供职，对摄影、书法等艺术门类均有一定造诣。著有《刘显佑书法篆刻作品选》《刘显佑甲骨文论文·书法·篆刻·书信·报告·讲义集》等。

据《温州老照片》介绍，其父刘凤韶（1859—1934），字恩甫，号芝盛，自署南田山人。清光绪三十四年（1908）与兄创办南田妙果寺学堂，凡任校长16年，务教兴学，作育英才，此外于地方尤多慈善逸事，数十年斥金累巨万，被章太炎誉为"南田隐逸"。刘显佑刻一方章，即"南田隐逸

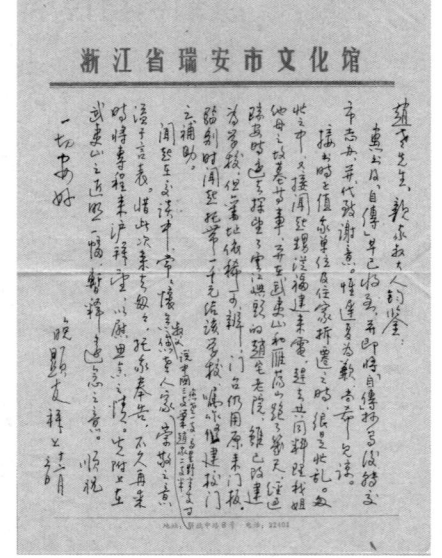

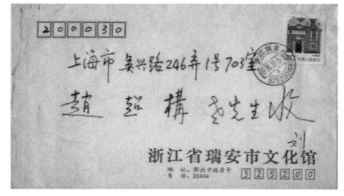

左　赵超构自撰小传手迹
右　刘显佑致赵超构书信、信封手迹

耄耋之子"。"南田隐逸"自然是指其父;"耄耋之子",则自指,其父75岁高龄生他,出生之年即离世,他由嫂娘富氏养大成人。浙南宿儒刘祝群《疢瘨日记》载有其出生的事略,先父富旭《梧溪散记》有专文记之。

刘显佑还有一姐叫翠花,1901年生,长他33载,姐夫即赵超演,也就是赵超构的堂哥。赵超演年长赵超构六七岁,早年参加中共地下党,1930年在大峃街中州庙成立瑞安西区苏维埃政权,担任委员。1938年在长沙率部与中共游击队联合抗日,被国民党顽固派杀害。当刘显佑第一次见到赵超构时,显得有点局促,他不知如何称呼对方。赵超构微笑着说:"你姐夫比我大,是大房长子,他叫我名字,你也可叫我名字。客气一点,跟你姐叫,母跟子称呼,叫我叔叔。不过我50岁以后,人家就叫我赵老。我们自己人,随便叫就是。"赵超构风趣幽默的调侃,一下子使刘显佑显得轻松。从此以后的每次面见,他总是以"赵老"或"亲家叔"称之。

第一次到上海瑞康里赵家做客，刘显佑不禁傻了眼：在外身居副部级高位的赵超构，竟然住得这么差劲，日子过得这么清苦。这是一间旧式石库门老屋，空间逼仄。半身不遂的赵老夫人，常年躺在床上，占了厅房一隅；小女儿刘芭准备结婚，把大哥东戡挤到小阁楼。杂乱无章的摆设，给人乱糟糟的感觉；除了一台12吋的黑白电视机，没有一样值钱的东西。刘显佑对东戡、刘芭说："去买个彩电吧。"他们苦笑着说："父亲不准开后门，高价又买不起，还是将就着看吧。"

赵超构知道刘显佑是搞摄影的，便特地找出几本影集"招待"他。看到毛泽东在延安与中外记者参观团成员的合影，刘显佑一眼就认出朱老总身后那个黑衣者就是赵超构；一册大开本的《简庆福摄影集》让他大饱眼福，这是作者亲笔题赠赵超构的礼物。让刘显佑没想到的是，原来赵超构也喜欢摄影，他还担任过上海市摄影家协会的首任会长。在刘显佑的再三请求下，赵超构拿出了早年创作的摄影作品让他观赏。他滔滔不绝地介绍拍摄时的情景，仍不时流露出"创作时的热情"。共同的爱好，使他们有聊不完的话，也加深了他们之间的感情。

20世纪80年代改革开放后，当时的瑞安县委在上海召开恳谈会，准备邀请赵超构、黄宗英等在沪文化界名人为振兴家乡献计献策，便派刘显佑以亲戚的名义前往邀请。当时的赵超构社会活动特别多，又要写"未晚谈"专栏，每天忙兮兮的，但他二话没说，硬是抽出时间出席了恳谈会开幕式。其间，他还在家里接待了家乡的父母官。时任瑞安县委书记的张桂生，看到赵老家摆设极端简陋的情景，不禁唏嘘不已。

1989年10月，刘显佑再次到上海看望赵超构。此时赵家已经搬到吴兴路新居，居住环境有所改善，但房子没有装修，粗糙的水泥砂浆地面，斑驳的毛坯墙，房间内陈设十分简陋。赵超构在书房里接待他。原先几个肥皂箱叠加的书架，换成了三个装有玻璃门的橘黄色的大书柜，书架上摆满了各种版本的书籍，有的书摊开还夹着纸条儿，整个书房书香弥漫，给人以温馨的感觉……

刘显佑见赵超构兴致不错，便提出为他拍照。赵超构欣然应允，笑呵呵地说："有劳你了。"刘显佑接连在客厅与书房里为他拍了好几张照片。其中一张坐在沙发上掩卷读书的照片，他十分喜欢。照片上的他穿着一件银灰色的茄克衫，手里拿着一本翻卷开的书，正在聚精会神地读书。背景右侧墙上悬挂的是郭沫若的一副字轴。拍摄时，室内光线比较暗，赵超构

上　赵超构与前来上海拜访的老家人合影。左一为亲戚刘显佑，右一为时任瑞安县委书记的张桂生　（1985年）

下　1984年，瑞安在上海召开恳谈会，赵超构应邀出席并发言　（刘显佑摄）

建议打开台灯以补光。台灯柔和的光线，在照片上形成三条自然的光束，为照片增添了一份特别的暖意。

后来，赵超构曾多次嘱托刘显佑将此照加印，放大加框悬挂于书房醒目处，还分送同事朋友作纪念。1990年《未晚谈·二编》出版时，他又将此照作为作者近照刊在扉页上。那次上门，刘显佑还有一个任务，就是聘请他担任瑞安新闻工作者协会名誉主席或顾问。当他开口提出请求时，赵超构呵呵笑，欣然答应。但他谦逊地说："家乡盛情邀请，我哪有不答应之理。我看，名誉主席就算了，就做个只顾不问的'顾问'吧。"

晚年的赵超构，身体每况愈下，多次住院动了手术，还安装了起搏器，但他仍然心系故土，念念不忘故乡的人与事。他在信中多次邀请刘显佑到家里聚聚，"谈谈乡情也好"；1991年华东发生水灾，他顾念的是温州、文成会否"波及"；他不愿意写简历之类小传，但故乡父老要他写，他还是满口应允。他在信中说："人总有一死，但能多活几年也还可量力多做些事，也是好的。"

以上来往信函中，有两件事探究起来，颇有意趣。

一是"替池先生代考会计学校"之事。赵超构说"年代久远，一时回忆不起了"。该池先生，据刘显佑先生说，即瑞安县剧团著名美工池育林也。当我前往寻找时，人早已故去，无从查访。正如赵超构自己所说的，"功课多不及格，算学尤糟糕，没有资格代人应考的"，肯定是池先生认错人了。赵超构在信中喟叹："人生聚散，是很平常的。有人记得有人记不得，不足为怪。"

二是赵闻起"中国三支笔，赵家二支半"之说。赵闻起是赵超构的堂侄，现居台湾。因是中秋节生，故取小名中亮。少年游学，青年到成都军校学习，后转台湾南炮校、台北指挥参谋大学。曾担任台湾国民党"总统府"警卫队副队长、蒋介石侍卫官、侍从组长等。晚年著有《老子真本释解》《刘伯温翊运占卜学》《赵氏尊祖录》等多种。已是95岁高龄，身体仍硬朗，喜欢开着摩托车出门兜风。他也算是个风流才子，恃才自傲，喜欢臧否人物。称赵超构为"一支笔"，马星野为"半支"——此处显然有厚此薄彼之嫌。

马星野（1909—1991），原名允伟，毕业于美国密苏里大学新闻学院，历任南京、台湾《中央日报》社社长、国民党中央通讯社社长等职。著有《新闻学概论》《新闻事业史》《新闻的采访与编辑》《言论研究》等10余种。赵超构和马星野年岁相仿，同为温州老乡，是中国新闻界公认的"两支笔"。

赵超构在看书　（刘显佑摄）

那么赵家另外的"一支半",又指何许人呢?某日遇见刘先生,他说记不得了,当即挂国际长途问其外甥。赵闻起听闻,在电话那头开怀大笑,答非所问,像在说别人的事:"这个牛吹大了!这个牛吹大了!"

赵超构逝世以后,刘显佑、赵闻起舅甥俩悲痛不已。赵闻起发来挽联,曰:"云迷沧海,月暗泉台,万里羁栖游子泪;心系苍生,志存廊庙,九州开济老成心。"刘显佑将拍摄的赵超构生前称"非常之好"的遗像放大,悬挂于办公室正中墙上;赵超构那几封亲笔信压在写字台的玻璃板下,让自己每天都能看到;从不会做诗的他,和着那首刊登在《人民日报》上的悼诗《一笔曾当百万师》的诗韵,写下了人生第一首诗。他给外甥赵闻起致函:"我写不成诗,但那份饱含痛惜之情却是真挚的。"诗曰:

亲呼叔叔敬称师,常梦殷殷接待时。
难忘细语聆大札,高悬遗照激案池。

【附】刘显佑致《新民晚报》并张林岚函

新民晚报负责同志：

寄上赵超老遗照一幅，此照超老生前曾来信说过"非常之好"。在征得他同意后，曾首次发表在《中国摄影报》91年9月份上。并遵嘱寄给他十多幅分发亲友。目前，已见到在全国各种报刊上多次刊用。特此寄上一幅，供贵报作纪念（或发表更好）。

我是他家乡文成县人，又在他家住之地瑞安市工作，与他是至亲。他仙逝时因公外出，仅拍唁电致哀，赶不上来沪，很是遗憾。

现在，想请你们能寄给我若干有关悼念材料及超老的著作等，望尽可能满足我的要求。

同时，他的侄子赵闻起（我的外甥），现居台及美，曾撰挽联悼念及派子、婿赶赴沪家中致哀，希望也能得到纪念书籍等。如承见赠，我可代转或直接寄台或美，他最近赴美地址待告。愿超老在天之灵保佑你们万事如意。

顺祝

编安

刘显友

（1992）6. 25

林岚先生：

照片已印好，现寄上。同时，附后寄上赵老的照片10张，供报刊等用。

复印赵老给我的信二封，供参考。有的信就不复印了。

这里是一篇我写的怀念文章，也供参考。

其他待再寄。

祝

暑安！

刘显佑

（1996）4. 20

于邮局

致赵云孙（三通）
家事是本"难念的经"

（一）

芸孙：

你的信来了好几个月了，我又忙又懒，情绪也不大好，拖到今天才写这封信，请勿见怪。

我现在的冠心病仍未好，动多了就心疼。关于我父坟山修理一事，我也反复考虑过了。首先这一笔修理费还是很困难。现在做生意的专业户，赚个几千上万不稀奇。而我这样的，名气大，却还是两手空空。一个女儿的嫁妆都办不起，还拿得出余钱来修坟山吗？知识分子本来就该穷，我也不怨。不过，现在物价上涨，一个月的收入勉强只够支出，所以修坟之事也暂不考虑了。而且，社会风气不好，你花钱修好了，不久又会有人来偷砖头破坏了的。只好留等阿婶百年之后一起修理了。现在我的大事是，第一：保卫我自己的健康，我一死，连阿婶的二十元也没有人负担（阿戬、刘芭至今五六十元一月）。第二，希望刘芭婚事早点解决。阿丁还是那样，但是越来越没有力气了，一会坐，一会睡，不过糊里糊涂也有好处，什么事都不愁。你们的生活想来也是艰难的。房子还没有收回吧？上海也是这样，占房子的人都有来头，请他搬也不肯。有理说不清。阿婶总算得到你的照顾，我应该感谢你们。但是我实在也没有办法照顾她。但愿她能在我死之前（很可能我先去的，心脏病就是这么一回事）离开人世，少吃些苦。在自地许多人看来，好像我在外很活跃，哪里知道我们的生活和内心的苦恼呢？因为咱们是兄妹，所以向你说些真心话，不必同外人说起也。

专复即问子珊

健康

（本月半要到新疆开会）

超构
八月十二日

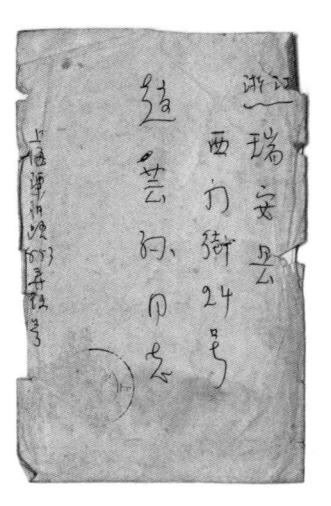

赵超构致堂妹赵云孙书信、信封手迹

(二)

子珊、芸孙：

　　子珊两封信，早收到了。一来因为我身体不好，二来因为来信所说社头房子的事，我反复思量，也想不出什么办法。所以迟迟不能写回信。请你们原谅。

　　关于社头房子的过去情况，子珊来信所说的都是实情。简单地说：这所房子的一半，是属于你俩夫妇所有的。我父亲只占四分之一，另四分之一属于律躬叔的。前几年社头小学有位同志写信给我，问我对房子意见，这是我想不到的。当时想，既然早已归公，那就让他去了。我也不想多添麻烦。所以回信给他说，让公家去处理。当时也没有听说有什么政策，我至今也还不知道对于这种已经被公家征用的房子有什么政策。当然要说清楚，我回答他们的话，只限于我父亲所有的那一部分，不能代表你俩所有的和律躬叔所有的那部分。这一点，你可以向有关机关说说清楚的。我现在所能做的事，只是你们的报告上去后，可以请他们向我调查，我一定负责写证明信。证明你俩对这所房子有一半的产权。

　　关于阿婶的事，也是想不出好办法，只好拜托你俩帮忙处理了。我想，如果有邻居能带便（不是专请一人）照料一下阿婶，代做一点重生活（挑水、洗大件衣服等等），一月送一点东西或小额报酬，我当然要负责多寄一些钱回去。这事请芸孙妹费心，有便告诉我。我的身体很不好，有冠心病、肺气肿、胃炎，天天吃药，走路都吃力。看来也只能活三五年了。老了真是没办法。阿丁现在整天卧床，坐也坐不住了。想起这些事，心烦得很。当然，你们也有麻烦的事，家家都如此。关于房子的事，我看是很难办得好的。因为上面的政策，到下头都推拖，不落实。上海也如此，不仅各个小地方。不多写了。

　　祝
健康！

　　　　　　　　　　　　　　　　　超构
　　　　　　　　　　　　　　　　　九月十五日

子珊吾妹：子珊两封信，早收到了。一来因为我身体不好，二来因为来信所说社头房子的事，我反复思量，也想不出什么办法，所以建造迟迟未回信。关于社头房子的事情，过去情况，子珊来信所说的都是实情。回想七四分之二唐于继彭教的房子的。我又叙述兄弟四分之一，前几年社头小叔有信回来写信给我，向我对房子提意见，子之我想不到的。当时早上归云，郁琳社地去了。我也不势参与麻烦。所以回信给她说，让云家去处理。当时如没有听说有什么政策，我若今也还不知道对于这种纠纷已经雅必承继用的房子有什么政策，首先要说清楚，我回答她如何说，限于我又亲自有的那一部分，不能代表你俩所有的私继彭和好的那高分。这一点，你可以向有光机去说

说清楚足的。我现在所能做的事，是你们的投告上去后，可以请她的向我调查，我一定负责写证明信，证明你俩对家产有一半的产权。

关于阿辉的事，也是好办法，我想如果一起来生活(她水洗东西和一下阿辉，代们—起来住就好)，只好命苦能带便(在转请—人)照料一下阿辉(代我们二月期间寄送一点东西去)。这事清你青岛负责商量一下，阿辉身体你当然担心，我的身体你也放心好。有便告诉我。

有些钱回去，我的身体很好，能吃，能睡。有时头时，回照吃。我近三五年来吃过好办法，阿了欣是电天卧床的老了。爱没办法。党色起着节一心颇得很此。关于上海房子的事，我看了一段时间的。不搬的话，因为上海的政策那，所到下搬起那地方不搞到，不仅自身安全地方上，不要写了，超

健康

超构九月十五日

（三）

芸孙妹：

　　信和电报都收到了。阿婶突然病逝，很是意外。多年来她过了苦日子，我又无法照料她，还好有你们代我照料。直到临终，也是你去侍候的。丧后之事，又是你俩代为处理，真不知怎样感谢你们才好。接到电报后，我一时也心中无数。想得比较简单，以为只要请人抬上坟山就是了。我也不了解当地情况。现在才知道估计不足。现在不知道已安葬好了没有，我是要力求节约办事。一者怕做佛事、摆酒席的影响不好，二是我的财力也有限。丧事办好后，请即给我一信，开支了多少，我当然要汇款补上的。

　　关于屿头房屋的事，我看很复杂。四八年我父亲死时回家一次，以后即没有回乡。土地证的事我一点也不知道，为什么只有我的名字，而没有你的，也不知是什么人办的。土改之后，阿婶即被迫搬出，连屋里的家具都被征收了。……（此处因涉及隐私，略去130余字）下月十日我要去北京，约一星期就回来的，我的身体仍然不大好，全身无力，人老了，没办法的。阿丁也越来越软弱了，整天睡在床上。

　　专复，即祝

你们安好！

　　　　　　　　　　　　　　　　　　超构
　　　　　　　　　　　　　　　　　　九月廿九日

赵超构致堂妹赵云孙书信手迹

这三封信，是赵超构在 20 世纪 80 年代中期写给瑞安堂妹赵云孙的家信，现分别存温州沙开胜、瑞安朱振强之手。开胜兄是赵云孙的外孙女婿，而朱振强则是老人的孙女。多年之前，我曾与开胜兄相约要拜访老人，因我的疏懒，以致未待成行，老人便已过世，成了一桩憾事。我撰写《报人赵超构》时，开胜兄曾将他注释的信稿发我参阅，即之后他发表于《瓯风》第十六期的《赵超构复堂妹的三封信》。我在处理赵超构藏书时，无意间又发现了赵超构逝世后赵云孙写给堂侄赵东戢的信。此信与赵超构的三封复信不甚关联，但总算有了一点"往来"的意味。现一并收录于此。

百岁老人赵云孙（1911—2008），又名云荪、芸孙，系赵超构三叔赵钦佐之女。赵超构与这位堂妹年龄相仿，关系非同一般。他俩，还有胞姐赵富荪、堂哥赵超演等，都是打小一起玩大的童年伙伴。1917 年，他们穿着长袍马褂，戴着黑绸红帽顶的财主帽，一同进入曾祖父创办的"赵同春私塾"接受启蒙教育。童年的赵超构笨头笨脑，背诵不了书，经常挨先生或祖父的板子。现存的有关赵超构的童年轶事，大都出自赵云孙之口。

1924 年，赵超构一家随同三叔云孙之父钦佐，还有六叔钦察、堂叔律躬一家，赵家同春堂一支四房，共二十多号人马，从龙川迁居瑞安城郊屿头安居乐业。信中所说的"社头"，即屿头也。"社"与"屿"温州话同音，因此有时便写成"社头"。搬到屿头的当年，赵超构便考到温州上中学，因此他实际呆在屿头的时间并不长。除了胞姐赵富荪之外，在屿头老家他联系最密切的便是堂妹赵云孙。他俩无话不谈，正如赵回信所言的，"因

赵标生（右一）与继室裘德华（中）晚年仅存的一张合影　（沙开胜提供）

为咱们是兄妹，所以向你说些真心话，不必同外人说起也"。

赵超构在这三封信中，主要谈了两件事：

一是涉及父辈的家事，主要是父亲坟山维修及继母晚年生活的安排及其身后事。

赵父原名钦安，号标生，在国民党官场混迹多年，曾担任过首都（南京）警察厅东区分局局长。1940年患脑溢血瘫痪，以国民政府军事委员会少将参议的身份告老还乡。1948年1月病故于屿头，赵超构从上海赶回奔丧，他手头紧，还向堂妹赵云孙借100块银元作应急之需。四叔赵钦宽、五叔赵钦审携儿子赵超欧，还有堂兄赵超永等前来参加葬礼。葬礼上，由姐夫陈仲公宣读祭文。赵超构在屿头大约待了一周返回上海。当时兵荒马乱，草草将父亲下葬于田螺山上，坟山有待重新修整。但他在信中回复称，"反复考虑"后，修坟之事"暂不考虑"，除了经济状况方面的因素外，也还有人事繁杂无暇顾及的原因。

1931年，赵超构生母富氏夫人生病过世，父亲便又续了弦。信中所称"阿婶"，即继母裘德华。裘早年出身于西湖画舫歌女，年轻时有几分姿色，能歌善舞，整天吃喝玩乐，花钱如流水。早年对赵超构的学业不甚过问，关系有点疏远。父亲去世后，继母没生活来源，赵超构视如亲母赡养，按月从上海汇寄生活费。继母晚年的日常起居、生病苦痛全赖堂妹赵云孙代为照料，赵超构鞭长莫及，除了"负责多寄一些钱"外，没有其他任何办法。其间由他出钱雇请过临时保姆。1986年继母去世，他力主丧事简办。

二是房子的问题。

第一封信中提到的房子，是指瑞安城区西门街2号，三间二层，建于1948年初，属朱隆正、赵云孙夫妇私房。信中的"子珊"，即朱隆正(1910—1995)，17岁考取浙江警官学校，学习三年毕业；1932年，就读于中央黄埔军校政讯处第一期。1949年后，该房被政府收去，先被报社借用，后分给他人居住。第二、第三封信中谈到的房子，即赵父标生与三弟钦佐（即赵云孙之父）、六弟钦察，还有堂弟律躬合建的房子，坐落于瑞安城郊屿头，为法国建筑风格的两层楼房，正房两侧为平房，共有三五十间，屋后还有一个大花园，当地人称"大洋房""跑马楼"。朱隆正、赵云孙夫妇当年也居住于此，1948年初西门街房子建成后，才迁出屿头老屋。佃户一家及赵超构继母裘德华等均住在屿头老屋。土地改革以后，该老屋被政府征收，用于公益事业。

张林岚携夫人到温州采访。左二为赵超构堂妹赵云孙、右一为亲戚刘显佑　（1998年春）

赵超构为这两处房屋归还，没少费心思，曾向有关领导写信反映情况。其实赵超构未曾想要回房子，复信中有透露他真实的心迹，"既然早已归公，那就让他去了。我也不想多添麻烦"。后来，他之所以出面调停，纯粹是为堂妹赵云孙及其他亲戚的利益考虑。对于房子的问题，赵超构在复信中也流露了畏难的情绪，"占房的人都有来头，请他搬也不肯"，"上面的政策，到下头都推拖，不落实"。80年代后期，朱隆正、赵云孙位于西门街的私房终于落实政策，房子归还原房主。但屿头的房子因情况比较复杂，最终不了了之，后由政府部门拆建成为学校。我曾为此专程前往探访，现已寻找不到当年建筑的任何遗存与痕迹。

赵超构还在信中谈到回乡。他说，1948年他父亲死时回家一次，以后即没有回乡。此处笔误。真实的情况是，此后赵超构未回文成老家，瑞安还是回来过的。1958年春夏，赵超构遵循毛泽东的嘱托到温州、瑞安、青田、龙泉等地采访，迫于当时的形势，他到了屿头并未与继母及亲戚见面。

晚年赵超构心绪一直不佳，从他回的信中也隐约可以看出一些消极情绪。家庭经济困难，工资低负担重，幼女刘芭年近自立仍未婚配。另外更要命的是一家人都生病。他自己冠心病、肺气肿等，"动多了就心疼"，自不必说了；"阿戬"长子东戬、次子东戳、小女刘芭均有迁延性肝病倾向，需定期住院治疗；"阿丁"，结发夫人刘化丁脑溢血后遗症，"越来越没有力气"，"坐也坐不住"，长期瘫痪卧床……想起这些，赵超构"心烦得很"。正如他在信中所感叹的，"在自地许多人看来，好像我在外很活跃，哪里知道我们的生活和内心的苦恼呢"？

【附】赵云荪及表亲周达海致赵超构之子东戬信

东戬：

我本来想乘大车（巴）到上海，与您及刘芭等碰碰面，因为老年人走路都觉得不方便，到上海后，又恐难买到温州船票，故此由北京乘中航机直接到温州，一路都好，希勿念。

构兄墓落成后，地址在何处？给我一张照片。

我近来身体总算好，年龄大了，早晚时间也难以预料。

希你们多保重身体！

祝

健康！

三娘云荪

1992年6月25日

东戬：

表叔溘然仙逝，使我沉痛之外，甚感内疚。八三年后，我的健康情况每况愈下，因而长期未曾拜访表叔与你们大家。去年秋间，佳音频传，我以为表叔已无大害（碍）。待我过了秋冬，哮喘稍平一些，再等个好天气日子来拜访表叔，也不会太晚。突然一声惊雷，打得我浑身颤抖，头脑晕眩，太晚了，表叔先一步走了。

世事难以预料，回天也乏力。只好请诸弟妹以顺应变故，勉节哀思，保养自己原也不够健康的身体。

耑此，顺祈

平安！

达海

1992年3月2日

赵超欧致赵超构并静男（三通）
乡音未改亲情浓

（一）

构哥钧鉴：

顷接阿男来信，惊悉吾嫂仙逝，不胜悲痛，谨向阿嫂大人表示深切哀悼！

伏念吾嫂贤淑端方，宽厚仁爱，为支持吾哥远门抗日救国，独力抚育三位幼小的侄儿成才，避寇祸返家乡，备尝辛酸。犹记戤、戬随我上山放牛时，阿嫂一再叮咛，勿要爬树，板潭边去勿得，在门口坐待走等戤戬蹦跳归来。阿嫂进沪后，与吾哥患难与共，不怕特务几次上门恐吓，送哥赴港进京。大军战上海时，避弹桌下，数炮声，迎黎明，屈指盼望吾哥归来。面对"文革"大字报封门，从容裕如，当抄家者拿着仅仅五百元的存折时，阿嫂蔑视地说："就这么点点，还是瞒着老头从牙缝里省下的。"晚岁病榻旁，言及吾哥，如数家珍，双目炯炯有神……吾嫂恩德惠及亲朋，超固妻自黑龙江南下途次分娩东峰（现已大学毕业），全靠阿嫂亲自料理，玉英几次说："没阿嫂，小东峰光屁股回家乡，多难为情。"76年夏，以近七旬的阿嫂亲手给我长女则玲裁制衣服……

俱往矣！转念阿嫂年逾八十，顺命考终，子孙、重孙满前，世之得此，其能几人。恳祈吾哥节哀，以身体自重，吾哥不仅是男戤戬芭辈精神支柱，也是所有亲朋友好的精神支柱。我们远在江汉，《新民晚报》每天必读，"未晚谈"更是文文精读。五六月间连读佳构，正为吾哥康安庆幸，七月不见文字，焦虑不安，今始知吾嫂住院，仙逝故也。再次祝愿吾哥超脱。——笔此忽想及成都文殊院楹联：

见了便做，做了便放下，了了有何不了；
慧生于觉，觉生于自在，生生还是无生。

弟本当正身来沪悼念吾嫂，探慰吾哥及诸侄，以假期去仙桃市讲学课务未了结,不克前来。开学后如无课务,当即来沪探望。

　　即颂

安康

　　　　　　　　　　　　　　　　　　　超欧

　　　　　　　　　　　　　　　承芳率莉春拜上

　　　　　　　　　　　　　　　八月十七日

（二）

阿男:

　　接读来信,十分难过,详见给你爸的慰问信,不另。

　　闻起妻子已来三坑下好几个月。她是超植嫂春花的侄女介绍成亲。她一回来,植、春花重归为好,住在一起了,植70岁春花74岁人了,应该如此。闻起女婿之父母在福州市,他准备先到福州过春节。如何行动,植哥信未说。闻起第二封信未讲行程,大略说:长子（费城宾大毕业,业土木建筑）将携孙去探望超燮俩（李曼云已于7月间返京——欧）,龙川族谱始祖考,在愚园路见到你。原信一时未找到,容后再详告。我校内控严,尚未复信。

　　你在哈二信均悉。外婆又是奶奶,可喜。8.11信内说,闻起今秋来探亲,消息来自何处? 你近去北京吗? 张蓓真曾说（去年12月我晋京公干往访）东耀生前曾相约同往文成家乡探望母亲,现二人虽已作古,还是想去看看东耀的故乡。东耀接济过的亲朋近年大翻身建新房,曾相邀。雅梁去年也说还想回家乡看看,你以前似也有此念。我本想如闻起回家乡,何不趁此共聚热闹一番,但又怕惹是生非,生出意外事端。所以未下决心。超植哥等集资修黄坦祖坟（可能闻起那笔钱一千美元）修同春族谱。在党员重新登记中有反"续家谱,拉房头"一条。闻起有著作十多种,有赵清献公□全集诸好书,但也有刘伯温公翊运占卦学、赵氏尊祖录等书,十分复杂。你在沪待多长时间,有何打算。

　　我在汉诸事尚可,次女近也在谈朋友,法学院研究生,民法方向。次女如出嫁,更身清了。"孩子越大反越难"——近此间流行语。

　　请常来信。戡、戬、芭、小陈均此不另,请代问安! 承芳附话问安!

　　即祝

节哀,健康

　　　　　　　　　　　　　　　　　　　超欧匆笔

　　　　　　　　　　　　　　　　　　　8.17

赵超欧致赵超构书信手迹

(三)

构哥：

接读来信，又见到"未晚谈"新作，知哥哥身体安泰，甚喜。知足常乐，确实，能安安稳稳过个晚年，也该满足了。至于世事变幻，看看而已。"不懂的，不去求懂"，只能如此，岂有他哉！量力而行，实应老年学中一章。故哥此信，我与承芳玩味颇久，觉意味深长。

承询及读、写，离休后反困惑。八七年编印了一本中国评论史，不料正式出版要赔钱，望而生畏遂却步。去年从上海、金华返校后，即陷入家务琐事中，三女分娩，次女又待产。北大老同学又强拉参与广播词典编撰，系里也不放过，还得上点课。到明春才得身清。本来弟想结合旅游来沪看看您老及诸侄。也势难出门。留待明年了。

八四年返家乡后，一直未再去，听说也有所改观。沿东路建了多座楼房，也有乡医院、电影院，在上垟直垄碓建起地主殿，在上垟大枫树下建有"望月亭"。亲属中近出现意大利热。祥荪外孙女今年赴意。我表妹陈彩月（陈大昌后人）两个女儿做皮鞋，在意大利已成女老板。建新房子的不少，但多数仍处于穷困线。出山的富，守住乡土，拿锄头很难锄出钱来。超燮夫妇可能仍在美，李曼云去年夏回国办退休手续后又去了，一般都想挣足五万美元，回来就可吃利息，度晚年，占点公费医疗，所以他们还是要回来的。倒是雅梁可怜，去年刚与一位离休高工好上，今年八月廿九日这位她唯一的精神寄托者又脑溢猝亡。今雅梁受点刺激，血压升高住院，近已平稳，下午四时可以出院，回家吃一顿晚饭，她说出院后来我处散散心。超植在乡间尚自得。

我的身体尚粗健，已是没过去那么用功。出书难，写了也无用。所幸珞珈山临东湖，为晚年休养胜地，近港人出资建成逸夫楼（人文馆），可以临湖看看书报。近赶写广播词书，定稿后不再接活儿。时间可完全自主。早酝酿，敬请您老来珞珈山住些日子。只是家务事不断。目前三女在湖边占得16平方米房，已完全自立，连国庆节也不携孩来打扰。次女在湖边暂借到18平方米房子，还不能开火。她到汉口过江上班，怀孕期间仍住家里。学校新建博士楼十栋，十二月才成，届时五百户大搬迁，次婿才能正式分得一间旧房。我与承芳恐怕仍守住两室，小陈曾来过的。

七六年我访张友鸾老于杭州，张老说您很会出点子，返京定过沪找您云云。所以恳祈吾哥多多指点。

闻起近没消息,明年退休,他才可走动吧,那时他也列入古来稀行列了。

诸侄尚此不另,代问好。即颂

康安

承芳向您问好

弟超欧

十月十一日

(信寄系里慢,一周一次也。寄家,一日两次送上门来)

赵超欧写给堂哥赵超构的几封信,是我在处理赵超构藏书时,在书页之间无意中发现的。前两封信写于1990年8月。当时赵超构的夫人刘化丁刚刚过世,赵超欧接到侄女静男的信后,立即给堂哥写信宽慰。后一封信写于1991年,是接赵超构信后写的回信。我与赵超欧后人联系过,很可惜没能找到赵超构的信。但从这几封留存的信笺中,我们看到了赵超构一家与族亲之间的互动与交集,还有字里行间传递的暖暖亲情……

在文成龙川,赵超构家族可称得上是"簪缨世家"。据《赵氏宗谱》记载,龙川赵氏为宋太祖赵匡胤派下,赵超构系赵匡胤第38世嫡系裔孙。赵超构曾祖父赵朝圭(号恒东)、祖父赵廷儒(号秋岩)、父亲赵钦安(号标生),为龙川人尊敬的"三代廪生"。赵朝圭为龙川地方名绅富贾,诏封为武装德骑尉即补训导增广生,曾推选为贤族长;他在当地办有商号为"赵同春"的商行,堂号为"赵同春"的私塾。

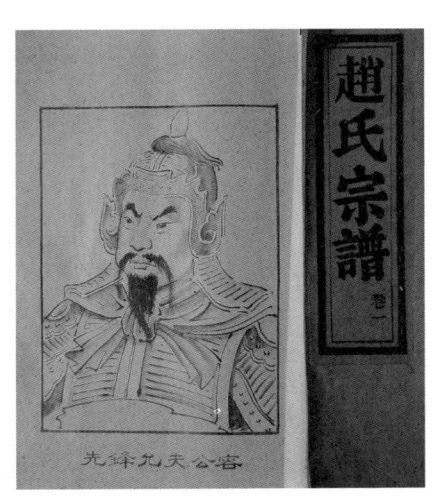

赵氏宗谱

赵超构的祖父赵廷儒共生六个儿子。长子钦安，名准，字任道，即赵超构父亲，曾任首都（南京）警察局东区分局局长；二子钦宰，字颂褒，号正一，潜心修炼拳术，武艺精湛，其门徒曾做过蒋介石贴身保镖；三子钦守，出任黑龙江省学务委员、广西省高等检察厅书记官；四子钦宽，名翊钧，字任迪，号侠群，省立师范院校毕业，执鞭教坛育人；五子钦审，又名严、翊运，号叔应，继承祖业开办同春堂南货商铺；六子钦察，名翊乾，号律躬，北平国立医大毕业，投笔从戎，曾担任南京国防部警卫团少校秘书。

赵超构一代单传，独子，因而他与叔父辈，还有堂兄侄之间的关系特别亲近。赵超构婚后不久，就离开故乡到外面闯荡。抗战爆发以后，在这个兵荒马乱的年代，刘化丁带着年幼的孩子，一直在老家过日子，孤儿寡母，受到了娘家，还有赵家叔伯亲戚的照顾。静男、东戡、东戥姐弟仨在老家度过了最快乐的童年。信中提到的，东戡、东戥随堂叔赵超欧上山放牛，刘化丁"一再叮咛，勿要爬树，板潭边去勿得"，母亲刘化丁当年坐在老家门槛上翘首迎候孩子们回家的场景，现年84岁高龄的东戡先生仍记忆犹新。

1945年抗战胜利后的第一个春天，赵超构回老家与妻子儿女团聚。五叔赵钦审带着超欧兄弟俩特地赶到瑞安屿头见面，兄弟俩缠着堂哥给他们讲延安的见闻。《延安一月》曾经影响了一大批青年投奔革命，其中就包括他的堂弟赵超欧，还有表叔吴君实等，他们都先后走上革命的道路。堂侄赵东耀年少时，手捧一册《延安一月》参加进步文艺社团"燕社"和反饥饿反内战的学生运动。1948年，他不顾家人反对参加中国人民解放军，跟随部队参加渡江及解放大西南战役。

六叔赵钦察的大儿子赵超燮，长得虎头虎脑，是个高中生。这一年，他正好十八岁，想到上海考大学。赵超构瞧他那跃跃欲试的模样，在他胸前狠狠地捶了一拳，当即决定捎他一起走。想当年赵超构考大学去的也是上海，就住在金陵东路堂叔赵钦佐家里。考上中国公学以后，他还经常回堂叔家度周末，享受着离家之后"家"的温暖。现在他带堂侄去考大学，也算是传承赵氏家族的好传统吧。

赵超燮到了上海后，不想考场发挥失利，当年没能考上大学。他有点灰心，便想到新民报馆做学徒，以堂哥为榜样，走新闻成才之路。赵超构耐心地劝说堂弟："你还年轻，不要被一时的失败打垮，好好复习，明年

 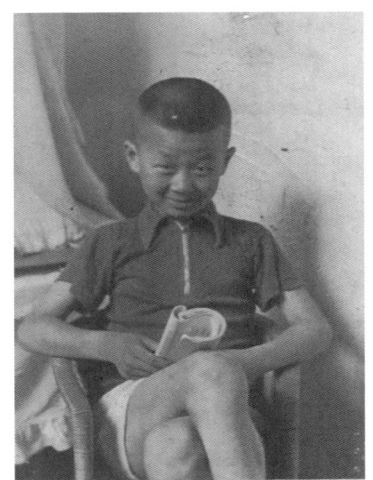

上　　族亲叔公赵刚烈士对赵超构影响深远。图为赵刚全家福

中左　抗日战争前夕，堂妹赵雅梁在南京（赵超构摄）

中右　抗日战争前夕，堂弟赵超燮在南京（赵超构摄）

下　　赵超构（左二）与堂弟赵超燮（右二）及家人合影（1989年）

再争取考大学。"在赵超构的鼓励下,堂弟第二年果真考上浙江大学土木工程系。毕业后分配到北京工业大学,后来还当上了教授,出版了《英汉结构工程词典》《考虑材料塑性的结构计算》《组合结构通用原理》等编著,成为我国公路与城市交通领域杰出的专家。

赵家生活在大上海,经济并不宽裕,主要靠赵超构一个人的工资,上有老下有小,两个儿子一个女儿都在外地上学,小女儿仍年幼,生活过得紧巴巴的。幸好刘化丁是个精明强干的家庭主妇,她的计算能力特别强,过目不忘,什么东西在手上一掂量,就能报出大概的斤两。赵超构是个"甩手掌柜",除了读书写作,家里什么事都不管,全靠刘化丁一个人操持。她精打细算,将一家人的生活安排得妥妥贴贴。夫家娘家,不管哪家来的亲戚,刘化丁都一视同仁,热情招待。

众多堂兄弟中,赵超构与赵超欧最投缘,书信来往也最多。信中所提的"中国评论史",即《新闻评论概观》。此书为赵超欧晚年所著,他找过多家出版社,均因"需要赔钱"而"望而却步",1987年作为武汉大学新闻系内部教材编印。离休以后,赵超欧还参与了广播词典的编撰工作。

有一年暑假,赵超欧专门带爱好写作的大女儿赵则玲到上海大伯家玩。在赵则玲眼里,赵超构是新闻界大佬,心中不免有些惶恐。可到了大伯家,发现大伯一点架子都没有,和蔼可亲犹如邻家大伯。楼上房间摆满了书,他偶尔会从书架上抽出一本推荐给赵则玲阅读。刘化丁是个慈祥的老太太,变着花样给她做好吃的,还戴着金丝老花镜亲手为她裁制新衣裳。

赵超构话语不多,但与堂弟赵超欧却有说不完的话。赵则玲写的《报界宗师:赵超构评传》这样写道:"那一次,堂弟调到武汉大学从事新闻专业不久,去他家,他异常兴奋,竟滔滔不绝地一口气谈了两个多小时,大儿子在楼下叫吃饭叫了好几回,见他们还是迟迟不下楼,就上楼去叫,还当面责怪赵超构说:'嗨,阿爸,你倒好,和我们没几句话说,见了超欧叔却谈得没完没了的。'"

"文革"期间,哥俩彼此的日子都不太好过。有一次好不容易见了面,赵超欧有点愤愤然,可赵超构却乐呵呵的,还和他说起笑话:"中国人民早就站起来了,怎么现在又跪下来了呢?"在那种非常时期,这种笑话,也只有他们哥俩才可以说。

先父在温州中学的同学赵超固,也是赵超构的堂弟。赵超固(1931—),学名冠理,电气副教授。年少考入温州中学,后毕业于温州师范学校,参军选调北京空军司令部担任雷达教官。转业后一直在黑龙江双鸭山从事教学工作，担任黑龙江煤炭职工学院机电系主任。对于他来说，上海堂哥赵超构家是他人生旅途的中转站。1958年，赵超固从部队转业到遥远的黑龙江工作。由于北方气候恶劣，生活条件差，每当妻子临近预产期时，便像候鸟一般拖家带口赶回文成老家生产。由于旅途遥远，交通不便，每次都要途经上海堂哥家休整几天再回文成老家。

赵超固妻子赵玉英怀小女儿时，正好进入隆冬，到处冰天雪地，刺骨的寒风呼呼直往颈脖里灌。赵玉英上火车时已有临产预兆，到了山东境内就要生了，只得半道下车转至山东兖州医院生产。后来，赵超固给这个南下途中出生的孩子起名为"珊艳"，即"山（东）兖（州）"的谐音，以示纪念。

到了上海，妻子赵玉英还在月子里，堂哥家像自家媳妇做月子一样，安顿赵超固一家住下，好生照顾。刘化丁当起了月嫂，跑前跑后，每天杀鸡宰鸭；搬出家里最厚的棉被给月里娘保暖，还给在褪褓中的婴儿扯布缝制小棉袄。赵超欧在信中提到了这件事，我向赵东峰核实，他说："我三伯（赵超欧）将我兄妹搞混了，应该是我妹妹赵珊艳。如果没有上海大妈的照顾，小珊艳只能光屁股回家了。"

赵超构只在故乡度过年少的时光，由于人生际遇的种种原因，后来他就再也没有踏上这片土地。他对于故乡人事的了解，大都来自家人的叙述、亲友来信的介绍。到了老了，他还能用一腔流利的文成方言与人聊天，对于"三坑下""直垄碓""大枫树下"等这些老掉牙的老家小地名，他都耳熟能详，而且从中依稀寻觅到儿时难忘的印记……

有首歌唱得好，"一生最爱，最爱是故乡"。童年在哪里，故乡就在哪里；故乡在哪里，亲情就在哪里。这就是中国人的根！

致姑丈、姑母大人（一通）
庆翔兄何许人？

姑丈、姑母大人尊前：

月前欣读赐训，敬悉大人等福体康复，曷胜欣慰；此后尚望深自珍摄，则侄远在数千里外亦能安心。

此间今冬未见严寒，房中已生火炉。东北物价略涨，校中伙食改为苞米饼，粗糙不堪下咽，侄因之自理炊事，虽略忙碌，但脾胃可提高不少。南方土改正在进行，未识大人处有无麻烦，日以为念。今冬能否返乡，尚未可知。侄抵此后购有书籍甚多，此后拟陆续寄至苏、申，祈能代为保存，不胜感激。暇请时赐训诲，以慰依恋之深。

即此奉书，敬请

冬安

姻侄庆翔敬叩
十二月廿七日

庆翔致赵超构书信手迹

五月的上海，春意盎然，和煦的阳光洒满大街小巷。

我到吴兴路看望病后初愈的赵家小女刘芭姐。她领我乘电梯上楼到另一个套间参观赵超构藏书。墙壁上立着一排摆满藏书的玻璃门书柜，前面一只旧书桌与一把老藤椅。这里是赵超构生前的书房兼卧室。在一本商务印书馆版《中西经星同异考》旧书中，我无意间看到了这封旧信。它呈手帕型状，对开折叠，静静地躺在落满灰尘的书页之间。信是用毛笔竖着书写的，薄薄的纸张有点泛黄，颇有一种老旧的年代感。

这是一封极普通的信，但在赵超构的藏书中发现，它便显得有点不同寻常。赵超构从不保存来往信函，他有随手将它当书笺的习惯。夜深人静时，他喜欢点上一根烟，坐拥书房斗室苦读圣贤书；捧读之间——可能是喝茶或换一本书的时候，就那么顺手一夹，便无意中将这封信保存下来。

刘芭姐说不出这封信的来历，但肯定信是写给她父亲的。后来，我又特地请教她的大哥赵东戡。东戡先生时年已近八旬，他是赵氏家族中最年长的见证者或知情者。他看了信后，说父亲确实有往书里夹信的习惯，但他也不清楚庆翔为何人。

从信的内容看，写信人是赵超构的姻亲侄子，在东北某校求学或教学。至于哪个学校，语焉不详。信中除了问候外，大都是鸡毛蒜皮的家长里短：伙食下降改为"自理炊事"，南方土改"未识大人处有无麻烦"，"购有书籍甚多""祈能代为保存"等。在刘芭姐少儿的记忆里，确实有过父亲为别人保存书籍之类事，但对方是谁，就一点印记都没有了。从信中可见，赵超构与庆翔兄关系非同一般，两人无话不谈，且志趣相投。

刘芭姐说东北倒确实有过姻亲。她的姐姐赵静男早年北上求学，后来嫁给了俄罗斯文学研究专家刁绍华为妻，从此留在了北方。但仔细一琢磨，很快就排除此信与静男有关。信中提及"南方土改"，1949年后我国土地改革始自1950年，至1952年底结束，就此推断此信写于其间。而此时的赵静男还在上海父母身边读书呢，与夫君尚未认识；再者刁绍华为吉林德惠人，与南方也无任何瓜葛。

我的目光停留在赵家南方亲戚身上，首先将信拿给两位熟悉的年近九旬的老先生辨认。一是刘显佑先生，二是赵超构的堂弟赵超固先生。刘显佑与赵富两家都有姻亲关系，好多带有疑问的有关赵超构的陈年旧事，一问一个准，大都能说出一个之所以然；赵超固与堂哥赵超构情深意笃，一生坎坷，还有过多年东北生活的经历。遗憾的是，二老见了信后均称不认

赵东戬（左二）参观"赵超构纪念馆"时，情不自禁向嘉宾介绍父亲当年购买脚踏风琴时的场景 （2010年）

识庆翔兄，也从没听赵超构说起过这个人。

从台头称呼"姑丈、姑母大人"来看，写这封信的人最有可能是赵超构夫人刘化丁的娘家人。赵超构与刘化丁同庚，谈不上青梅竹马，却是相隔不远的同乡。刘化丁的娘家在浙南文成珊溪。珊溪地处飞云江上游，是旧时连接闽浙的主要官道与码头。原来这里叫三溪、杉溪，后因周边小山如珊瑚礁，便改名为珊溪。

刘家系明代开国元勋刘基后裔，迁自"天下七十二之第六福地"南田山，世代以撑船为生。到了刘化丁爷爷刘开序这一代，因经常外出见了世面，摸到做生意的门道，便开始改行经商，逐渐成为珊溪当地少有的殷实之户。据说，在飞云江码头附近街尾村商号为"刘振丰"的商铺，就是刘开序开的，生意做得很大。后来，他置办了二十余间店面，盖起了当地最气派的四合院，天井开阔，还砌有走马楼。

刘化丁是父亲刘际墨的遗腹女。刘际墨与泰顺夏氏温温结为秦晋之好，刘际墨在上海求学，不幸暴病英年早逝。夏温温生下了女儿，并将其扶养成人，自己再未嫁人。她给女儿取名"阿丁"，即有唯一传下人丁之意。后来，刘家为了续下香火，又过继同宗子弟刘博仁为子嗣。珊溪第一所学校——天后宫学堂（现珊溪小学），就是刘家所创办。1949年后，刘博仁曾在该校担任过校长，后因画了一幅"青蛙打鼓、蚱蜢弹琴"的水彩画而被革职。

　　赵超构的母亲富氏夫人早逝，岳母夏老太用瘦弱的肩膀默默地担当起母亲的职责。当年正值抗战时期，赵超构独自前往南京、重庆等地求学办报，刘化丁每次怀孕就回娘家，在娘家生孩子坐月子。静男、东戡、东戳都是在外婆家出生的。夏老太包揽了对女儿的护理，以及孩子们的吃喝拉撒。文成珊溪外婆家成了赵家的"大后方"。那个时候，因战乱和物资贫匮，家里几乎要揭不开锅。但夏老太总是宁可自己饿着，也要从牙缝里"挤"出小米粥，让孩子们有吃有喝……

　　抗战胜利后，赵超构经南京回到了上海，以总主笔身份创办上海《新民报》晚刊，总算与家人团聚了。1949年后，赵超构曾接岳母到上海养老，可老人不习惯城市生活，最后还是回到了珊溪老家。夏老太晚年有一个心愿，就是要为刘家创办的珊溪小学办件好事。赵超构知道后，便以老人的名义购买了一架脚踏风琴送给学校。

　　时光更迭，如今赵家在老家的亲戚已不多，他夫人刘化丁那边的亲戚更是寥寥无几。温州城市大学的刘玲玲是刘化丁过继的同宗兄弟刘博仁的孙女，管刘芭喊表姨。2010年，我陪同东戡、刘芭兄妹俩，到文成出席赵超构诞辰100周年纪念大会，与接待方时任统战部长的刘玲玲不期而遇。她挽着刘芭姐不放手，人前人后喊着表姨，那个亲热劲就甭提了。活动期间，她全程陪同，还领着赵家兄妹到珊溪走亲访友。

　　当我将信拿给刘玲玲看时，她说："庆翔这名字我没听说过，我父亲已过世，而我母亲知之甚少。只能问问其他亲戚是否知晓了。"农历新年她回文成老家探亲，特地问了家族里最年长的长辈，遗憾的是也没下文。

　　另一位住温州的刘家亲戚柴良干证实，刘化丁还有一个舅舅叫夏子鸣，庆翔兄会不会是夏子鸣那边的亲戚呢？夏子鸣早年从泰顺搬到瑞安，在城关西门百泽埠（泰顺公所）旁开山货行生意。赵超构的父亲赵标生也在西门街开过山货行，他们是生意场上的旧识。姐夫刘际墨过世后不久，夏子鸣曾接姐姐夏温温及外甥囡刘化丁到瑞安小住，他是看着刘化丁长大成人、结婚生子的长辈。

　　赵超构与刘化丁大喜之日，还发生过这样的轶闻趣事：当迎亲队伍经过瑞安南门纪念碑城门洞时，因方桌上抬的十几床棉被超高，无法通过；只得弃掉方桌，将棉被放地上拖着过去。洞房花烛夜，舅舅夏子鸣的小女夏秀英硬是挤在新郎新娘中间睡觉，不愿离开。时年夏秀英年仅七岁，生肖属狗，新郎新娘恰好大她一轮，也属狗。赵超构望着满屋的红双喜，打趣地对前来瞧热闹的人说："新床上躺着三条狗，今晚是三狗闹洞房啊！"

抖搂这些事的柴良干，就是当年那个懒在新房床上不肯走没让新郎新娘同房的小姑娘夏秀英后来的乘龙快婿，但这一切，似乎都与我要寻找的庆翔兄无关。

中国人的姻亲关系错综复杂，碰到一个沾亲带故的就能挖出整窝七大姑八大姨来，而彼此八杆子都打不着边。庆翔兄是何许人？寻找了一大圈，最终还是回到了原点：查无此人。他有可能是赵家亲戚不太熟悉的一个远亲，也有可能原本就不是亲戚，而是与赵超构以姻亲礼遇相待的一个旧识……其实，庆翔兄何许人并不重要，重要的是打开这封被岁月尘封了六七十年的旧信，让我们从中触摸到了赵超构的人文过往与书信之外鲜为人知的亲情故事……

【附】亲戚刘日中致赵静男、赵东戡信

阿男表姐、东戡表兄：你们好！

来信收悉，听到姑母去世的消息，我们感到很痛心。姑母生前待我们这么好。她病了好几年也没常去看望她。也没有什么东西孝敬她，也很少给她写信安慰。一想起这些，我们永远感到内疚。尽责怪我无用，无孝心的侄儿吧！

当知道你们搬迁新居的时候，我也曾想在今年5月或6月份来上海看望姑母一次的。只因我这几年开了一个店铺，劳力不够，自己整天忙忙碌碌而把来上海的念头搁下了。失去再看姑母一次慈祥的面孔感到很后悔。

阿男表姐路途这么遥远，这次恰巧回沪还能再见母亲一面，我们为你庆幸。只恨我们自己太对不起姑母。近来姑夫的身体好吗？东戡和东戡一家，刘芭一家都好吧？念念。姑夫老人的身体你们多多照顾。这次绍华表姐夫有来上海吗？待天气适应些时，欢迎阿男表姐、东戡表兄等能一起来珊溪一趟，团聚一次。我们几十年过去了。相隔这么遥远，现在你已退休了，这次恰巧又在上海，能有这么巧的机会吗？望切切能在9月份来一次珊溪。那时的天气已转凉了，阿香姐也很想念你们。

我一家都好。今年最小的女儿也已大专毕业分配了。家中比较称心的。

祝你们

好！

日中

1990年8月16日

致洪瑞钊（往来）
最后的"绝笔信"

超构吾兄：

三年不见，怀想为劳。今日欣逢吾兄岳降八秩之辰，谨奉寸简，直抒胸臆，聊伸祝贺感念与敬爱的微忱。

每念吾兄平生志节之忠纯无疵，心地之光明开朗与待人之直谅诚挚，为朋侪中所仅见，洵不愧为革命知识分子之楷模！最使弟终身铭记此，即"文革"以后，吾兄对弟启迪深与爱护之切，不胜偻指。缘弟解放以前，中风狂走，自捐盛时，学问德业，一无可取。建国以来，遭际坎坷。虽竭忠尽瘁，兢业从公，奈旧文人的结习未除，涵养太差，久沦末秩，乃分之宜。忆数年以前，偶受委屈，辄告诉吾兄，藉舒积郁。赖兄匡其不逮，使弟感悟，幸得旧怨全消，此一事也。

弟从国民党带来的最大毛病，即喜自吹自擂，夸耀自己，恬无知耻；甚至在几位初识的侪侣中，妄说："张承宗同志厚我，厚我。"且虚言状。虽四十年来，仅此一次，但此种标榜招摇之恶习，实为我解放以来品质上之莫大污点！后来痛自刻励，引为终身之戒。曾拟致书张公未果，内疚至今。此又一事也。

今弟年已八十有五，愧对国家毫无贡献！惟区区献身统一之心愿，未尝暂忘。前岁本已有挈眷赴京之打算，旋因家中多事，延搁再三，今年能否实现，尚未前料。知蒙关爱，附笔奉陈。

专此致贺，敬祝

健康、长寿、晚福无量！

弟瑞钊敬上
1991.5.17

君勉兄：

信收到，但地址"溧阳路"现已过时了。我于一九八八年就搬了家，现住吴桥路246弄一号楼703室。以后来信请寄延安路新民晚报为便。

寄来的信和诗，都拜读了。诗意浑厚雄健，信佳作也。弟今已八十二

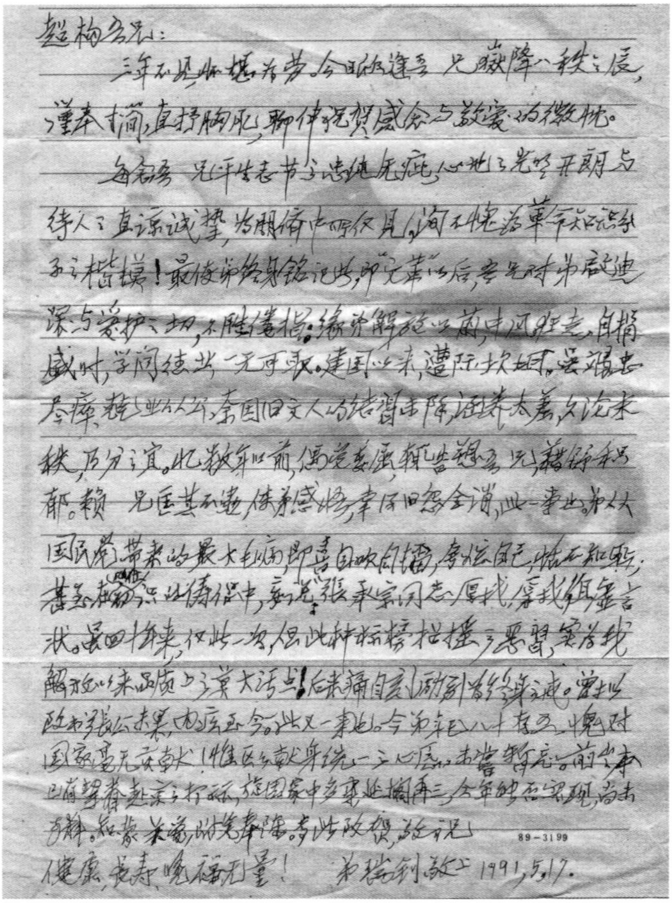

超构先生：

　　三年不见如隔若干岁，今日欣逢吾兄九秩降临之辰，谨奉书简，直抒胸臆，聊代祝贺盛会与敬意的微忱。

　　每念及吾兄平生志节之忠纯无疵，心地之光明开朗，与待人之真诚诚挚，为朋侪中所仅见，尚不愧活着革命的记录乎子之楷模！最使弟钦佩记此，即吾弟以后，蒙兄时予启迪深与爱护一切，不胜感慨。缅怀解放以前，中国壮志自摧威叶，学问徒业一无可取。建国以来，遭际坎坷，受难至多，雄辩业从未蒙国旧文人诸习主降，风骨丢著，允允未铁，至为宜。忆数年以前，偶逢孟甄告慰吾兄诸好和郁，况兄长其不屈伟为感怡。幸后回念全谱，此一事此弟对国民党带来的最大创痛即喜回吹自愿，身逸自忆，惊不知知，潜居抱志以待怪中，前若张乘烹同志，原找骨我但信此最四择来，但此一次，信此种构辖搂摇，思想案后现解理以求质上实大活当，后来涌自感愿创首终黎迷。常欢胜书张公未果内底五合，此又一事也今兄年八十有三，愧对国家毫无贡献！惟民众身统一之心底，未尝稍怠。前少本随绿春起来，行路，拖困家中多事业摘庠三五年缓在实现高古所辑，结紫朱葛，以先率陪寿持改祝，路祝健康长寿晚年重耀光量！

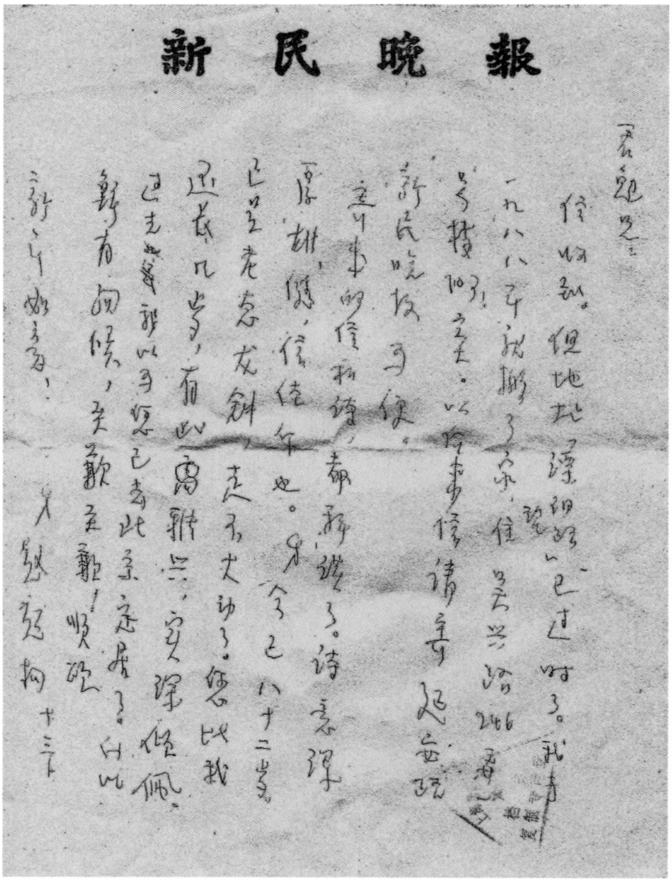

　　　　　　　　弟瑞钊敬上1991,5,1.

俺招构先正：

您的欸鸟、但地址误仰如已過明了武...

[余下难辨，最后署名：洪瑞钊]

赵超构与洪瑞钊往来书信手迹

岁，已是老态龙钟，走不大动了。您比我还长几岁，有此雅兴，实深倾佩。过去我以为您已去北京定居了，所以鲜有问候，至歉至歉！

顺颂

新年如意！

弟赵超构
十三日

这是赵超构写的最后一封信。

1992年1月13日夜，患重感冒胸闷气急的他，拖着羸弱的身躯无力地瘫陷在书房的藤椅上，勉强握住手中沉重的笔，写完这封回函。字写得有点歪歪斜斜，显得有气无力。终于又完成了一件事，他苍白消瘦的脸颊上露出了欣慰的笑容……

一个月以后，他再也没能从医院里走出来。"病危贻手札"，从某种意义上讲，这是他的"绝笔信"。

收信人君勉，即社会学家兼文化论者洪瑞钊（1906—1996），君勉为其字，浙江瑞安城关人。他出身于书香门第，仕宦之家，国立东南大学法科毕业，历任国民政府交通部秘书，三民主义青年团总团文书处处长，立法院立法委员，中山大学教职等。1949年，他与周伯敏、葛克信、萧觉天等部分立法委员在上海宣布起义。

年轻时，洪瑞钊忧患于国民革命过于泛滥的恋爱现象，而著有《革命与恋爱》一书，曾经名重一时。鲁迅在1921年致周作人的信中称，"《时事新报》有某君（忘其名）一文，大骂自然主义而欣幸中国已有象征主义作品之发生"，其中的"某君"，即洪瑞钊也，"一文"即指洪瑞钊当年刊登在《时事新报·学灯》上的《中国新兴的象征主义文学》。洪瑞钊认为冰心的《超人》与《月光》，叶圣陶的《低能儿》，许地山的《命命鸟》均属象征主义作品，以致惹鲁迅气愤大呼"教人不知所云，痛杀我辈者也"。（见《鲁迅书信》）

洪瑞钊与赵超构有同乡之谊。1924年，赵超构父辈从龙川搬到瑞安城郊屿头前，赵家与洪家就有来往，他们因此而相识。洪瑞钊是温州教育家洪彦远之侄，洪彦远担任过省立第十中学（温州中学前身）校长，曾慨然解囊资助苏步青赴日本留学。赵超构到温州上中学时，洪彦远已调离。

当年的赵超构读了《革命与恋爱》一书，对洪瑞钊钦慕至极。洪瑞钊

中年时期的赵超构（左）与洪瑞钊

虽年长几岁，却生性好激动，豪情胜慨，遇事往往难以自制，而赵超构恰好相反，沉稳冷静，老成持重，两人在性格上刚好是个互补，因此而成为好友。年轻的时候，他们天各一方，不是常见面，但经常鸿雁传书，以诉衷肠。

到了晚年，他们同住在上海，偶有见面。洪瑞钊十分钦佩赵超构的为人，有心事喜欢向他倾诉，称赞他"志节之忠纯无疵，心地之光明开朗与待人之直谅诚挚，为朋侪中所仅见，洵不愧为革命知识分子之楷模"。

赵超构因搬了新家，洪瑞钊之前又有过"挈眷赴京之打算"，在一个相当长的时期，他们都未曾联系。1991年5月，洪瑞钊特地写信祝贺赵超构"岳降八秩之辰"，还随信捎来了几首诗词作品。此前，他也有给赵超构寄诗词的习惯，以便转交副刊"夜光杯"刊发。因信件寄到赵超构原住址溧阳路，再转到新民晚报社，中间费了周折，以致数月之后才收到。

这封被赵超构称作佳作的信函，还提及了两件旧事："'文革'以后，吾兄对弟启迪深与爱护之切，不胜偻指。缘弟解放以前，中风狂走，自捐盛时，学问德业，一无可取。建国以来，遭际坎坷。虽竭忠尽瘁，兢业从公，奈旧文人的结习未除，涵养太差，久沦末秩，乃分之宜。忆数年以前，偶受委屈，辄告诉吾兄，藉舒积郁。赖兄匡其不逮，使弟感悟，幸得旧怨全消，此一事也。

"弟从国民党带来的最大毛病，即喜自吹自擂，夸耀自己，恬无知耻；甚至在几位初识的俦侣中，妄说：'张承宗同志厚我，厚我。'且虚言状。虽四十年来，仅此一次，但此种标榜招摇之恶习，实为我解放以来品质上之莫大污点！后来痛自刻励，引为终身之戒。曾拟致书张公未果，内疚至今。此又一事也。"

张承宗与赵超构同庚，浙江镇海人，1937年入党的老革命，知名社会

《革命与恋爱》书影、篆刻

活动家。历任上海市副市长、市委统战部长、人大副主任、政协副主席等职务,曾是洪瑞钊的"顶头上司"。他俩都与金仲华订交,张承宗与金仲华同住一个里弄,赵超构前往金府拜访金公,彼此偶有碰面。张承宗担任上海市委统战部长期间,连续两届兼任统战理论研究会会长,而赵超构一直任副会长。后来,他们又同为政协副主席,接触日益频繁。正是有了这些关系,因而涉及张承宗之事,洪瑞钊便向赵超构倾吐。洪瑞钊晚年曾任民革中央团结委员会委员,致力于祖国统一大业。他在信中说"今弟年已八十有五,愧对国家毫无贡献!惟区区献身统一之心愿,未尝暂忘",一个爱国知识分子的拳拳之心,跃然纸上。

收到回信没过几天,洪瑞钊就从报上看到赵超构逝世的消息。悲痛欲绝之余,拟就一幅挽联:"弱冠励心期,最钦椽笔凌云,议政匡时,报国文章播四海;病危贻手札,痛惜屋梁落月,情深义厚,毕生风节炳千秋。"过不几天,他又在《联合时报》发表《怀赵超构同志》二首,以示悼念。诗曰:

驰骋文场老伏波,勇挥战笔鬓毛皤。
潮平崖阔操舟稳,细雨和风润物多。
但愿有生皆悦怿,何忧无地不讴歌。
春来文兴豪于昔,一笑还将冻笔呵。

无冤清才第一流,群贤雅集古梁州。
文章当世雕龙手,风节平生鸣凤俦。
墨耨笔耕逾五秩,晨钟暮鼓并千秋。
激扬正气能兴国,最忆词人赵倚楼。

赵超构在北京香山 （1991年）

附录　赵超构年谱

1910 年（清宣统二年）　一岁

5 月 4 日（夏历庚戌三月廿五），出生于浙江省青田县南田区梧溪村（今属文成县西坑畲族镇）外婆家。

原籍浙江省瑞安县嘉义乡，民国三十七年（1948）划归文成县龙川乡，现属该县大峃镇龙川社区。

父赵标生，清末廪生，曾参加辛亥革命，安庆武备学堂毕业后，任职北平、南京，晚年休隐瑞安城郊屿头村。母富氏，青田县南田区梧溪村（今属文成县西坑畲族镇）人，家庭妇女。

摆过"三旦酒"，即抱到南田镇甲边村一户厉姓人家喂养。

1912 年（中华民国元年）　三岁

随母去北平，在父任所度过两年。

1914 年至 1916 年（中华民国三年至五年）　五至七岁

在梧溪外婆家度过童年时光。

到梧溪玩水，耳鼓进了水，落下重听的病根。

1917 年（中华民国六年）　八岁

回龙川进"赵同春祠塾"就读。祠塾系曾祖父赵恒东创办。塾师徐更卿为他取学名"景熹"，此名沿用至大学毕业，并用作笔名。

1924 年（中华民国十三年）　十五岁

随家迁居至瑞安县城郊屿头村。就读温州教会学校——艺文中学。

1925 年（中华民国十四年）　十六岁

参加"五卅"反帝爱国运动。脱离艺文中学，上街游行，抵制日货。

改入瓯海公学（今温州四中）就读。开始广泛阅读进步书刊，接触孙中山、鲁迅、陈独秀、瞿秋白、邹韬奋、郭沫若、胡适等人著作。

1927 年（中华民国十六年）　十八岁

考入浙江省立第十中学（今温州中学）。

1928 年（中华民国十七年）　十九岁

被迫退学。

与瑞安珊溪（今属文成县）刘化丁结婚。

1929 年（中华民国十八年）　二十岁

赴日本游学。

1930 年（中华民国十九年）　二十一岁

秋，就读上海吴淞中国公学大学部政治经济系。

1931 年（中华民国二十年）　二十二岁

继续就读中国公学大学部。

年底，母病逝。

1932 年（中华民国二十一年）　二十三岁

继续就读中国公学大学部。校舍被日军炮火炸毁。开始给多家报刊投稿，"学着走韬奋的路子"。

4 月，长女静男生。

1933 年（中华民国二十二年）　二十四岁

继续就读中国公学大学部。

1934 年（中华民国二十三年）　二十五岁

完成毕业论文《世界短期资本之研究》，并在《东方杂志》（三十一卷六号）上发表。

4 月，受聘为南京《朝报》国际新闻版编辑。与张慧剑成为同事。不久任主笔。主持"小评"栏目，笔名沙、驼、超、构、景、熹等，逐日撰写时评。

10月29日、11月2日，与马寅初论"傻官"与"傻报"。

1935年（中华民国二十四年）　二十六岁

3月，为史学家吕思勉辩解，与《救国日报》老板龚德柏打笔墨官司。

10月，长子东戭生。

1937年（中华民国二十六年）　二十八岁

7月7日，全面抗战爆发。

8月11日《朝报》停刊，撤往昆明。三年（1934年至1937年）发表言论两千多篇。

1938年（中华民国二十七年）　二十九岁

1月15日，《新民报》迁重庆复刊。

1月，次子东戳生。

5月，奔赴重庆。

5月，逗留武汉期间，参加救亡活动，以投稿为生。在汉口汉安里花费半个月，完成《战时各国宣传方策》，计七万余字。

7月，受张慧剑介绍加盟《新民报》。任国际新闻编辑。不久升任主笔。"三张一赵"（张恨水、张友鸾、张慧剑、赵超构）聚首。

12月，《战时各国宣传方策》，由重庆独立出版社出版，正中书局服务部经销。

1939年（中华民国二十八年）　三十岁

5月3—4日，日机连续大轰炸，《新民报》与《新华日报》《中央日报》等十家报馆从闹市区疏散到郊区，暂时停刊，联合编印《重庆各报联合报》。其间独居花丘湾。

8月13日，《新民报》恢复单独出版。

1941年（中华民国三十年）　三十二岁

6月7日，《新民报》社址及职工宿舍遭日机轰炸，器材设备被毁，三名职工遇难。

秋，父退休还乡。

11月1日，重庆《新民报》增出晚刊，"今日论语"专栏开笔。晚报受到读者欢迎，扭转了《新民报》严峻的经济局面。

12月29日，撰写《"洋狗乘机"辩》，被开"天窗"。

1942年（中华民国三十一年） 三十三岁

4月29日，发表《关于胡适放林损》，提出不同于胡不归的见解。

秋，周恩来应陈铭德邀请，由郭沫若陪同，到陈寓所与《新民报》部分采编负责人会晤。

1943年（中华民国三十二年） 三十四岁

6月上旬，与张友鸾、张慧剑、赵继纯等，前往四川成都筹办晚报。

6月18日，成都《新民报》晚刊创刊，"未晚谈"开笔。

9月，《新民报》总管理处成立于重庆，拟定"中间偏左，遇礁即避"的言论和编辑方针。

10月4日，"灯前客话"专栏在重庆《新民报》开笔，至11月底。

1944年（中华民国三十三年） 三十五岁

5—7月，参加中外记者西北参观团访问延安等地，客观公正地反映了抗日根据地的实际情况。访问毛泽东、朱德、周恩来等中共领导人，以及丁玲、陈波儿、王实味等文化人。

7—8月，《延安一月》分别在重庆和成都《新民报》连载，引起轰动。

10月18日，与张恨水、张友鸾、张慧剑、姚苏凤、方奈何、程大千开辟"七人座谈"专栏，主持"书和人"小栏目，持续至次年10月。

11月，《延安一月》由重庆新民报社结集出版。

1945年（中华民国三十四年） 三十六岁

1月，《延安一月》在南京再版。

2月1日，《新民报》成都版增出日刊。重庆、成都日晚刊均受到欢迎，日销数共达十万份。

8月，日本宣布无条件投降。《新民报》决定恢复南京社，并创办上海、北平社。

9月1日，参加中苏文化协会为毛泽东举行的招待会。

9月21日，受赴重庆参加国共两党和谈的毛泽东之邀，到郊外八路军办事处会晤长谈，毛泽东称其为"自由主义者"。

11月14日，《新民报》重庆版晚刊首发毛泽东诗词《沁园春·雪》。

1946年（中华民国三十五年）　三十七岁

1月，周恩来再次到陈铭德寓所会晤《新民报》采编人员。

同月，经南京到上海，与邓季惺等一起筹办《新民报》晚刊。

2月，《延安一月》在上海再版。

春，回瑞安屿头全家团聚。逗留月余。

4月10日，会同张慧剑、吴祖光、胡风、夏衍等到寓所拜访叶圣陶。

5月1日，上海《新民报》晚刊创刊。以副总主笔名义兼任总编辑，次年任总主笔，程大千继任总编辑。至此，《新民报》在全国已拥有五个社，八张日、晚刊，号称"五社八版"。

5月，继续开辟"今日论语"专栏，笔名沙；夏衍开辟"桅灯录"栏目，笔名朱儒，两人逐日点评时事。

6月10日，起草上海文化界名流沈钧儒、茅盾、巴金、叶圣陶等39人联合宣言，要求保障言论自由。

9月，与由老家抵沪的妻子儿女团聚。定居虹口狄思威路（今溧阳路）瑞康里92号。

9—12月间，主持报纸详细报道上海美国兵打死三轮车工人臧大咬子事件、上海报贩事件、北平美国兵强奸沈崇事件，配发评论，申张正义。

1947年（中华民国三十六年）　三十八岁

2月9日，上海发生劝工大楼血案，因支持正义，《新民报》受冲击。

2月22日，因刊登影射国民党的《冥国国歌》一诗，触怒国民党当局，被罚令停刊一日。

3月8日，《新民报》晚刊刊登董必武启事，声明中共宁、沪等地办事处撤离。

3月20日，在凤子、叶以群主编的《人世间》杂志开辟"人世点滴"专栏。

5月25日，《新民报》晚刊、《文汇报》《联合晚报》三报，因刊登五二〇学潮的消息，被上海当局以"破坏社会秩序、意图颠覆政府"的罪名勒令停刊，并逮捕了三报记者黄冰、姚芳藻、杨学纯、麦少楣、张忱等人。

5月，发表《不朽的五月》，支持爱国民主运动，示威游行队伍打出"请新民报总主笔赵超构先生申张正义"之标语。

6月1日，在刘尊棋、谢爽秋推介下，由中国文化社出版《延安一月》日译版。

7月30日，《新民报》老板陈铭德、邓季惺奔走疏通，在拒绝"清除赵超构、浦熙修"前提下，接受当局派遣总编辑和两名记者的条件，《新民报》复刊。

9月，出席中国福利基金会为筹备文化界救济基金而举行的中秋游艺会，并获赠郭沫若字轴。

冬，刊登王乐天（蓝本）漫画讽刺蒋介石。拒绝交出作者真名和地址。

1948年（中华民国三十七年） 三十九岁

1月，父病故，回屿头治丧。

7月8日，南京《新民报》被勒令永久停刊。

7月13日、14日，发表《新民报之厄运》《为了法治，不需要出版法》等文，表示强烈抗议。

11月，在中共地下党组织安排下，经汉口赴香港。同行护送者有记者张忱、章正续。

1949年 四十岁

2月6日，在香港《华商报》星期增刊发表《新国家与新报纸》专论。

2月27日，与柳亚子、马寅初、徐铸成等27人登"华中号"货船，次日离开香港。

3月4日，抵烟台，进入华东解放区。18日，抵北平。

3月25日，前往西苑机场，欢迎毛泽东、朱德、刘少奇、周恩来等进入北平城，并参观阅兵式。

5月中旬，跟即将南下准备接管上海新闻、文教事业的代表夏衍、范长江、恽逸群、王中、罗列等一起，与中共中央书记处书记周恩来见面，领受任务。

5月25日，中国人民解放军进入上海市区，苏州河南岸解放。《新民报》晚刊照常出报。27日回上海社。

6月5日，出席陈毅市长邀集的科学、文化、教育等各界162人座谈会。

7月9日，约请夏衍为《新民报》副刊撰写"灯下闲话"专栏，至12

月29日止，共发148篇，其中有赵超构和蒋文杰的插笔。

9月4日，赴北平出席首届全国政协会议。

9月20日，参加《新民报》北平、南京、上海分社联席会。胡乔木、夏衍与会讲话。

10月1日，登天安门城楼，参加开国大典。

10月3—7日，出席全国新闻工作者协会筹委会。

10月8日，与徐铸成一起到陈铭德家赴宴，关注《新民报》在新社会的命运。

1950年 四十一岁

春节，《解放日报》《新民报》等报共出联合报。

3月29—4月16日，出席首届全国新闻工作代表会议，新闻总署发《关于改进报纸工作的决定》。

4月，出席全国新闻工作代表会议期间，毛泽东、朱德等在中南海颐年堂会见与会代表。

6月9日，邀请夏衍到新民报社讲话。夏衍的讲话和上年9月胡乔木的讲话，成为中华人民共和国成立后《新民报》晚刊制定编辑方针的思想基础。

1951年 四十二岁

1月，上海组成抗美援朝前线采访团，《新民报》晚刊蒋文杰随团赴朝采访。

4月，启用笔名"林放"。

5月，全国开展批《武训传》，《新民报》晚刊编辑部被迫作检查。

年底，"三反""五反"运动开始。成为上海市"思想改造"的典型和重点。

1952年 四十三岁

春，会同张友鸾夫妇到北京看望病中的张恨水，并游北海公园。

夏，文教界思想改造学习运动开始。撰写带有自传色彩的"思想改造"总结。

1953年 四十四岁

1月，《新民报》晚刊公私合营，《大报》《亦报》有关人员相继加盟。

建立新的编委会,由赵超构、程大千、蒋文杰、梁维栋、钱谷风、张慧剑、唐云旌、欧阳文彬组成。赵超构任社长,聘陈铭德为副社长。蒋文杰任总编辑、党支部书记。从本年起,开始学习苏联《莫斯科晚报》的编辑经验。

同月,《新民报》晚刊与上海邮政管理局签订协议,实行"邮发合一"的发行体制,报纸全部由邮局发行。

4月29日,"时事随笔"专栏出台。

9月13日,加入中国民主同盟。历任民盟上海市委副主委、民盟中央常委。

1954年 四十五岁

9月,当选第一届全国人民代表。

1955年 四十六岁

3月,次女刘芭生。

1956年 四十七岁

1月2日,"时事随笔"栏目改为"随笔"。

1月,社会主义改造运动进入高潮,上海各报以大量篇幅、各种形式连续报道社会主义改造的进展情况。

同月,蒋文杰调市委宣传部,社长赵超构兼总编辑,欧阳文彬任副总编辑;增补周珂、曹仲英、沈毓刚、张林岚等为编委。

同月,主持《新民报》晚刊改版,加强新闻报道和报纸三方面特性:时间性、地方性、文化娱乐性,探索社会主义晚报新路子。

6月,对晚报自1953年以来的改版工作进行初步总结,提出了"短些,短些,再短些;广些,广些,再广些;软些,软些,再软些"的办报口号。

7—8月,将张慧剑的文史专栏"小树繁荣阁笔记"移至新闻版,部分青年记者对此持不同意见,并有所争论。

8月30日,受聘《解放日报》文艺部顾问,同时受聘的还有巴金、唐弢、叶以群、刘大杰、魏金枝、罗荪、李俊民、张骏祥、沈柔坚、许杰等。

9月2日,赵超构在《解放日报》发表《有啥排啥》,巴金发表《论"有啥吃啥"》予以应和。这两篇文章刊出后,在报上连续展开讨论,在社会上产生极大的影响,后被姚文元等人诬蔑为对党攻击。

9月20日,《解放日报》发表巴金《恰到好处》一文,对姚文元的文章提出不同意见。赵超构连续在《解放日报》《新民报》晚刊发表系列"鸣放"文章。

12月19日，在《解放日报》发表《"片面"无忧论》，引起广泛争议。舆论界围绕"片面"问题，展开了一场争论。在《新民报》发表《"片面"三题》《续"片面"三题》，与姚文元辩论。此争鸣引起毛泽东的关注。

1957年　四十八岁

3月初，赴北京出席全国宣传工作会议。

3月10日，与新闻出版界部分代表一起与毛泽东见面。毛泽东对"短、广、软"三个口号基本予以肯定，但指出要"软中有硬"，即把"软"和"硬"两者统一起来。

5月13日，发表《先锋何在？——记者的自劾和不平之鸣》。18日，毛泽东以此为由头之一，召开政治局常委会，专门研究新闻问题。毛泽东在会议上详细分析了这篇文章，持批评态度，但他同时肯定"赵超构是有见解而又诚实的人"，肯定赵超构批评教条主义"有好处"。

5月，在《新闻业务》上发表《关于社会新闻的一些意见》，引起争论。

同月，赵超构总结《新民报》晚刊一年改版经验，发表了两次讲话，比较全面地阐述了《新民报》的指导思想、编辑方针、读者定位、内容范围、基本特点、独特风格等重要内容。至此，赵超构办报思想大体上形成了一个较为完整的体系。

6月16日、26日，在强大的政治压力下，《新民报》晚刊编辑部及赵超构被迫公开检讨"资产阶级办报路线"和杂文的"资产阶级方向"。1956年确定的《新民报》改版方针也就此中断。

6月下旬，赴北京出席一届全国人大四次会议。"反右"斗争全面展开。受到上海市委第一书记柯庆施点名批评，后又被北京新闻工作座谈会点名批判。

6月30日，在中南海与毛泽东见面。毛泽东对《新民报》晚刊编辑部及赵超构本人在反右派斗争中主动作了检查给予肯定和鼓励。毛泽东说"杂文家难得，我要保护一些杂文家"。

7月，林放"随笔"专栏受批判。中国人民大学新闻系教师刘贯文，着重批赵超构鸣放中的《没有圆圈》《先锋何在？》《土官僚》等杂文随笔。

7月27日，发表《批判我的"随笔"在前一时期的资产阶级方向》。

8月25日，赵超构在上海新闻工作座谈会上作了有关办报方针的公开检查，由新华社播发全国。

9月18日，在上海虹桥路一宾馆与毛泽东见面，在场的还有舒新城、束世澂。

12月23日，周恩来邀请上海文学、电影、戏曲、音乐、美术、新闻出版界人士九十多人座谈，赵超构、张乐平、周信芳、张骏祥、舒新城、乔奇、李玉茹、黄宗英、秦瘦鸥、周小燕等发言。

12月，中国人民大学新闻系编印《关于研究新民报的材料》，收入林放杂文44篇，检讨5篇。

1958年　四十九岁

1月6日夜，应毛泽东之邀，与周谷城、谈家桢飞赴杭州，与毛泽东长谈。

1月，报社人员分批下放农村劳动。

3月16日，中华全国新闻工作者协会上海分会成立。金仲华当选为会长，赵超构与杨永直、刘思慕、魏克明、陈虞孙、王维等六人当选为副会长。

4月1日，《新民报》晚刊正式改名《新民晚报》。

5—6月，按毛泽东意见，赴浙南地区温州、瑞安、丽水、青田、龙泉等地参观访问，在《新民晚报》发表《我自故乡来》长篇通讯。

1959年　五十岁

3月，与漫画家乐小英到上海、松江两县采访，发表散文《春郊行脚》12篇。

4月，当选第二届全国人民代表。

1960年　五十一岁

6月，《新闻日报》停刊，冯英子等七人调到《新民晚报》。

12月5日，停止"随笔"专栏，重新起用"未晚谈"专栏。

1961年　五十二岁

1月1日，《新民晚报》发行36万份，创历史最高纪录。

2月9日，"未晚谈"移至一版隆重推出。

5月，毛泽东到上海过"五一节"，在锦江饭店约见了陈望道、金仲华、周谷城、赵超构、沈体兰、沈克非、周信芳等在内的上海各界人士。

10月，组织《新民晚报》同仁撰写约五万字的《新民晚报编辑工作的基本经验（草稿）》。这是新中国成立后对社会主义晚报的性质、任务、编辑思想、风格、特点等的首次系统总结。

1962年　五十三岁

5月8日，出席上海市第二次文代会，当选为上海市文联副主席。

9月21日，《新民晚报》刊出《热情"过头"》的读者来信，涉及火葬棺葬的问题，引发读者议论。赵超构连续发表多篇杂文宣扬火葬的好处，提倡移风易俗。

10月25日，全国第三次晚报工作座谈会在上海举行，各家晚报介绍了自己的办报经验。赵超构作了《如何写小言论》的报告。

1963年　五十四岁

1月，发表多篇提倡计划生育的"未晚谈"，引起正在上海开会的周恩来的注意，周恩来面嘱继续写，推动社会移风易俗。

1964年　五十五岁

1月，恢复社长制，赵超构任社长，程大千任副社长，束纫秋任总编辑。

10月，大规模的社会主义教育运动（"四清"运动）开始，编辑部人员分批到农村和工厂参加劳动。

12月，当选第三届全国人民代表。

1966年　五十七岁

3月14日，"未晚谈"搁笔。

6月24日，中共上海市委宣传部派工作组进驻新民晚报社，成立五人领导小组和临时党支部。

6月，"文化大革命"之初即受冲击。

8月17日，被打成"资产阶级反动学术权威"，揪斗。接着被关进牛棚，持续受批斗。

8月22日，《新民晚报》被迫停刊，报社招牌被砸烂烧毁。部分人员另起炉灶，改出《上海晚报》，表示与《新民晚报》决裂。

1967 年　五十八岁

《上海晚报》内部涌现出一大批造反派，很快分裂成两派，各拉山头，相互倾轧，从此武斗不断。

1968 年　五十九岁

1 月 14 日，《上海晚报》一派造反组织宣布夺取报社领导大权，出版了夺权后的第一张报纸，加剧了两派的相互争夺。随后不久，张春桥、王洪文决定《上海晚报》停刊。报社房舍、印刷设备由"上海工人造反总司令部"接管。

1969 年　六十岁

11 月，被遣送至奉贤县新寺，参加农村劳动。

1970 年　六十一岁

1 月 23 日，转入奉贤县海滨新闻出版系统"五七"干校，喂猪、种菜、挑水。

1972 年　六十三岁

2 月 13 日，被"解放"，但仍留"五七"干校劳动。

8 月，借用至《辞海》编辑部资料室工作。

1975 年　六十六岁

1 月，当选第四届全国人大代表。

是年，邀请巴金吃便饭，"文革"期间双方唯一的一次见面交谈。

1976 年　六十七岁

1 月 8 日，周恩来逝世。

9 月 9 日，毛泽东逝世。同月安排进京，瞻仰毛泽东遗容。

10 月 6 日，"四人帮"垮台。

1977 年　六十八岁

3 月 12 日，《终身难忘毛主席的关怀》发表于《文汇报》。

4月28日,《解放日报》刊出《赵超构访问记》。

1978年　六十九岁

1月8日,《金缕曲二首·怀念周总理》发表于《解放日报》。

1月,《毛主席教育了我》发表于《新闻战线》。

2月,当选第五届全国人大代表。

3月,任上海辞书出版社副社长、副总编辑。受聘为上海出版局顾问。

夏,到韶山、井冈山访问。重拾相机。

7月13日,《尾巴翘得好快啊》发表于《解放日报》。杂文复笔。

9月11日至月底,参加上海市政协学习参观团赴西安、延安访问。

10月15日,"延安——西安之旅"发表于《解放日报》,张乐平配画。

11月,任《辞海》副主编。

1979年　七十岁

1月26日,出席上海市出版系统迎春座谈会,朗诵1965年旧作《春牛赞》。

6月7日,上海市委在全市宣传干部大会上,为在"文革"中被诬蔑为"封资修黑报"的《新民晚报》平反。

10月30日,赴北京出席全国第四次文代会。

1980年　七十一岁

5月12日,上海市委批准《新民晚报》复刊。复刊筹备组成员为赵超构、束纫秋、朱守恒、钱章表、王玲、孙立功。

1981年　七十二岁

3月,参加《新民晚报》复刊第一次筹备工作会议。

6月7日,回忆录《望乡之情》发表于《浙南日报》。

7月下旬至8月19日,前往哈尔滨出席为期40天的全国读书班。在王观泉、丁景唐陪同下,参观萧红、萧军旧居。

9月25日,上海市委批准成立《新民晚报》复刊后的编委会,成员有赵超构、束纫秋、朱守恒、周珂、任荣魁、冯英子、沈毓刚、张林岚、梁维栋、李中原、赵有余。

9月,应邀赴武汉等地参观学习。27日与新闻界同仁座谈杂文写作经验。

11月,《新民晚报》复刊试刊。在报社作《我们应当怎样办晚报》报告,提出"宣传政策、传播知识、移风易俗、丰富生活"十六字办报方针。

1982年　七十三岁

元旦,《新民晚报》正式复刊。在《复刊的话》中提出,要做"穿梭于寻常百姓家的燕子","为百姓分忧,与百姓同乐,跟千家万户同结善缘"。"未晚谈"复出。

1月14日,任新民晚报社社长。束纫秋任党组书记、总编辑,朱守恒、周珂、任荣魁、孙立功为党组成员。朱守恒、周珂、任荣魁、冯英子、沈毓刚、张林岚为副总编辑。陈铭德、邓季惺为顾问。

3月29日,发表杂文《江东子弟今犹在》。当晚接到"要斗死你"的恐吓电话。《人民日报》等全国几十家报纸转载,一时"江东子弟"一词在报刊和社会上流传。

5月,参加上海市政协参观团访问巴山蜀水,王辛笛、范瑞娟、乔奇、邝安堃、兰锡纯、徐以枋、吴志翔、曹仲英等同行,并撰《蜀道八仙歌》。

8月9日,上海市新闻学会成立,马达当选会长,赵超构为名誉会长,徐铸成为顾问。

1983年　七十四岁

1月,出席中宣部在沪召开的新闻工作座谈会。

2月22日,报社召开全社大会,赵超构在讲话中要求,在"情、理、事、态"四个字上下功夫,写出更多有晚报特色的新闻。

4月4日,与陈虞孙、王维等出席纪念金仲华逝世15周年座谈会并发言。

4月8日,赴北京出席全国新闻工作者协会第三次理事会,当选全国新闻工作者协会副主席。

4月,当选上海市政协副主席。

5月13日,参加《解放日报》杂文作家座谈会,提出杂文的写法要"杂中有专,不拘一格,自成风格。还要容纳杂文的百家风格"。

6月1日,参加中国新闻代表团访问罗马尼亚、南斯拉夫。

8月,多篇杂文被《人民日报》转载。

9月27日,《人民日报》发表严秀的推介文章《林放杂文老更成》。

11月,《解放日报》总编辑陈念云在编辑部的一次会议上首次提出"林放式杂文"新概念。

12月14日，上海统战理论研究会成立，中共上海市委统战部长张承宗兼任会长，赵超构任副会长。

12月，被评为上海市、全国优秀新闻工作者。

冬，接受《民主与法制》特约记者陆诒采访。

1984年　七十五岁

5月28日，出席《解放日报》创刊35周年纪念大会。

5月，增补为第六届全国政协委员、常委。应邓颖超之邀到中南海作客。

7月1日，《上海政协报》创刊，兼任社长。

8月3日，出席上海市第三次文代会，再次当选上海市文联副主席。

8月中旬，飞赴乌鲁木齐出席全国晚报第二次经验交流会。20日大会庆祝赵超构从事新闻工作50周年。会议期间接受《新闻战线》记者采访，回答记者提问"晚报要在晚字上做文章"，在全国产生广泛影响。

9月12日，为《杂文报》创刊题词："杂中有专，专中有杂。九流百家，兼容并包。"

11月5日，上海新闻界举行"赵超构笔耕50周年纪念会"。石西民、陈沂、王辑等到会祝贺，王元化宣读中共上海市委第二书记胡立教的贺信，转达上海市长汪道涵的贺忱。

11月，与李国豪、徐以枋等赴广东海口考察，浏览五公祠、天涯海角等。

同月，《世象杂谈》由上海文艺出版社出版。计100篇，12万字。

1985年　七十六岁

1月12日，发表《若烹小鲜》。《人民日报》及时转载，流传海内外。

4月29日—5月3日，随同上海市政协参观团赴江苏访问，到镇江、扬州两地，游览北固楼、瘦西湖、大明寺、瓜洲闸等名胜古迹，几乎每到一处都留下诗篇。

8月1日，《新民晚报》第一家子报《漫画世界》创刊，共同拟定办刊宗旨，并撰写发刊词。

10月3日，出席成都全国第三次晚报经验交流会。中国晚报工作者协会成立，当选为首任会长。

12月3日，夏衍《〈未晚谈〉代序》发表于《人民日报》。

1986年　七十七岁

1月，《未晚谈》由上海人民出版社出版。计175篇，27万字。

春节，江泽民考察新民晚报社，与赵超构交谈。

10月4日，主持纪念严独鹤先生诞辰97周年座谈会。

11月16日，出席在福建泉州召开的中国晚报工作者协会首届年会暨全国晚报第四次经验交流会。赵超构提议副会长顾行为常务副会长，主持协会工作。

1987年　七十八岁

1月2日，《上海政协报》改名为《联合时报》。

6月25日，当选为中国韬奋基金会副主席。

9月，在新华医院住院动手术，治疗白内障。

1988年　七十九岁

3月1日，《新民晚报》日发行量达到184万份，创历史最高纪录。

3月，被评为高级记者。

3月，当选七届全国政协常委。赵超构作了两个联合发言，与陆诒、徐铸成作题为《抓紧制订新闻法，推进新闻改革》的发言，与张西洛作题为《新闻工作必须改革，舆论监督必须加强》的发言，后者德国《法兰克福报》转载。

5月，《林放杂文选》作为中国记者丛书之一，由新华出版社出版，计100篇，11万字。

10月20日，出席西安中国晚报工作者协会年会，致开幕辞。撰《三访西安》。

1989年　八十岁

2月3日，延安路新民晚报社大楼结顶。

2月11日，《新民报》创办人陈铭德在京逝世。

5月8日，出席贵州遵义全国晚报社会新闻大赛评委会议，途中冠心病猝发，由长子赵东戡接回上海，不久康复。

9月9日，《新民晚报》创刊60周年纪念日，在南京召开的纪念座谈会上讲话，并看望张友鸾。

10月11日，心脏病复发，病危抢救，次日安装心脏起搏器。

12月初，因气管炎住院。同月29日出院。

12月30日，主持《新民晚报》创刊60周年庆祝会。

1990年　八十一岁

1—4月，患病。

5月26日，新民晚报社同仁在粤秀酒家为赵超构庆祝八十大寿。

7月17日，朱镕基致电祝贺赵超构八十大寿。

8月7日，夫人刘化丁去世。

8月，《未晚谈·二编》由上海人民出版社出版。计200篇，28万字。

10月16日，代表联合时报社设宴招待白杨、秦怡、徐开垒等知名人士。

1991年　八十二岁

1月1日，《新民晚报》开始采用激光照排。

3月6日，延安路新民晚报社大楼竣工落成，并正式启用。

3月，新闻界"香山三老"（徐铸成、赵超构、陆诒）再晤北京，合影留念。

5月，"丁香四老"（许杰、施蛰存、赵超构、柯灵）会晤。应范泉之约，撰《优哉游哉，聊以卒岁》。

10月，出席全国晚协在广州举行的短新闻大赛总评会议。全国31家晚报特派记者参加当地承办的"珠江三角洲走马"采访活动。

11月，出席华东九报第十一次协作会议。

12月4日，接受1944年同赴延安的爱泼斯坦来访。

12月19日，发表《昂纳克搭错了船》，"未晚谈"终笔。

12月26日，新民晚报社为复刊十周年举行座谈会。江泽民应邀题词。

1992年　八十三岁

1月1日，发表《老树花开无丑枝》。

1月3日，感冒，胸闷气急。徐铸成于1991年12月23日逝世，撰《永别了，铸成同志》。

1月7日，参加徐铸成遗体告别仪式。

1月16日，《扫除公害，谨防幽灵》发表于《解放日报》。下午参加江泽民会见会。

1月18日，《说话和听话》发表于《上海统一战线》杂志。

1月24日，访巴金，晤谈一时许，互相叮嘱"不要太累了"。

1月27日，夜间突瘫卧倒地，送入华东医院。

2月12日，夜10时12分，心肺肾功能衰竭，停止呼吸。

2月24日，遗体火化，社会各界人士共千余人前来告别。

2月26日、3月8日，上海、北京两地分别举行赵超构同志追思会。

11月，《延安一月》作为"文史探索书系"之一，由上海书店出版社重版。

1994年

8月，《未晚谈·三编》，由上海书店出版社出版。计69篇，6.5万字。

1996年

新民晚报社设立"林放杂文奖"，每年一届。6月26日，举行首届林放杂文奖颁奖仪式。

1999年

4月，《赵超构》（晁鸥、则玲著）作为"中外名记者丛书"之一，由人民日报出版社出版。

8月，《赵超构传》（张林岚著）由文汇出版社出版。《赵超构文集》（六卷），由文汇出版社出版。

2003年

4月，赵超构女儿赵刘芭到文成寻根问祖，在赵超构出生地梧溪村首次发现父亲民国时期老相片。

2006年

设立中国晚报界最高新闻奖——赵超构新闻奖。每年评定一次。

2009年

8月，《报界宗师：赵超构评传》（赵则玲著）由浙江大学出版社出版。同月，上海电视台纪实频道"大师"栏目，推出三集电视纪录片《赵超构》。

2010 年

5月，中国晚报工作者协会、上海文汇新民联合报业集团、新民晚报社、中共温州市委宣传部等联合举行纪念赵超构诞辰100周年系列活动，召开纪念大会，主办全国"林放杂文奖"颁奖文艺晚会，落成龙川赵超构文化广场，揭幕赵超构铜像，开放赵超构出生地（梧溪）故居。

2013 年

1月，《延安一月》由中国国际广播出版社重版。

2014 年

5月，赵超构家属将1095册（种）藏书及部分遗物捐赠文成县博物馆。

2017 年

8月，《报人赵超构》（富晓春著）由文汇出版社出版。

11月17日，举行全国晚报总编辑"超构故里行"活动。《报人赵超构》首发，《新民晚报》培训基地挂牌。

2018 年

8月16日，《报人赵超构》新书推介会，在上海书展主会场举行。

11月，《赵超构纪念文集》（富晓春主编）印行。

2019 年

5月10日，"赵超构新闻奖永久评奖会址""全国晚报培训基地"挂牌文成。

11月8日，温州设立新闻工作者最高奖——超构奖。每两年评选一次，每次评出3至5名。

跋

这个冬天特别的漫长，但寒流阻挡不了春天的脚步。立春过后，寂寥的大地慢慢从沉睡中苏醒，夹杂着泥土芳香的气息扑面而来；窗外迎风摇曳的树干上，几片新叶正在暖阳的照耀下闪闪发光……

又是一年春意浓。就在赵超构诞辰110周年纪念日即将到来时，我撰写的又一本有关赵超构的著作要付梓啦！

这是一本怎样的书？它首先是一本书信集，全书收集赵超构仅存的大部分信件。但它与一般的书信集不同，书信只是"一把鹤嘴镐"，重点还在于寻找、挖掘。法国作家圣埃克苏佩里在《小王子》中有句话，"沙漠之所以美丽，是因为它的某处藏着一口水井"。赵超构的书信，就是我要寻找、挖掘的那口井。

这本书，主要讲述寻找书信的过程，演绎隐藏在书信背后的往事，以及它所承载的个人情感和时代色彩。从这个意义上来讲，它又是一本人物散记。这些篇什，有话则长，无话则短，既是赵超构作为现当代杰出人物之传记的一种补充或延伸，也是读者鉴赏信札之余最想知道或愿意了解的。出版社在终审报告上，这样写道："本书稿可视作别样的赵超构传记，尤其是传主个人生活方面的行状和家庭情况，可能是别的赵氏传记鲜有记载的。"

书信、日记与回忆录，属同类文献，然书信、日记可信度更高。虽然鲁迅先生曾有"不能十分当真"的告诫，但它确实是最能展现作者在特定环境下具体心境与想法的文体之一种。

赵超构尤喜《赖古堂尺牍新钞》《昭代名人尺牍》等典藏，并叹为观止。遗憾的是，他给后人留存的书信并不多，回忆录或日记之类更是不写。他排斥此类文字，并视其为"洪水猛兽"。我在撰写《报人赵超构》的过程中，开始留意搜集赵超构书信。几年下来，手头积攒了一批。这些零散的带有自传性质的书简断章，都是他无意中写下来的真实思想。对于研究赵超构将是一份难得的基础文献。

赵超构写的信都很短，三言两语，惜墨如金，点到为止；内容大抵是往来琐事，也有家长里短，简洁明了，他从不在书信上说三道四。"窥一斑而知全豹"，从他这些简短的书信中，能够发现他人际交往的另一面，因而显得弥足珍贵。

搜集书信是件苦差使，下定心力才能集腋成裘；个中滋味大都已在书中说了，此处不再赘述。时下名人书信充塞市场，真假难辨。温州一藏家藏有林放书信一通，我闻之欣欣然数日。待我拿到一阅，不禁哑然，开头便称"我与外子"，原是林放女士所为。这种事也不是个例，前几年有人拿林放一幅楷书，请我鉴定。赵超构自谑写字犹如"狗扒田"，从来不敢挥毫，何来书法真迹？赵超构曾在杂文《有感于李准改名》中谈到重名之困，不想他的贱名林放，在他过世三十载后，仍有"困"人之市场。

正如戏剧家吴祖光所说的，赵超构"胸有丘壑而木讷不善言词"，但他却是一位杰出的社会活动家。他一生所从事的记者生涯，是一个储备知识、拓展人脉和迸发灵感，砥砺前行，抵达人类精神之彼岸的神圣历程。他交往通信的对象众多，不乏名家大腕，但尤为可惜的是诸多书信都未能保存。譬如他写给文学巨匠巴金的信，我们就只能在《随想录》中，看巴老引用的"只言片语"了。

通过一个人的往来书信，可以看到他的"朋友圈"。从这本书中，我们看到了赵超构的"朋友圈"：巴金、张乐平、黄佐临、曾彦修（严秀）、王乐天、郑逸梅、张友鸾、张西洛、魏绍昌、袭柱常、褚钰泉、谢蔚明、吴泰昌、蒋元明、邹士方、尹均生、陈诏、关国栋、白雉山……

书信的作用不可低估，它有时甚至可以影响一个人的命运走向。1949年初，同为杂文家的郑拾风"被迫逃离南京远去湖南"，在走投无路的情况下，正是先期到达香港的赵超构，"从香港发出一封信"，使他"摆脱窘境"，转道香港，一同"走向解放后的上海"，开始他光明"人生的新旅程"。

作者夏高阳写了一篇《祝寿歌》痛骂蒋介石，《新民报》副刊主编吴

跋 307

2018年8月,上海书展《报人赵超构》推介会,漫画家郑辛遥
(左)向作者富晓春赠送赵超构漫像

祖光两次付排，二次被迫撤下。这首《祝寿歌》当时没惹上麻烦，不想"文革"中差点闯了祸。革命小将抄家抄到此文，夏高阳再三解释，对方就是不听，硬要揪他上街游斗。夏高阳忽然想起赵超构曾给他写过一封信，信中提及此事。他便要求革命小将宽限片刻，一通翻箱倒箧找到了那封信。革命小将看信后，总算打消了拉出去游斗的决定。

赵超构与诗人袁水拍、刘岚山是《新民报》时期的同事，他们在某一个时期曾保持通信。1982年《新民晚报》复刊时，赵超构就回复过袁水拍一封信。袁水拍在给刘岚山的信中称"得复信很热情，要我为报写稿，我一定要写。赵（超构）是个好人。你也特去函，并要看他，可见大家均有此感觉。"（见刘岚生《我和袁水拍》）

赵超构不太主动写信，但他却有信必复。多年前，我与刘岚山先生的女儿北京大学夏晓虹教授谈到这件事，希望能找到他父亲与赵超构的通信。夏教授找遍家里每个角落不见信函，倒找到了赵超构为其父诗集《枪与笔大会师》而写的一篇序言。

张林岚先生也曾保存过几封赵超构的书信，是当年他写《赵超构传》时搜集到的。有次我到上海看望他，得知我正在搜集赵超构书信，便说要送给我。遗憾的是他年老健忘，记不起存放何处。张老逝世后，我放不下这件事，又拜托他的四公子张以帆先生继续寻找。以帆兄找遍了其父的遗物，还是一无所获。

近翻《宋云彬日记》，见有几处与赵超构通信的记载，但语焉不详。据我所知，赵超构还与唐云旌（唐大郎）、林文山（惠牧）、钱辛波、范征夫等人通过信。对于这些信函，我们难以知道它到底写了什么；或许只能从当事人留下的文字或叙述中，了解片鳞半爪，或者揣摩几分。天下事不如意十有八九，遗珠之憾既是意外，也是必然。现我于此，零零散散这么一记，也算是遗憾之中的一种宽慰吧。

书信是人类历史留给后人的文化瑰宝，它像一面镜子映照着人类有别于其他物种的精神与情感。小小的信笺，它承载着一抹记忆，传递着一份情感，讲述着一段故事……它让时光慢了下来，将某些流年碎影或情感细节留住，在漫长而厚重的历史天空中浮现。留住了书信，也便留住了人类情感的根。

感谢时光老人！感谢赵超构哲嗣赵东鲲先生、女婿陈舜胜教授的审读与不吝提供的细节，让我们可以真实触摸一代报人温暖的背影以致气息！

感谢赵超构之孙赵丰兄倾情分享的信件与故事，使我们有机会感受一位外表冷酷而内心温热的文化长者最柔软的一面！感谢新民晚报社、中共文成县委宣传部、文成县社科联等有关单位对我的支持与帮助，让我在最无助的时候，有了继续前行的理由与动力！感谢所有提供信件或线索的社会各界有心人，是你们的不弃与担当，成全了我，让我成就了这本书！

著名老报人、原上海新闻学会会长、《新民晚报》原总编辑丁法章先生长期关注我的写作，并欣然拨冗写序；卢礼阳兄和我的老师徐世槐先生认真校阅，并提出中肯的意见；《新民晚报》副总编辑阎小娴，上海美术家协会主席、漫画家郑辛遥，上海学者、作家曹正文，军旅传记文学作家吴东峰，报告文学研究专家、华中师大文学院教授尹均生，《新民晚报》原副总编辑严建平，文汇出版社总编辑周伯军，还有王珏玮、李震、项有仁、陈挺巧、王玮康、胡玉胜、周玉潭、胡晓亚、刘成等诸多良师益友为我的书稿成书出力；书出版之前，部分篇章已在报刊上发表。在此，我一并表示感谢！我还要感谢我的家人，给了我足够的时间来完成这本书！

每一本书都是作者"身上掉下的孩子"，至于它的优劣，只能竭诚等待诸位同道及读者朋友的评判了。赵超构在杂文《痛苦而不悲观》中说："人生最大的乐趣与成功，便是：以不怨不惧的态度，征服一件一件的痛苦，愈想享受有生之乐的，便愈应从事战斗的生活。"于我而言，人生最大的乐趣与成功，莫过于怀揣儿时的梦想，从内心崇拜或敬仰一个人，为他做自己最喜欢的事。我一直在路上，朝着太阳升起的方向，奔跑！

富晓春
庚子年三月写于温州"半晚斋"

图书在版编目（CIP）数据

赵超构书信往事 / 富晓春著 . -- 上海：文汇出版社，2020.3

ISBN 978-7-5496-3132-2

Ⅰ . ①赵… Ⅱ . ①富… Ⅲ . ①书信—中国—当代Ⅳ . ① I267.5

中国版本图书馆 CIP 数据核字 (2020) 第 037702 号

赵超构书信往事

作　　者 / 富晓春

责任编辑 / 甘　棠

封面版式 / 蔡　珂

出版发行 / 文匯出版社

上海市威海路 755 号（邮政编码 200041）

经　　销 / 全国新华书店

印刷装订 / 温州北大方印务有限公司

版　　次 / 2020 年 3 月第 1 版

印　　次 / 2020 年 3 月第 1 次印刷

开　　本 / 787 × 1092　1/16

字　　数 / 320 千字

印　　张 / 21

书　　号 / ISBN 978-7-5496-3132-2

定　　价 / 68.00 元